本书为国家社会科学基金资助项目"基于土地发展权的农村居民点整理利益分配理论与实证研究（项目号：11BJY092）"成果

| 博士生导师学术文库 |

A Library of Academics by
Ph.D.Supervisors

土地发展权与农村居民点整理利益分配

张占录 等 著

光明日报出版社

图书在版编目（CIP）数据

土地发展权与农村居民点整理利益分配 / 张占录等
著 . -- 北京：光明日报出版社，2021.4
ISBN 978 - 7 - 5194 - 5858 - 4

Ⅰ.①土… Ⅱ.①张… Ⅲ.①乡村居民点—土地利用
—研究—中国 Ⅳ.①F321.1

中国版本图书馆 CIP 数据核字（2021）第 063597 号

土地发展权与农村居民点整理利益分配
TUDI FAZHANQUAN YU NONGCUN JUMINDIAN ZHENGLI LIYI FENPEI

著　　者：张占录 等

责任编辑：李　倩　　　　　　责任校对：张　幽
封面设计：一站出版网　　　　责任印制：曹　诤

出版发行：光明日报出版社
地　　址：北京市西城区永安路 106 号，100050
电　　话：010 - 63169890（咨询），010 - 63131930（邮购）
传　　真：010 - 63131930
网　　址：http://book.gmw.cn
E - mail：gmcbs@ gmw.cn
法律顾问：北京德恒律师事务所龚柳方律师

印　　刷：三河市华东印刷有限公司
装　　订：三河市华东印刷有限公司
本书如有破损、缺页、装订错误，请与本社联系调换，电话：010 - 63131930

开　　本：170mm × 240mm
字　　数：279 千字　　　　　　印　　张：16
版　　次：2021 年 4 月第 1 版　　印　　次：2021 年 4 月第 1 次印刷
书　　号：ISBN 978 - 7 - 5194 - 5858 - 4
定　　价：95.00 元

前　言

　　本书由张占录等著，是课题组集体智慧的结晶。参加课题研究或书稿写作的人员有：张占录、张远索、姚艳、赵茜宇、闫亚欣、任叶倩、胡红梅、祁媛媛、刘挺、谢文阳、徐航、刘婧、居晓婷、史小晨、徐田田、方杰代；张秀智、蔡宗翰、戚士军参加了课题调研工作。课题研究得到了原国家土地整治中心和相关省、市、区国土资源管理部门领导的大力支持，也得到了基层国土资源管理部门、村镇干部和村民的帮助和配合，更是得到了中国人民大学土地管理专业校友的帮助，一并向他们致敬和感谢。

　　本书是在国家社会科学研究基金课题"基于土地发展权的农村居民点整理利益分配理论与实证研究（项目号：11BJY092）"成果基础上完成的。该课题旨在将源于欧美国家的土地发展权理论与始于 2006 年我国城乡建设用地增减挂钩政策的土地发展权实践结合起来探索具有我国特色的土地发展权理论与政策工具。课题研究期间，正值我国增减挂钩政策从试点走向全国全面推广时期，大量农村居民点建设用地通过增减挂钩政策得到有效整理，释放出城市建设急需的建设用地指标，满足了我国城市化高峰时期的建设用地需求，同时也改善了农村的居住环境和住房条件，提升了农民的生活水平，达到了建设用地统筹、土地增值共享、城乡共同发展的政策目标。当然这一政策的全面实施也进一步暴露了一些试点阶段未发现的问题，"逼农民上楼"则成了这一政策问题的"标志性存在"。为了全面掌握我国"增减挂钩政策"的运行和效果，深入分析和总结"增减挂钩政策"实施的经验，解决存在的现实问题，让课题研究成果既能在理论上有所突破，又能在实践中得到很好的应用，课题组在 3 年时间内，跨越了包括北京市、天津市、山东省、浙江省、湖北省、陕西省、广东省、福建省、河南省、四川省、甘肃省，以及台湾地区 12 个省（市、区），深入数十个县市、乡镇和上百个村庄，大量走访了省、市、县国土部门领导和干部，与乡镇、村基层领导和干部深入交流，走村串户与村民广泛座谈，获取了丰富的第一手资料。课题研究中，课题组还坚持边调研、边应用，把研究与实践结合起来，在调研中指导实践，阶段研究成果也得到了一定的验证。

今天，我国城乡经济发展已进入"十九大"报告提出的"由高速增长阶段转向高质量发展阶段"。资源消耗粗放型增长向高效集约型增长转变、规模外延型增长向质量内涵型增长转变是我国未来实现经济发展的必由之路。无疑，近10年的实践证明，基于土地发展权的"农村全域综合整治"及其"城乡建设用地增减挂钩"政策工具为实现土地集约利用、建设用地减量化发展、保护耕地和生态环境的发展转型战略目标提供了理论和实践支持。在"基于土地发展权的农村居民点整理利益分配理论与实证研究"课题成果基础上完成、即将付梓的《土地发展权与农村居民点整理利益分配》一书，将成为践行"十九大"报告提出的"新发展理念"理论、指导城乡建设用地统筹配置、高效集约利用，具有较高参考价值的著作。

张占录

2020 年 8 月 21 日

目 录
CONTENTS

第一章

研究背景

　　农村居民点是农村人口聚居的场所，一般可分为农村集镇、中心村和基层村，即建制镇以下居民点。农村居民点整理泛指对村落的改造、归并和整理，以采取相关技术工程手段和对相关土地产权进行调整为主要方式，意图提高广大农村地区的土地资源利用效率，实现土地利用有序化、集约化、科学化，同时使农村建设逐步实现科学布局、农村生态环境和社会环境以及农民生活环境得以改善、农民生活水平得以切实提高①。农村居民点整治在我国古代就已存在，唐代盛行一时的"乡里村坊制"、晚清米氏父子的"村治运动"都可作为典型代表。而随着社会经济的不断发展，每个时期的农村居民点整治都有其鲜明的时代特点。②

　　20 世纪 90 年代之后，我国农村经济发展迅速、农民收入水平得到不断提高，同时在社会大发展的背景之下我国农村就业结构也发生了重大变化，由此引发农村居民点及宅基地盲目无序扩张、农村"空心化"等现象的盛行，农村居民点占地规模大，人均用地多，土地利用率低下，呈现"散、乱、差、低"的局面，严重制约了农业用地和非农业建设用地规模优势的形成和发挥，阻碍了农村产业化、城镇化和现代化进程。为此，实现农村土地利用集约化，开展农村居民点整治工作已迫在眉睫。在这种背景下，随着整治工作的不断深入，为顺应城乡统筹发展的要求，"城乡建设用地增减挂钩"政策应运而生，成为当前我国农村居民点整理的最重要方式。2004 年以来国土资源部相继出台了一系列城镇建设用地增加与农村建设用地减少相挂钩（以下简称"增减挂钩"）文

---

① 陈百明. 土地资源学概论 ［M］. 北京：中国环境科学出版社，1999：66 – 121.
② 刘洋. 中国农村居民点整理激励机制研究 ［D］. 南京：南京农业大学博士学位论文，2008.

件，明确了基本政策要求，并陆续在全国二十几个省份开展试点工作。①

2004 年 10 月 21 日，国务院在《关于深化改革严格土地管理的决定》（国发〔2004〕28 号）中，第一次明确提出：鼓励农村建设用地整理，城镇建设用地增加要与农村建设用地减少相挂钩。国家正式提出了城乡建设用地增减挂钩的做法，以实现满足城市对建设用地需求和农村建设用地盘活的双重目标。2004年国土资源部下发的《关于加强农村宅基地管理的意见》中，又提出县市和乡（镇）要根据土地利用总体规划，结合实施小城镇发展战略与"村村通"工程，科学制订和实施村庄改造、归并村庄整治计划，积极推进农村建设用地整理，提高城镇化水平和城镇土地集约利用水平，努力节约使用集体建设用地。

2005 年 6 月 4 日《国务院办公厅关于转发〈国土资源部关于做好土地利用总体规划修编前期工作的意见〉的通知》（国土资发〔2005〕207 号）中指出：按照城镇建设用地增加与农村建设用地减少相挂钩的要求，提出土地利用调整和推进建设用地整理的措施。2005 年 10 月 11 日，为了贯彻建设社会主义新农村的精神，落实《国务院关于深化改革严格土地管理的决定》，国土资源部印发了《关于规范城镇建设用地增加与农村建设用地减少相挂钩试点工作的意见》的通知，对增减挂钩工作的开展、实施提出了一系列指导意见。

2006 年 3 月 27 日，国土资源部正式对外发布了《关于坚持依法依规管理节约集约用地，支持社会主义新农村建设的通知》（国土资发〔2006〕52 号），提出"稳步推进城镇建设用地增加和农村建设用地减少相挂钩试点，集体非农建设用地使用权流转试点，不断总结试点经验，及时加以规范完善。坚持建新拆旧，积极推进废弃地和宅基地复垦整理。村庄复垦整理节省出来的土地，按照因地制宜的原则，宜耕则耕、宜建则建，优先用于农村经济社会发展"。2006 年 5 月，国土资源部做出决定，在天津、浙江、江苏、安徽、山东、湖北、广东、四川等省市开展城乡建设用地增减挂钩试点。

2007 年 7 月 13 日，国土资源部下发了《关于进一步规范城乡建设用地增减挂钩试点工作的通知》，在总结各地试点经验的基础上，就增减挂钩试点工作的有关问题进行进一步规范。

2008 年 6 月 27 日，国土资源部印发了《城乡建设用地增减挂钩试点管理办

---

① 2018 年 3 月，根据第十三届全国人民代表大会第一次会议批准的国务院机构改革方案，将原自然资源部的职责整合，组建新的中华人民共和国自然资源部。为了保持现势性和规范性，统一称为"自然资源部"。

法》（国土资发〔2008〕138 号），明确规定挂钩试点工作的原则、责任、管理、报批、监管等，进一步明确了挂钩内涵即依据土地利用总体规划，将若干拟整理复垦为耕地的农村建设用地地块（即拆旧地块）和拟用于城镇建设的地块（即建新地块）等面积共同组成建新拆旧项目区，通过建新拆旧和土地整理复垦等措施，在保证项目区内各类土地面积平衡的基础上，最终实现增加耕地有效面积，提高耕地质量，节约集约利用建设用地，城乡用地布局更合理的目标。这标志着增减挂钩试点工作已纳入依法管理的轨道。

增减挂钩工作的关键就在于农村建设用地的整理，其目的在于推进土地集约节约利用，促进城乡统筹，既解决农村宅基地粗放利用问题，又解决城镇建设用地指标紧缺问题，同时还改善农村社会福利，达到政策实施的复合效果。但在实际操作中，不少地方政府借增减挂钩政策的名义，强迫农民"上楼"，剥夺农民权益，导致暴力事件和群体事件时有发生。例如，2010 年山东沂水县第二批农村建设用增减挂钩项目之一的闫家宅村旧村改造工程中，多数村民房屋的补偿价格在每间 2000 元到 3000 元，有的只有几百元，而当地人均年收入在 1000 元左右，多数村民无力承担 6 万~8 万元的购房款，在旧村改造过程中，不少失去房屋的村民只能将邻居的牛棚或者猪圈改造成小屋。① 又如江苏省靖江市从 2010 年开始，全市增减挂钩的区域就不再批准农村地区新建、修建和翻建房屋，农民拆掉旧房后只能到镇上的集中居住区去买售价为 26.8 万元的房子，许多农民没有钱买"新农村住房"，又不能在老房子基础上翻修，生活陷入困境。② 研究前期调研结果显示，从全国层面看，农民"被迫上楼"的比例高达 19.96%，远高于理想值，这也是土地整理领域群体性事件频发的主要原因。③

目前我国农村居民点整理主要通过增减挂钩的形式进行。从表象上看，增减挂钩项目中农民权益被侵害是由地方政府做法不规范、管理有缺陷或是"认识出现偏差"造成的。但归根结底是利益分配方面的问题，即增减挂钩项目产生的巨大利益在地方政府、农民和其他利益主体之间的分配不公平、不合理。

---

① 吴博. 山东沂水强制农民上楼，农户未得补偿款住牛棚［EB/OL］. 中国广播网，2011 - 11 - 21.
② 陈振玺，姚东明，景明. 江苏靖江强迫农民买房，当地称没钱可以向亲戚借［EB/OL］. 中国广播网，2013 - 02 - 27.
③ 张占录，张远索. 基于现状调查的城市郊区农村居民点整理模式［J］. 地理研究，2010（5）：891 - 898.

对农村居民点整理，实现农村建设用地的高效利用，并将整理出来的建设用地指标与发达城市或地区挂钩，实质上是一种"土地发展权退出"获益机制。本研究正是在借鉴美国土地发展权相关经验的基础上，根据我国农村居民点整理中利益分配的现状，把土地发展权作为一个工具，提出优化利益分配的制度和政策设计，从而为解决我国农村居民点整理工作存在的问题提供建议和参考，进而为推进我国的城镇化进程提供借鉴。

第一节　研究意义

一、理论意义

本研究拟在借鉴美国土地发展权转移理论的基础上，根据我国现阶段发展实际，从微观和宏观两个层面对我国农村居民点整理过程中的利益分配问题进行研究。由于经济、历史及文化等多方面原因，当前我国农村居民点用地非常粗放，通过农村居民点整理，实现农民上楼，精细化、高效化农村建设用地利用，将整理出来的建设用地指标与发达城市或地区进行挂钩运作，实质上对于我国农村而言，是一种"土地发展权退出"获益机制，这有别于美国土地发展权转移理论。中国特色的土地发展权转移模式的创建，对于进一步丰富土地整理理论具有积极意义。

二、现实意义

近年来，随着增减挂钩试点工作的开展和深入，一些问题逐渐暴露出来。这些问题中，增减挂钩项目产生的利益如何分配成为最亟待解决的问题。全国各试点省份的国土部门将其视为重点和难点。公平合理分配各方利益可推进各地增减挂钩项目进程，为经济的发展和社会财富的增加做出贡献，相反，如果利益分配问题解决不好，农民权益将会受到侵害，甚至产生暴力事件、群体事件，严重阻碍项目进程。本研究致力于如何使农村居民点整理过程中的利益分配公开透明，进而推进居民点整理进程，为经济的发展和社会财富的增加做出贡献，这是本研究的现实意义之所在。

第二节 研究进展

对于农村居民点整理，目前较为成熟的研究主要集中于整理潜力、整理模式和驱动力等方面。利益分配问题在近几年才逐步成为农村居民点整治研究中的热点。

当前，学者们主要从农民利益保障、利益主体博弈、土地发展权配置这三个视角对我国农村居民点整理中的利益分配现状及存在问题进行了研究。

首先，大部分学者从保障农民利益的视角进行了研究。薛冰等通过分析增减挂钩政策收益在受益各方之间的分配，指出利益分配中农民获得的拆迁补偿与挂钩土地价值差距甚大。苟兴朝认为集体经济组织和农民在增减挂钩的利益分配中处于被支配地位，农民在谈判中处于绝对弱势地位，其合法利益常遭到侵犯。任小兴也认为增减挂钩的利益分配过程中农民的利益常被侵害，主要表现在：一是违背农民意愿强拆强建，农民的宅基地使用权得不到保护；二是农民的土地收益权得不到保障；三是农民没有居住选择权，生活成本增加。陈美球等通过调研发现增减挂钩利益分配过程中，农民利益得不到保障的主要障碍包括：政府工作理念的偏差、农民利益保障的理论基础薄弱、公众参与机制不健全、农民利益保障监督机制缺失、忽视区域差异而盲目推进。马文娜认为政府主导型和市场运作型的增减挂钩的利益分配过程中，农民的利益往往得不到保障，村集体自主型的增减挂钩中农民利益能得到保障，但由于参加的主体多，容易产生纠纷，风险较大。

其次，部分学者从利益主体博弈的视角进行了研究。李莉认为农村居民点整理涉及的每一环节都对应众多相关利益当事人的博弈活动，不同类型农村居民点整理模式下政府、农户、集体之间的经济利益关系也不同。胡小飞等通过对地方政府、农村集体组织和用地企业博弈分析，指出农村居民点整理的实施取决于参与者对土地收益分配参数的大小，农村居民点整理各方收益分配的合理性是整理工作推进的核心。王兵等从博弈论的角度探讨了农村居民点整理过程中相关利益主体的行为和博弈关系，指出地方政府的行为倾向在很大程度上决定了利益分配的效果，如果地方政府在追求自身利益时无法使中央政府和整理区农民的利益目标得到最大程度的满足，全社会的总效益将无法达到最优。刘洋通过将农村居民点整理中各核心利益主体之间的关联性做量化处理，发现地方政府与农民这两大核心利益主体之间的博弈最为显著，由于地方政府"主体越位"阻碍农民主体地位的实现，在这个博弈环节中，地方政府处于优势地位、农民处于弱势地位。

最后，部分学者从土地发展权的视角进行了研究。马文君认为各地制定增减挂钩利益分配政策时更多只是考虑到农民的生计问题和社保问题，而忽略了城乡建设用地增减挂钩指标交易的本质是土地发展权。刁琳琳通过对北京城市郊区居民点整理中的利益分配格局进行分析，指出政府、村集体与农民在利益分配中的冲突是以土地发展权价值的争夺为核心的，根源在于产权设计与治理结构存在内在缺陷。

总的来说，目前学者普遍认为以增减挂钩为代表的农村居民点整理的初衷是好的，其能缓解建设用地供需矛盾，促进城乡统筹发展，并提高农民的生活水平。但由于制度缺陷和地方政府扭曲农村居民点整理目的等原因，当前我国农村居民点整理中的利益分配格局还存在许多不合理之处，其中最亟待解决的问题是农民的利益常常无法得到保障。

针对这一问题，学者们提出了优化当前利益分配格局的建议，主要有以下五个方面。

一是切实保障农民的知情权、参与权和意愿表达权。郎海如认为农村居民点整理中，涉及项目选址、房屋设计时规划建设部门应尊重农民意愿，广泛听取农民意见，因地制宜。王载乾认为开展增减挂钩时必须举行听证会、论证会，制定补偿政策和安置方案时应充分听取当地农村基层组织和农民的意见。吴斌认为应该始终尊重农民意愿，坚持群众参与，以村民代表大会的形式广泛听取群众意见和建议，坚持公开、公正、公平，实施公示制度。苟兴朝认为必须建立有效的监督程序，实行征地听证制度，做到资金使用去向清晰。

二是明晰农村集体土地产权。张远索认为农村土地产权主体实质性的不明确导致了农民利益受损。谭静认为集体土地所有权并不能和一般财产所有权一样享有完整的占有使用收益和处分的权能，为使农村居民点整理中利益分配更加公平，应该在权利平等的立法思想指导下，赋予集体土地以完整自由的所有权。

三是应对关键性内容做出硬性规定。陈美球等认为江西省提出的"每亩还应返还农村集体经济组织不少于 2 万元"等硬性规定在总体上为确保农民利益提供了保障，具有推广价值。任小兴认为在实施增减挂钩获得的土地收益中，应当确保不低于一定比例的收益用于农民的社会保障生产生活，不低于一定比例的收益用于农村住宅和农村基础设施建设,并留出适当比例用于新型农村社区的长远发展。

四是因地制宜确定利益分配方式。杜培华认为农村居民点整理必须认真分析实际情况,根据当地用地现状、经济发展水平和自然环境的特点选取不同的利益分配方式。刘洋认为农村居民点整理的利益分配要做到具体问题具体分析,不可忽视不同利益主体实际状况等方面的客观差异,"一刀切"的做法是不合理的,应"因时制宜、因地制宜"。李盼盼认为农村居民点整理工作正处于发展的初级阶段,在设计利益分配方式时应提前做好整理前的评估工作,充分考虑农民实际情况。

五是引入土地发展权理念。马文君在考虑增减挂钩收益的根源是土地发展权的价值的前提下,通过核算因为增减挂钩带来的耕地保护补偿和农村建设用地价值补偿,显化土地发展权价值,依据产权测算出增减挂钩收益的分配比例应当是农村集体占 36.5% ,地方政府占 63.5% 。刁琳琳认为土地发展权可用来解决宏观层面的利益调整问题,也可用来协调微观层面的问题,在我国土地利用实行严格土地用途管制的背景下,作为一种体现公平性的权利形式,土地发展权的应用应体现在农村居民点整理中。

综合以上分析可知,目前关于农村居民点整理的利益分配研究,学者们普遍认为在利益分配方面存在诸多的问题,如相关主体之间的利益分配不平等不均衡等,也相应地提出了诸如建立农民参与机制、实行听证制度、完善农民补偿机制等切实可行的建议,然而农村居民点整理中的利益分配是个复杂的问题,而且我国农村类型多样,不同地区的农村居民点整理工作也存在很大差别,解决农村居民点整理中的利益分配问题需要从本质上加以把握。农村居民点整理中的利益分配问题本质上是土地发展权的分配问题。在我国的产权体系中,关于土地发展权的界定,事实上处于模糊或者缺失的状态。解决农村居民点整理中的利益分配问题,本质上是将其涉及的土地发展权进行合理的配置。虽然部分学者提出将"引入土地发展权理念"作为优化当前利益分配格局的方式之一,但很少有学者具体地阐述应怎样通过引入土地发展权理念来使农村居民点整理中的利益分配更公平合理。本研究将在对国内现状和存在问题进行分析的基础上,探讨在农村居民点整理中引入土地发展权这一概念,从而为如何实现利益分配的公平合理提供参考。

第三节　研究内容与技术路线

一、研究内容

（一）农村居民点整理利益分配理论

借鉴美国土地发展权转移理念，将其成功经验和我国国情有机结合，尽量兼顾效率和公平，从理论层面设置符合目前我国农村居民点整理利益分配实际需要的土地发展权转移模式，并深入具体研究土地发展权的落地政策工具，广泛探讨科学配置土地发展权在推进我国不同发展梯度区域农村居民点整理利益分配的公平性、合理性中起到的积极作用。

（二）农村居民点整理的模式

目前我国农村居民点整理模式众多，分类标准不一。本研究拟根据研究目的依据整理后农民是否上楼进行划分。严格来讲，将整理行为之后农民是否上楼作为划分农村居民点整理模式的标准有些失之过粗。有鉴于此，有必要结合"整理模式产生或创新所在地"这一分类依据对有"农民上楼"现象的各地居民点整理模式（具体操作模式不同，选择典型代表）进行研究。同时，对未有"农民上楼"现象但特色鲜明的整理模式也予以研究，力使研究系统、全面。农村居民点整理的模式是影响利益分配的重要因素。考察农村居民点整理模式的不同，可以为利益分配方法及其存在的问题提供分析基础。

（三）农村居民点整理利益来源

结合相关理论对农村居民点整理过程中利益的产生机制进行研究，主要研究利益产生的具体方式及其数量，以为后续利益分配的主体和分配方法打下基础。根据国内外实践经验，农村居民点整理以后农民搬迁上楼是大势所趋，也是保证土地效益最大化的整理形式。比如，常见的形式为农民自愿以其宅基地换取小城镇内的一套住宅，迁入小城镇居住。原村庄建设用地进行复耕，而节约下来的土地整合后再招、拍、挂出售，用土地收益弥补小城镇建设资金缺口。主要研究待分配利益产生的具体方式：建设用地指标分配、耕地指标分配（分配耕地实物或统一租耕后收益分红）、商业收入分配、其他类型补偿分配（主要针对农民）等，同时根据理论及实证研究，推算各方式产生的待分配利益数值。

（四）农村居民点整理受益主体

根据前期相关理论及实地调研资料，总结目前我国各地整理模式下所涉及的受益主体，比如，政府、企业、村集体及农民个人等常见主体是否均参与了整理利益分配，是否不同级别政府参与了利益分配等。根据土地发展权转移理念，依据所设计的符合我国当前发展阶段的中国特色的土地发展权模式，理论上确定农村居民点整理行为受益主体具体包括哪些。

（五）农村居民点整理利益分配方法

从前期理论研究结果及整理实践社会反应来看，目前我国政府部门在农村居民点整理中体现出的准垄断性，使得其他社会公众参与度不够，也使得在整理利益分配方面更加复杂。根据土地发展权转移理念，结合我国发展实际情况，理论上设计明晰的、合理的利益分配模式。比如，根据相关规划对具体地块的土地发展权予以量化，采取"一对一"方式或"指标悬空"财政转移方式等对农村居民点整理利益进行分配。同时研究利益的分配形式（有形、无形、实物、货币、服务……），分配时序（一次性补偿、分期分红）等问题。

二、研究技术路线

主要依据美国成熟的土地发展权转移理论，结合我国实际发展情况，设计符合我国特色的农村居民点整理利益分配理论，这套理论的主旨在于透明化农村居民点整理带来的利益，包括利益产生的方式和数量，同时将我国不同发展水平的区域都纳入相应的土地发展权附着区，促使居民点整理利益分配过程更加公平公正。为使该理论合理可行，有必要根据相关理论及国内外典型的实际居民点整理发生地或意向区的调研成果，确定农村居民点整理具体的受益主体及利益分配方法。理论研究与实证研究并重，双轨并行。在进行理论研究与理论层面整理模式构建的同时，进行实地调研，对所构想的理论模式予以修正；在实地调研的同时，将所设计的理论试探性应用，研究其实际反馈效果。力使两者相互促进、相互融合以实现真正符合我国实际的利益分配模式。研究技术路线图如图 1-1 所示。

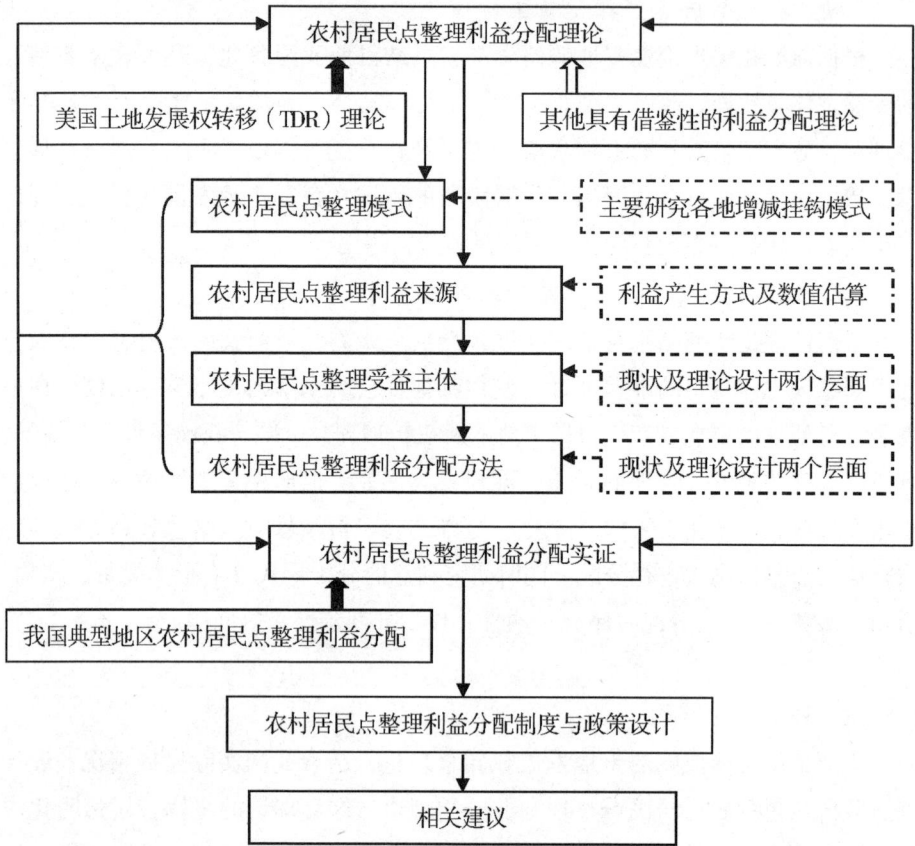

图 1-1 研究技术路线图

第二章

土地发展权基础理论

土地发展权最初源于采矿权可与土地所有权分离而单独出售①。土地发展权制度最早始于 1947 年英国《城乡规划法》。该法规定，一切私有土地将来的土地发展权转移归国家所有。随后，美国为解决分区制所带来的土地管制弊端，在分区（zoning）制度的基础上，创立了可转让的土地发展权（Transfer of Development Rights，简称 TDR）制度。TDR 计划的开展最先于纽约 1968 年地标性建筑保护法案中的密度转移机制中应用，随后在 20 世纪 70 年代，超过 20 项 TDR 条例在 11 个州被采用。到 80 年代，超过 60 个项目在 19 个州启动，仅加利福尼亚州在这 10 年间就累计进行了 21 项 TDR 项目。截至 2011 年，美国已有 33 个州实施了共计 239 个土地发展权转让项目。② 因此而保护的农用地、生态敏感区、历史遗迹和开放空间等面积累计达到 300000 英亩。③ 另外，法国、德国、加拿大、新加坡、韩国以及我国台湾地区等都陆续建立了土地发展权制度，或类似于土地发展权的土地开发管理制度。近年来，一些国家也开始研究和试图引入这一政策工具，如埃齐奥·米切利（Ezio Micelli）期望借鉴美国的可转移发展权，在意大利建立发展权市场以用于城市规划，解决城市管理问题。而我国最早由原国家土地管理局 1992 年编制的《各国土地制度研究》引入土地发展权的概念④。当前土地发展权制度较为成功的是美国，其在土地发展权方面的

---

① 胡兰玲. 土地发展权论［J］. 河北法学，2002（3）：143－146.

② PRUETZ R，FAICP，PRUETZ E. Transfer of Development Rights Turns 40［J］. American Planning Association Planning & Environmental Law，2007，59（6）：3－11.

③ PRUETZ R，FAICP，PRUETZ E. Transfer of Development Rights Turns 40［J］. American Planning Association Planning & Environmental Law，2007，59（6）：3－11.

④ 汤志林. 我国土地发展权构建：优化城市土地管理的新途径［J］. 中国地质大学学报（社会科学版），2006（5）：62－66.

应用最为广泛、形式最为丰富，而且无论是从理论还是实践上都日臻成熟。发展至今，学者对于土地发展权的反思与进一步探索更为珍贵。本研究将美国的土地发展权理论作为理论基础，通过对其土地发展权方面梳理，以期为我国土地发展权的具体实践提供思路参考。

第一节　土地发展权的概念

"土地发展权"这一概念包含土地的"发展"和"权利"两个层面的含义，最初在英美法系的土地权利体系中有所体现。对于任何一块土地，无论是被开发做住宅、商业等建设用地，还是作为农用地、林地、生态景观用地，它们除了本身具有资源价值外，还存在由较低利用类型或强度转变为较高级别的可能，即基于土地的效益或收益存在由低到高的发展机会，这些机会共同构成了土地的发展价值，为土地赋予了"发展的权利"。① 在英美法系中，附着于不动产上的所有权、使用权、他项权等权利被称作一个"权利束"。不同于大陆法系，英美法系更侧重于权利主体因享有权利而获得的财产性收益，而非对物的支配处分，因此土地发展权最初定义为是可以与"权利束"其他权利相分离单独转让或出售来获得土地收益的一项财产权。② 将"土地发展权"的概念法制化是在1947 年英国制定的《城乡规划法》中，该法将土地的"发展"定为对建筑或某土地用途进行的物理变更，包括地里、地面、地上或地下等各种空间位置，③并规定土地发展权与依附于土地上的其他权利相分离，统一归政府所有，土地所有者须支付费用才能购得发展权以继续开发利用土地。后"土地发展权"被美国引入并广泛应用，它被认为是一项独立于"权利束"、可在土地所有者之间或土地所有者和政府之间自由买卖的财产权。④ 结合前文的分析，可以认为土地发展权是客观存在的，但是只有对土地利用类型和开发强度的改变施以一定的限定条件，该项权利才能够实现。

① PRUETZ R, BERGER D I. Beyond Takings and Givings [M]. Arje R Press, 2003.

② 范立夫，肖兴志. 外国土地发展权的设置及借鉴 [J]. 北京房地产，1994 (2)：40 –41.

③ "发展"的定义摘自：沈子龙. 土地发展权中国化的路径选择 [D]. 杭州：浙江大学，2009.

④ HANLY – FORDE J, HOMSY G. Transfer of Development Rights Programs：Using the Market for Compensation and Preservation [J]. Local Enuironment, 2018, 23 (1) .

根据美国《土地发展权授权法》的规定，土地发展权是指土地所有人遵守土地开发的法律规定，将某块地或其上的建筑物用于某种特殊用途，包括开发地或其上建筑物的面积、密度、容量和高度。① 土地发展权也可被简单定义为"将土地现有利用方式改变为另一种利用方式的权利"②。美国规定土地发展权由土地所有权产生和决定，即由联邦掌握所有权的土地，发展权也归联邦；地方政府掌握所有权的土地，发展权归地方；私有土地的发展权则归私有者。但美国设立的土地发展权是一项可以单独处分的财产权，与土地所有权归属没有必然联系，可以与土地所有权相分离。土地所有权是由一组个别权利（a bundle of individual rights）所结合而成的财产权，每一项个别权利均可从完全所有权中分离，而单独移转于他人，土地发展权是这一组权利中的一种。可见，土地发展权是依附于土地之上，可改变土地利用类型或投入强度的物权；它虽然可以与其他权利分离被单独支配，但其价值的发挥必须依赖土地所有权、使用权的明确和土地利用开发这项行为；发生土地发展权转移过程中的利益主体均可通过出售或购买发展权获得财产性收益。它的客体可以是需保护的农用地、历史古迹、生态脆弱区或任何对人类生存发展具有重要作用的土地，也可以是建设用地上建筑物的建筑密度或容积率。

第二节　土地发展权的产生背景

为开发西部，美国政府曾一度积极制定支持土地开发利用和土地出售的政策。虽然这些政策对土地开发利用起到了积极作用，但自 20 世纪 50 年代以来，美国政府意识到土地过度和不合理开发造成了资源浪费、农用地锐减和生态恶化等问题。为保障粮食安全和保护野生动物栖息地及地下水，美国政府制定了基本农田保护政策③，并辅以税收政策，但是效果并不理想④。为了抑制土地过

① 李晓妹，裴燕燕. 美国的土地发展权 [J]. 国土资源，2003（7）：48－49.

② NELSON A C, PRUETZ R, WOODRUFF D. The TDR Handbook: Designing and Implementing Transfer of Development Rights Programs [M]. Island Press, 2011.

③ KLINE J, WICHELNS D. Public Preference Regarding the Goals of Farmland Preservation Program [J]. Land Economics, 1996, 72（4）：538－557.

④ THORSNES P G, SIMONS P W. Letting the Market Preserve Land: The Case for a Market - Driven Transfer of Development Rights Program [J]. Contemporary Economic Policy, 1999, 17（2）：256－266.

度开发，从而保护环境、农用地和历史标志性建筑等，美国政府开始采用分区管制（zoning）政策来管制土地开发的密度和容积率，以强化政府对土地利用的管理。其主要内容是：将规划区内的土地划分为不同的土地利用类型，并对特定类型的土地进行开发限制，立法规定土地使用的性质、建筑容量及有关环境方面的要求，其对不同土地类型开发限制不同。分区管制在一定程度上实现特定目标的同时，也带来了一系列问题，主要表现在三个方面。

首先，分区管制侵犯了土地所有者的私有财产所有权。分区管制剥夺了农用地转为其他用地的选择权，导致土地价值减少，但土地所有者却无法获得补偿，从法律角度看这是对土地的一种非法征用①。地方政府常常面临那些规划规定为农用地的土地所有者的起诉，要求政府给予补偿。

其次，分区管制没有体现社会公平。其造成不同分区内土地所有者的"意外收益"和"收益损失"：开发区的土地所有者可获得非个人劳动带来的收益，而开发受限区域的土地所有者则存在隐性损失②。此外，分区管制加剧了种族隔离和贫富差距的扩大。

最后，分区管制也不能保证效率。分区管制阻碍自由经济下的社会发展，导致某些地块不能被用于最有经济效率的用途。大量实例也证明分区管制是一种低效率甚至无效率的政策③。

在这种背景下，以土地发展权为核心的补偿性质的辅助工具被引入美国的土地政策当中，用于弥补分区管制政策的不足、增加土地政策的弹性，在有效保护土地资源的同时兼顾土地所有者的利益。土地发展权于1968年开始实施以来，历经40余年的发展，其思想与理论日臻成熟，而且积累了诸如马里兰州的卡尔弗特县（Calvert County），蒙哥马利县（Montgomery County）以及科罗拉多州的博尔德县（Boulder County）等成功实践。美国TDR专家里克·普鲁埃茨在"Transfer of Development Rights Turns 40"一文中，回顾了美国实行TDR计划40年以来的实践与成就。TDR最初用于地标性建筑的保护，发展至今日，得到了

① SWANK W K. Inverse Condemnation: The Case for Diminution in Property Value as Compensable Damage [J]. Stanford Law Review, 1976, 28 (4): 779-804.

② BARRESE J T. Efficiency and Equity Considerations in the Operation of Transfer of Development Rights Plans [J]. Land Economics, 1983, 59 (2): 235-241.

③ MC-CONNELL V, KOPITS E, WALLS M. Farmland Preservation and Residential Density: Can Development Rights Markets affect land use? [J]. Agricultural and Resource Economics Review, 2005, 34 (2): 131-144.

更广泛的应用，包括生态保护、农用地保护、历史遗迹保护、区域经济发展等。他指出，TDR 虽然在各个州的实践略有不同，但是成功的 TDR 计划都具有一些相同的特点。在成功的 TDR 计划中，区域总体规划中对于"发送区"的保护具有强有力的公众支持，而且"发送区"土地所有人的土地如果受到限制，则更倾向于参与 TDR 计划。这些限制包括发展约束、分区规划限制、基础设施建设需要等。在早期的 TDR 计划中，对公众的宣传是非常重要的，使他们认识到 TDR 有助于土地规划的实现，从而参与其中。在大多数 TDR 计划中，TDR 允许发展人提高密度限制，其他的 TDR 激励则包括建筑面积的增加、高度补贴、额外覆盖区域以及区域建筑许可配额系统的构建。

第三节　土地发展权的现状

目前美国的土地发展权项目主要分为两种：土地发展权征购项目（PDR，Purchase of Development Rights Programs）和土地发展权转移项目（TDR，Transfer of Development Rights Programs）。

土地发展权征购项目于 1974 年在美国建立，是指政府或其他非政府组织通过购买特定地块的土地发展权以实现特定土地利用政策目标，如保护农用地、环境敏感地带和历史古迹等。土地发展权征购项目中，政府或其他非政府组织按照市场价格购买发展受限制地区土地所有者的土地发展权。土地发展权被征购之后，发展受限制地区的土地仍归原土地所有人所有，但是土地的用途仅限于对土地现状的利用，而不能对土地做不利于保护农用地、环境敏感地带和历史古迹的深度开发。由此，农用地、环境敏感地带和历史古迹得到了永久性保护。土地发展权征购项目所需资金绝大部分来自政府税收，有时政府财力有限，以低于市场价的价格向土地所有者征购发展权，然后向其提供约为 30% 的税收优惠。

发展权征购建立在自愿基础上，即政府或其他非政府组织需与土地所有者协商一致才能购买土地发展权，因此土地发展权征购项目的推进往往受到土地所有者意愿的限制。另外，按照市场价格购买土地发展权需要大量的资金，往往给政府或其他非政府组织带来沉重的财政负担，正是由于这个原因，土地发展权征购项目成功的不多，其发展速度不及土地发展权转让项目。

土地发展权转移项目于 1968 年在美国建立，是指权利人可通过市场机制将其拥有的土地发展权转让给他人行使。1968 年纽约市《界标保护法》（Landmark Preservation Law）以立法的形式首次确立了土地发展权移转制度①。该法规定："土地所有者或使用者禁止改变或拆毁具有历史意义的界标，但允许将界标所在土地的土地发展权转让给他人。"随后出于限制人口增长、保护开敞空间、标志性建筑、环境敏感地、森林和野生物栖息地等不同目的，佛蒙特州（State of Vermont）、芝加哥（Chicago）、马里兰（Maryland）、新泽西（New Jersey）、华盛顿（Washington）、弗吉尼亚（Virginia）等市州在 20 世纪 70 年代陆续推行发展权移转制度。在 70 年代，超过 20 项 TDR 条例在 11 个州被采用。而到 80 年代，超过 60 个项目在 19 个州启动，仅加利福尼亚州在这 10 年间就累计进行了 21 项 TDR 项目。截止到 2011 年，美国已有 33 个州实施了共计 239 个土地发展权转让项目。因此保护的农用地、生态敏感区、历史遗迹和开放空间等面积累积达到 300000 英亩。

第四节　土地发展权的转移

在 Pruetz R 的 *Beyond Takings and Givings. Saving Natural Areas，Farmland，and Historic Landmarks with Transfer of Development Rights and Density Transfer Charges* 一书中提到，几乎所有的群体都希望保护生态敏感区、历史遗迹、开放空间和其他重要的区域。仅依靠规划管理有时能够实现保护目标，但是通常情况下地方政府更倾向于减少保护区域以换取土地价值。在一些区域，纳税人同意向土地保护进行纳税补偿，但是在公共支持不足的地区就无法通过税收或是其他方法来筹集足够的资金。可转移发展权（TDR，Transfer of Development Rights）正是对这一困境的改善。

在美国，土地发展权的核心内容是开发密度（density），以便于量化、测算价格和比较，发展权转移也成为开发密度转移。土地发展权转移项目由于其参与主体无限制，且可盈利，得到了广泛的关注。作为一种基于市场的土地利用管理机制，土地发展权转移项目的核心是在分区管制的基础之上，将"发送区"（sending area）的土地发展权转移到"接收区"（receiving area），从而让后者获

---

① FULTON W，MAZURKA J，PRATES R，et al. TDRS and Other Market - based Land Mechanisms：How They Work and Their Role in Shaping Metropolitan Growth ［R］. The Brookings Institution Center on Urban and Metropolitan Policy，2004.

得更大的开发强度。交易完成后"发送区"将受到严格的开发限制。一般而言，发送区都是需要被保护的农用地或者开放空间，而接收区都是被引导的城市发展区域。发送区是土地发展权的供给方，一般为农用地、开放空间、历史古迹或是其他对区域发展极其重要的土地资源，为了避免被破坏或侵占，这些资源往往被规划严格限定了开发密度或开发强度，但同时这些土地上也被赋予一定量的土地发展权，其土地所有者可以通过出售发展权来获得对潜在开发损失的补偿；接收区是土地发展权的需求方，一般是靠近商业、工业、交通及其他城市公共设施等已开发土地或规划为适合开发的区域，该区土地所有者若想超出规划限定范围提高土地利用程度来追求土地收益最大化，就必须购买一定数量的土地发展权，它与本身具有的发展权叠加之后便可转化为继续开发利用土地的使用权。这两个区域之间的发展权转移一般借助发展权银行或交易所完成，发展权价格可由市场自由确定，也可由 TDR 条例规定。①

另外，也可以通过图示来说明土地发展权转移的效果和运作原理：

假设 A 镇是某城市近郊的管辖镇之一，最初是典型的农业型小镇，农用地为主要的土地利用类型，集体建设用地利用类型主要为宅基地，且在各村以低密度的形式分布（图 2 - 1）。当 A 镇逐渐受到城市化的辐射，若不进行任何形式的规划管制，在利益驱使下该镇的农用地将被大量转为建设用地，且建筑密度也将大幅提高，以创造更多、更直接的土地收益（图 2 - 2）。若采用土地发展权转移作为规划管制的政策工具，规划该镇内一部分土地可以划入建设用地范围，一部分土地必须承担保护农用地的责任（图 2 - 3），为了补偿其潜在的土地收益损失，农用地保护者可以出售其农用地上的发展权，而规划为可以将农用地转为建设用地的一方则必须购买发展权才能获得开发的权利。这样既保证了城市经济发展的需要，又保护了农用地不被过量地侵占，同时也使农用地所有者都获得了相应的土地收益，并减轻了政府的财政压力。

一、土地发展权转移的实施目的

美国各州、市发展权转让机制各不相同，项目的实施目的也不相同。截至 2011 年，在美国实施的土地发展权转移项目达到了 239 个，大部分项目的实施

---

① 美国各州在实施土地发展权转移时，主要依据《土地发展权转移实施条例》，且对各区域的开发限度做了严格的规定，保证发送区能够提供足够的供给，接收区也能产生购买发展权的需求。

图2-1 A镇最初建设状况　图2-2 A镇受城市辐射，农田被侵占，建筑密度增加

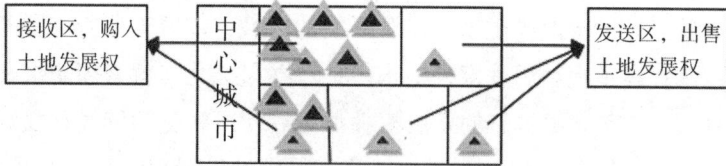

图2-3 设立土地发展权及发送区和接收区，实现了满足建设、保农用地的目标

目的是保护环境、农田或历史遗迹，近三分之二的项目（152个）将保护环境作为其首要目的，其余的发展权转移项目则以保护农田为主。历史遗迹一般属于特殊用地，所涉及的面积相对较小，但也是土地发展权转移项目的重要类型。

表2-1　美国土地发展权转移项目首要目的统计

目的	项目数量	所占比例
保护环境	152	63.6%
保护农用地、农村风貌	52	21.8%
保护历史古迹	20	8.3%
其他	15	6.3%
总计	239	100%

二、土地发展权转移的经济分析

区位是决定土地价值的最关键因素，一块土地的区位确定后，其他因素才开始对地价产生影响。这些"其他因素"中最重要的是土地的生产力，在区位和其他因素相同时，生产力高的地块价格通常更高。农用地的生产力表现为每英亩的粮食产量，用"英斗/英亩"测算；城市土地的生产力表现为开发密度，即每英亩土地上的住宅数量，用"住宅单元个数/英亩"测算。

对于农用地，其一英亩上产出的第 100 英斗粮食与第 1 英斗或第 15 英斗粮食具有相同的市场价值，因此每英亩农用地的生产力增加一个单位（英斗），其价值的增加值是固定的，如图 2 - 4 所示。

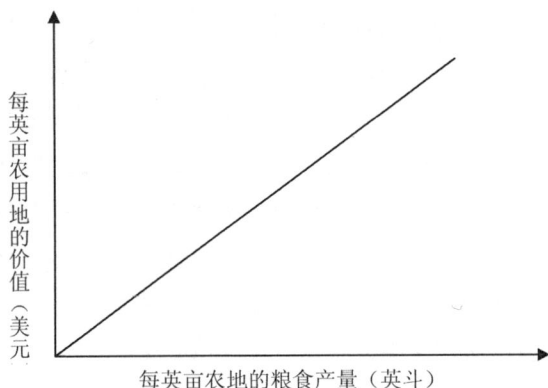

图 2 - 4　农用地的价值与生产力之间的关系图

图片来源：Arthar C. Nelson，Rick Pruetz and Dong woodra The TDR Handbook；Designing and Implementing Transfer of Development Rights Programs.

但对于城市土地，其每英亩的生产力每增加一个单位，其价值的增量是递减的，如图 2 - 5 所示。开发密度太大时，每英亩城市土地上增加一个住宅单元所造成的边际价值甚至会变为负值，导致地块价值下降。

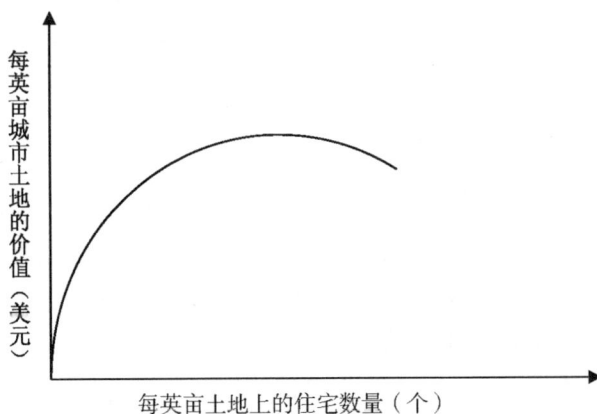

图 2 - 5　城市土地的价值与生产力之间的关系

图片来源：Arthar C. Nelson，Rick Pruetz and Dong woodra The TDR Handbook；Designing and Implementing Transfer of Development Rights Programs.

决定城市土地最大开发密度的因素有三个：市场形势、自然条件制约和法规限制。在没有自然条件和法规制约的情况下，城市土地的最大开发密度应为土地价值最高时的开发密度，该开发密度同时也是最佳开发密度，如图2-6中B点所示。但由于地块的自然条件限制或当地法规限制，该地块所允许的最大开发密度可能小于市场决定的最佳开发密度，如图2-6中A点所示。

当市场决定的最佳开发密度低于自然条件和法规限制的最高容积率时，市场是决定地块价格的唯一因素；当市场决定的最佳开发密度和法规限制的最大开发密度大于自然条件所允许的最大开发密度时，人们就会改变该地块的地形地貌，直到自然条件允许的最大开发密度等于市场决定的最佳开发密度；当法规规定的最大开发密度低于市场决定的最佳开发密度和自然条件允许的最大开发密度时，人们就会提出重新分区或者改变相关规定的要求。

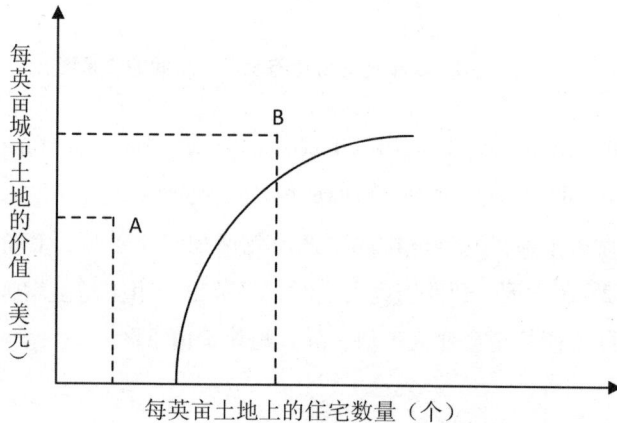

图2-6 城市土地在不同限制条件下的开发密度

通常情况下，市场决定的最佳开发密度大于大部分社区所能接受的最大开发密度。出于对负外部性的担心，社区通常制定法规并设立监管程序以限制地块所能开发的密度。这种情况下，各式各样的请求就会出现，请求者希望能将社区允许的开发密度提高到地块价值最高时的开发密度，这时土地发展权转移就能提供既能提高开发密度又能提高经济回报的途径。反之，当市场决定的最佳开发密度等于或小于所限定的最大开发密度时，土地发展权转移将没有经济可行性和保护土地的能力。

由此可见，土地发展权转移项目能开展的前提为：接收区规划的开发密度（图2-6中A点）小于市场自身决定的最佳开发密度（图2-6中B点）。

三、土地发展权转移的实施

美国的土地发展权转移项目实施时分为三步。（1）划定土地发展权发送区和土地发展权接收区。发送区一般是规划确定的需要进行保护或禁止进行商业开发的区域，以新泽西州派恩兰县（Pinelands County）为例，其土地发展权转移项目中规定可作为发送区的土地类型包括：农用地、生态敏感区、闲置地、历史遗迹区以及废弃地整治区。适合作为接收区的土地类型有：城市外围尚未开发土地、新城市中心、再开发区、填充开发区和正在建设区等。理想的接收区有三个特征：一是适合发展，现有的配套基础设施能够承载土地开发密度的增加；二是当地公众广泛支持；三是开发商对该地块产生投资兴趣。（2）确定土地发展权的价值。土地发展权的价值为"包含土地发展权的全部土地价值与不包含土地发展权的土地价值之差"。如发送区由于规划管制，平均一英亩土地现有 1 个住宅，每英亩土地价值为 3.5 万美元。若其拥有土地发展权，不受规划限制，平均一英亩可以建 3 个住宅，每英亩土地价值为 7.5 万美元，则每英亩的土地发展权价值为 4 万美元。在发展权转让项目中，通常由评估师、经济学家或其他有资格的教授来确定土地发展权的价值。（3）转让与交易。土地发展权被交易后，土地所有权不变，转让方即发送区土地所有者获得收益但其土地未来开发受限，受让方则获得超出规划的土地开发密度增量。为更好地实施土地发展权转让项目，美国多地设立了土地发展权转让银行，发展权转让银行有调节市场供求的功能，在发展权比较充足的情况下，将其购买储存，在市场有需求时，将其卖出。该模式能够调节市场供求状况，促进发展权市场的稳定和发展。土地发展权转让银行不仅能联系潜在的买方和卖方、促进交易、增强投资者信心，还能为土地发展权的转让提供价格参考，减小不确定性。

在实际操作中，一个完整的土地发展权转移项目通常包含如下设计要素：发送区、接收区、可出售的发展权比率（allocation rate）、接收区额外开发密度（density bonus）、接收区发展权需求等。见表 2 - 2。

表 2 - 2　发展权转移项目的设计要素

要素对象	解　释
发送区	可转出发展权的土地
接收区	可转入发展权以获得额外开发密度的土地

要素对象	解　释
发送区最大开发密度	发展权转移后，发送区所允许的最大开发密度
可出售发展权比率	每英亩发送区土地所有者获准出让的发展权数量
接收区额外密度	利用土地发展权转移可突破开发限制的额外开发密度，通常以"住宅单元/英亩"表示
接收区发展权比率	接收区每一个额外的住宅单元所需的发展权数量

以下以马里兰州的蒙哥马利县（Montgomery County）为例对以上设计要素进行解释。1969 年，蒙哥马利县规定其未开发的土地的最大开发密度为 0.2 个住宅单元/英亩。接下来的五年里，蒙哥马利县有 1.2 万英亩的农用地因开发而流失。1980 年，该县强调了保护农用地的重要性，设立了面积为 9.3 万英亩的农用地保护区，并将发送区最大开发密度规定为 0.04 个住宅/英亩。该项目中，发展权发送区为农用地保护区，发送区的可出售发展权比率为 1：5，即每英亩农用地被配置 0.2 个土地发展权，若发送区土地所有者决定不对其农用地进行任何开发，每亩农用地其获得 0.2 个土地发展权，若其决定以设定的最大开发密度（0.04 个住宅/英亩）开发其农用地，每亩农用地其获得 0.16 个土地发展权。项目的发展权接收区为农用地保护区外被规划为城市建设并有配套基础设施的地区。接收区规定了土地发展权不发生转移时的最大开发密度和土地发展权转移时的接收区额外密度。若开发商计划的开发密度大于土地发展权不发生转移时的最大开发密度，则其在每一英亩土地上多建造 1 个住宅，需购买 1 个发展权，即接收区发展权比率为 1：1。蒙哥马利县的土地发展权转移项目是美国最成功的发展权项目之一，截至 2009 年 6 月，该项目保护了近 5.2 万英亩的农用地，土地发展权出让价值达到 1.15 亿美元。

同一个土地发展权转移项目中的可出售发展权比率可以为多个数值。如新泽西州切斯特菲尔德镇（Chesterfield Township）的土地发展权转移项目中，其发送区的可出售发展权比率因农用地的土壤质量而异：土壤质量优等的农用地每英亩被配置 0.37 个发展权，质量中等的农用地每英亩被配置 0.17 个发展权，质量低等的农用地每亩被配置 0.02 个发展权，即可出售发展权比率分别为 1：2.7，1：5.9 和 1：50。可见，土壤质量越低的土地可出售发展权比率越小，每英亩土地被配置的土地发展权数量越少。高的可出售发展权比率会使得土地所有者在转让土地发展权和开发自己的土地之间更倾向于前者。

四、土地发展权转移的优势与困境

通常，发展权转让这一政策工具的优势是与分区管制政策相比较而言的。与分区管制相比，发展权转移主要有三方面的优势。

（1）发展权转移相对分区管制而言更为公平。土地发展权转移能有效解决土地开发活动外部性中的"意外收益—收益损失"困境（windfall - wipeout dilemma）①，通过发展权转移，非个人努力导致的土地增值部分被消除，而开发受限的土地所有者则获得了补偿。由此，分区管制下的非个人努力因素所导致的收益在不同的土地所有者之间实现了公平分配。②

（2）发展权转移项目的管理成本比分区管制的管理成本要低得多。③ 通过发展权转移，发送区的土地得到了保护，其实施成本则直接来自接收区土地所有者购买发展权而支付的价款，这样既实现了特定的保护目标，又不必发行债券、花费政府税收或者动用其他基金。④

（3）发展权转移项目的实施还有利于促进城市的理性增长，许多案例研究表明，分区管制会导致开发密度减小并导致蔓延，而发展权转移项目的实施则能抑制分区规划的蔓延效应。⑤

与此同时，发展权转移项目也面临理论和实施上的困境。

理论方面主要是部分学者和民众存在三个方面的担忧：（1）土地发展权转移项目将本属于私人土地产权束一部分的土地发展权赋予特定的开发商，而不是由大众行使，这在一定程度上有违社会伦理和道德⑥；（2）发展权交易后部

---

① "意外收益—收益损失"困境，即被规划为开发区内的土地所有者获得了非个人努力所带来的收益，而开发区之外的所有者或开发受限的所有者则面临着潜在的损失。

② THORSNES P，GERALD P，SIMONS W. Letting the Marketpreserve Land：The Case for a Market - driven Transfer of Development Rights Program [J]. Contemporary Economics Policy，1999，17（2）：255 - 266.

③ TAVARES A. Can the Market Be Used to Preserve Land? The Case for Transfer of Development Rights [C]. European Regional Science Association Congress，2003.

④ PRUETZ R. Beyond Takings and Givings：Saving Natural Areas，Farmland and Historic Landmarks with Transfer of Development Rights and Density Transfer Charges [M]. Arje Press，2003：61 - 63.

⑤ MC - CONNELL V，WALLS M，KOPITS E. Zoning，TDRs and the Density of Development [J]. Journal of Urban Economics，2006，59（3）：440 - 457.

⑥ LEVINSON A. Why Oppose TDRs? ：Transferable Development Rights Can Increase Overall Development [J]. Regional Science and Urban Economics，1997，27（3）：283 - 296.

分地区可能会出现过度开发，这些地方的居民将会承受交通拥挤、污染严重等问题，就像排污权交易可能导致部分地区污染物浓度的增大①；（3）如果对发展权定价过高，会导致开发成本上升，形成部分地区房价和开发密度双高的局面。

实施方面主要是项目成功所依赖的外部条件通常很难完全具备。这些严格的外部条件包括：对权利的界定明确、分区规划政策严格并能与发展权转移配合、公众对发展权转移的了解程度和支持程度较高、接收区对发展权的需求充足、政府部门对发展权转移市场的监管到位等。但现实操作中，这些条件通常很难完全具备，导致土地发展权转移项目的实际效果往往不如预期。

针对发展权转移项目面临的理论和实际中的困境，有以下措施可以激励和保障项目的实施，使发展权转移项目更好地发挥其优势。

（1）政府必须对发展权转移项目提供充分的法律保障，明确界定权利，维护分区的稳定，避免重新分区前后冲突，在增大开发密度的同时要增加发展权的供应量。②

（2）应设立健全的发展权银行、交易所等实体机构，设置发展权银行虽然不是发展权转移项目成功的关键因素，但是它的存在会有助于项目的成功，因为它提供了买卖双方交易的场所，增加了交易者的信心，为发展权的价值提供了保证。

（3）应充分为促进公众对土地发展权转移项目的了解而进行多种形式的宣传和教育，如可以通过发展权交易记录的公开化来进行。

（4）土地发展权转移项目与土地发展权征购项目结合使用的时候更成功③，如第四节中的蒙哥马利县，其不仅实施了发展权转移项目，还推动了4个土地发展权征购项目，通过提供税收优惠鼓励农用地保护区内的土地所有者捐献其土地发展权。

---

① VATES W E, PORTNEY P R, MC‐GARTLAND A M. The Net Benefits of Incentive‐based Regulation: A Case Study of Environmental Standard Setting [J]. American Economic Review, 1989, 79: 1233‐1242.

② BARRESE J T. Efficiency and Equity Considerations in the Operation of Transfer of Development Rights Plans [J]. Land Economics, 1983, 59 (2): 235‐241.

③ KAPLOWITZ M D, MACHEMER P, PRUETZ R. Planners' Experiences in Managing Growth Using Transferable Development Rights (TDR) in the United States [J]. Land Use Policy, 2008, 25: 378‐387.

第三章

基于土地发展权的农村居民点整理利益分配理论基础

第一节 我国土地发展权的内涵界定

一、土地发展权的内涵界定

（一）土地发展权的内涵

最初，人们对土地所有权的理解受到社会形态与经济发展的限制，对其深度与广度都缺乏深刻的理解，自然而然地认为对土地的所有是一种绝对拥有，即拥有包含从上空、地表到地下的完全占有。工业社会的到来，生产力得到极大的释放，城市化快速发展，人口急剧增加，土地利用程度提高。土地利用的提高与土地资源日渐显现稀缺促使各国对土地所有权的内涵重新进行思考，立法中也逐渐出现了对土地所有权内涵进行的限制，并将其进行权利剥离。将同一块土地的上空、地下与地表，分割成三个独立的财产，可以是同一个土地所有人，也可以为不同的土地所有人所拥有。英国作为世界上最早建立土地发展权制度的国家，源于第二次世界大战后国家重建与人口压力。随后，美、法等国也纷纷建立相应的土地发展权制度。迄今为止，土地发展权在各国都得到了广泛的应用，并且形成成熟的运行机制。

我国学界对于土地发展权的研究始于20世纪90年代，关于土地发展权的内涵研究经历了从狭义到广义的过程，由最初的仅仅指农用地转化为建设用地的权利，拓展至广泛意义上的土地使用性质改变或土地利用强度增加的权利。广义的土地发展权成为学界主流，而且接近国际上较为统一的定义。从土地发展权的起源来看，英国最初设立土地发展权是由于人口爆炸和城市急速扩张，为了解决土地开发过程中的土地增值收益分配不公等问题进行的征地改革。随着土地发展权制度的完善，其在生态保护、旧城改造等方面也表现出了不俗的影响力。美国正是旨在保护农用地、生态安全、历史遗迹和开放空间等，防止城市发展蚕食郊区土地成为建设用地而分别设立了可转让土地发展权制度（1968）和可购买土地发展权制度（1974）。我国早期出现的土地发展权也是用于解释耕地转化为建设用地中利益分配不均的问题。从这一点来看我国学者最初将土地发展权定义为农用地转化为建设用地的权利，是具有历史局限性的正确解释。

随着对土地发展权的深入了解，不难发现，土地发展权具有客观存在性，即每一块土地都天然拥有发展的权利，体现了发展权均衡全面的发展机会的核心思想。在这种情况下，土地发展权就不再局限于农用地非农化。而且，现实问题中不再只是征地补偿问题，农村居民点整理、主体功能区建设、建设用地指标配置，以及具体的重庆的地票交易制度和浙江省基本农田异地代保等实践都引起了学界对土地发展权的深入思考。基于此，我们不妨将土地发展权定义为一种客观存在的，土地改变现有用途或提高利用程度的权利。

但是，有学者提出，发展是与限制相对的，土地发展权正是因为限制土地发展而形成的，若无限制，则无土地发展权一说。① 在我国，土地利用规划和土地用途管制制度正是对土地利用的限制。为了进一步剖析土地发展权的概念，我们有必要厘清土地发展权与土地利用规划、土地用途管制之间的联系与区别。张占录在《土地利用规划学》一书中，指出土地利用规划是为满足社会经济的发展目标，根据自然与社会经济条件，在时空上对土地资源进行合理的分配和组织。② 也就是说，土地利用规划就是对一定区域范围内各种用途的土地在时空上进行统筹与配置，例如，土地利用总体规划包括耕地保护目标、建设用地控制目标、用地结构目标、土地开发整理复垦目标等。在某种程度上，土地利用规划可以看作国家对于土地发展的控制，通过详细、量化的指标来控制土地发展的方向与程度。土地用途管制制度出现于 19 世纪末期，并于 20 世纪四五十年代成为国际上广泛管理土地的主要手段。国家为保证土地资源的合理利用，促进社会、经济和环境的三个维度协调发展，通过土地利用规划的编制，依法

---

① 黄祖辉，汪晖. 非公共利益性质的征地行为与土地发展权补偿 [J]. 经济研究，2002 (5)：66 - 71.

② 张占录，张正峰. 土地利用规划学 [M]. 北京：中国人民大学出版社，2006：5.

限定土地用途，明确土地使用条件，并要求土地所有者、使用者必须严格按照规划确定的用途和条件使用土地的强制性管理制度。① 作为耕地保护的主要途径，我国实行非常严格的土地用途管制制度，其目的在于盘活存量土地，控制耕地资源被转化为建设用地后的低效率使用造成的浪费性征地，最终实现耕地总量平衡。耕地转化为建设用地的过程中，土地增值收益分配成为争议的焦点，这也是土地发展权早期的关注内容。土地利用规划和土地用途管制制度事实上是对土地未来利用的安排与规划，构成了对土地发展选择的限制。在这种限制之下，土地向最高最佳利用转变的趋势被遏止，收益落差构成了土地发展权价值内涵。也就是说，当土地发展权天然存在的同时，只有对土地利用进行限制，才能够使土地发展权的特征得以显现。由此，我们将土地发展权进一步定义为，土地发展权由于其土地使用的多元化而天然存在，但必须通过土地用途管制和土地利用规划得以显现，以土地依法取得的权利和利用现状为基础，通过改变土地用途或提高土地利用强度对土地进行再发展的权利。

（二）土地发展权的特征

根据土地发展权的内涵，不难发现，土地发展权天然具有以下特征。

（1）客观存在性。每一块土地都天然存在发展的权利，只是在现状利用下没有得到表现，土地利用限制使得土地发展权的权利性质得以实现。

（2）预期收益性。土地总是有着向最高最佳利用方式转移的冲动，土地发展权是对土地利用用途改变或是土地利用强度提高的获利权利。

（3）阶段性。土地发展权是以土地利用现状所具有的土地权利和使用价值为基础，对土地在未来可预见的时间段内利用形态与价值量的设定。

（4）权利的可交易性②。土地发展权可以进行转移和交易，是发展权配置目标实现的工具。

二、土地发展权的丧失、抑制与释放

从理论上来看，每一块土地都具有均等的发展机会，然而事实上并不是每一块土地都可以有发展的权利或是发展的机会。根据《土地利用现状分类》（2007），我国的土地利用采用二级分类体系，共分 12 个一级类、56 个二级类。

---

① 张占录，张正峰. 土地利用规划学 ［M］. 北京：中国人民大学出版社，2006：236 - 237.

② 所谓权利的可交易性，是指在法律的范围内权利人有权处置自己拥有的权利。

其中一级类包括耕地、园地、林地、草地、商服用地①、工矿仓储用地、住宅用地、公共管理与公共设施服务用地、特殊用地、交通运输用地、水域及水利设施用地及其他土地。其中，沙漠、戈壁无法通过土地整理或是其他行为使其呈现发展的特性，因此也就不具有发展权。军事用地等由于政治原因，不具有发展的机会，而且发展权的丧失也不会得到补偿。因此，土地发展权丧失是指由于自然、政治等不可抗力的因素影响，本身无法得到进一步的发展，或是不具有收取相应发展补偿的权利。

除上述发展权丧失的土地利用类型之外，其余利用类型的土地都具有发展权。但是，部分土地利用类型，其发展权利受到抑制。为达到一定保护的目的，将特定的区域划为专用用途，限制其开发。通常表现为区域内保留开放空间、保护历史遗迹、设定生态敏感区和农用地保护的需要。土地发展权抑制，是指土地的发展机会由于人为因素而限制，尽管本身具有发展的能力，却只能维持现有用途，机会被抑制之后能够获得发展权补偿。相应地，土地发展权释放，则是指在符合土地利用规划的前提下，土地利用可以向更高程度转变，包括使用性质的改变和利用强度的提高。

三、土地发展权与土地所有权

土地发展权的理论基础是出于公平的原则，每一块地都拥有均等发展的权利。不论是被征收的土地还是没有被征收的土地，不论是集体土地还是国有土地，都拥有土地发展权。虽然各种历史原因，以及国家投入和私人投入的作用，导致目前的土地区位价值不同，但是在土地发展权上它们应该是平等的。也正是土地发展权的公平性质，才能使得出于长远利益和保护目的而被限制发展的土地能够获得合适的补偿，才能减少区位等而导致不同地块被开发的时间上的差距以及土地价值的差异。

对于土地发展权和土地所有权之间的关系，大部分学者都认为土地发展权是独立于土地所有权而存在的，在英国和美国的实践中，也是将土地发展权从土地所有权中独立出来运用。土地发展权的这种独立性，使得它不会受到国家土地所有制的影响，能够充分发挥其作用。土地开发兼有公权和私权的属性，在中国，土地开发的公权属性主要表现在其土地所有权上，国有土地所有权归国家所有，集体土地所有权归农村集体所有，而土地开发的私权主要表现在使

---

① 即商业、金融业、餐馆旅馆业及其他经营性服务业建筑及其相应附属设施用地。

用权等用益物权方面。由此，在土地开发利益分配中往往存在公权和私权的冲突。在解决这种冲突时，土地发展权的这种独立性就使得它能够对衔接公权与私权起到重要的作用。

土地所有权是一种特殊的财产所有权，但仍具有财产所有权的基本特征。[①]我国《民法通则》第71条规定，财产所有权是指所有人依法对自己的财产享有占有、使用、收益和处分的权利。在我国，集体土地所有权的处分权受到限制，是受限的财产权。而且，由于集体土地所有权理论上归农民集体经济组织所有，由集体经济组织代理人代表集体经济组织行使所有权。但集体经济组织代理人没有对集体土地进行规划等的权利。对于国有土地所有权，由政府代表国家行使，且政府拥有对所有土地的规划权，所以事实上，集体土地所有权相对于国有土地所有权处于非常弱势的地位。土地发展权的设立也是对集体土地所有权的保护，是对政府规划限制集体土地所有权的补偿。但土地发展权并不是国家管理权范围内的权利，而是财产权范围内的权利。土地发展权本质上是财产权，是对国家管理权范围内的规划权的有效补充。

四、土地发展权与土地利用规划

土地发展权是土地发展的权利，因土地管制和土地利用规划而形成。土地利用规划是将有限的土地资源在国民经济各部门、各地区和各行业之间进行时空分配，确定土地利用结构。合理组织土地利用即是通过土地利用分区，确定用地密度、空间容量和利用水平。局部区域的土地发展权配置可以参考土地利用规划中的详细规划和标准图设定具体的、法定的技术参数。[②] 但是不能因为规划指标是对土地未来利用的安排，而将其等同于土地发展权。前者是对土地开发的许可和限制，根据经济、社会、环境等因子而确定，建设用地指标是按经济系统的运行而进行配置。后者属于土地产权，基于平等、均衡的理念，具有经济价值的量的内容。[③] 所谓规划指标是规划实现的一种方式，是指可以发展的指标，如建设用地指标是指允许建设的量。发展权的设置，主要是依据资源拥有量，那么，规划允许建设，就应当考虑区域是否拥有足够的发展权来进行发展。土地利用规划本身不具有灵活的实现手段，土地发展权的配置为其提

---

① 肖方扬. 集体土地所有权的缺陷及完善对策 [J]. 中外法学, 1999 (4): 86－90.

② 孙弘. 中国土地发展权研究：土地开发与资源保护的新视角 [M]. 北京：中国人民大学出版社, 2004: 24.

③ 刘国臻. 论我国土地利用管理制度改革 [M]. 北京：人民法院出版社, 2006.

供了一条新的途径。

以一个例子来说明，现有甲、乙两个地区，满足以下条件：

(1) 甲区为经济发达地区，人口集聚，对建设用地的需求相对较高，乙区为经济欠发达地区，人口流失较为严重；甲乙两区虽然经济程度有所不同，但是两个地区的规划期末面积是一致的，这主要是因为甲地区面积的增加主要因为城市发展对建设用地的需求，乙地区是因为拥有广阔的农田。

(2) 甲、乙两个地区以平均分配的原则获得同样多的土地发展权；图 3-1 中，区域 A 和区域 A′为初始甲乙两地区的建设用地面积，最外侧的两个长方形面积代表规划期末的用地面积。甲地区在规划期内，建设用地需求从区域 A 增加到区域 B，这是土地规划所限定的面积，同理于乙地区从区域 A′到区域 B′。当土地发展权创设并应用于实践时，甲乙两地区获得了相等的土地发展权数量，即图中的阴影部分区域 C 和区域 C′，这两个矩形的面积相等。

甲地区所配置的土地发展权不足以满足土地利用规划中对建设用地需求量的预测，差额为区域 D，相反地，乙地区由于发展受限，发展权有剩余，为图中区域 D′。为了使得甲地区能够获得足够多的发展权以满足发展需要，而不使得乙地区的发展权浪费，乙地区的土地发展权可以转移到甲地区。

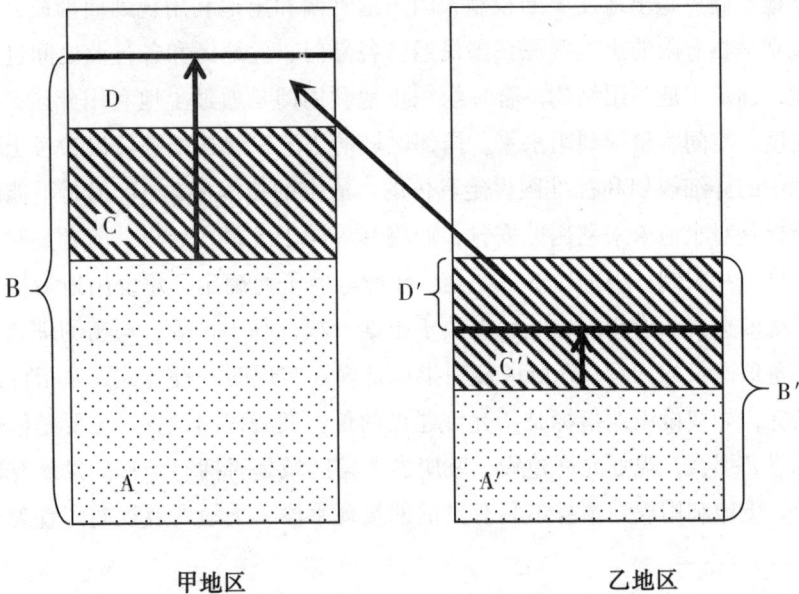

图 3-1 土地发展权与土地利用规划举例

在这里，首先要明确的是土地发展权的创设目的是什么，即在现有土地利用规划对土地利用进行安排的前提下，为什么还要设定土地发展权。设定发展权的最初目的自然是在保护耕地的背景下，为经济发展寻求更多的土地供给。正如上图所显示的，若按经济发展要求，甲地区城市建设用地边界扩张，这必然要通过征地来完成。相应地，乙地区经济欠发达，城市扩张较少，虽然这部分土地的增加也要通过征地来完成，但是乙地区更广袤的农用地由于地广人稀、发展受限等因素，不论是城市用地，还是农用地利用效率都较低。当配置土地发展权之后，甲地区可以向乙地区购买土地发展权，增加建设用地供给，而乙地区也因为甲地区的购买而使得行政区内某块地的农用地利用得到永久保护。乙地区发展权剩余，是因为虽然土地具有进一步发展的基础条件，但由于本身区位、政策导向等因素，发展机会受到抑制，如我国东西部差异，东部经济发达，也就会吸引更多的集聚，包括经济、人口等，而西部则没有这样的经济发展优势。除此以外，乙地区的土地还可能因为被限定发展而失去发展机会，如划定为基本农田保护区、生态保护区等，从这一角度考虑，土地发展权的配置与转移是基于公平对这些限制开发区进行的补偿。土地利用规划与土地发展权是两个体系，规划是一种行政安排，而发展权则是法律体系上的土地权利。土地发展权可以根据土地利用规划而设定，也可以根据具体需要来设定，如上例中的平均分配等。但可以肯定的是，土地发展权的实现必须是在土地利用规划的框架下完成，而不是任由土地发展权所有人任意地、自由地发展。

由上例分析可知，土地用途管制是土地发展权创设的前提和条件。事实上土地用途管制是土地规划中的主要内容，这种管制体现了国家公权（国家管理权）对私权的限制，而公权往往有国家强制力，如果不能适当地运用，很容易造成公权的泛滥，侵害到私人权利。从产权和外部性理论来看，由于土地用途管制的存在，出于社会粮食安全和生态环境保护等目的，一些农用地限制用途转变，农民丧失了将农用地转为建设用地的潜在收益，农用地的社会价值和生态价值不能显化，被人为压抑了。而同时由于限制，建设用地数量愈发稀有，特别在城市化快速发展的阶段，对建设用地的需求大于对其供给，使得建设用地的价值暴涨，建设用地占用耕地造成环境破坏的负外部性也无法在经济价值上体现。也就是说，耕地的正外部性和建设用地占用耕地的负外部性使得部分社会成员获得暴利或暴损。这也就是耕地保护缺少激励机制，耕地难以得到保护的原因。土地用途管制没有将外部性内部化的机制，难以克服其制度本身的缺陷。

土地发展权制度的建立能够弥补土地用途管制的缺陷，它将土地用途转化变为一种权利，通过权利的转移和购买，对农村土地用途被限制给予经济补偿，同时建设用地要开发也必须购买土地发展权，将其负外部效应转为建设用地开发的成本。这不仅使得农民更有动力和经济基础来保护耕地，同时也提高了建设用地开发的成本，能有效控制城市扩张，使得外部效应内部化，同时又不需要改变土地所有制，土地用途管制能够正常作用。土地发展权制度主要通过市场规律来发挥作用，政府需要做的只是界定发展权的归属，能够减少土地管理中的政府干预。土地发展权制度能够成为现有规划的有益补充。

规划是对客观事物和现象未来的发展进行超前性的调配和安排，它本身存在一个悖论，即确定的规划是不确定未来的反映，而不确定的未来又是现实确定规划作用的结果。现实发展与规划之间会有所不同，规划不能够轻易改动，不具有灵活性，而土地发展权制度正好能够提供未来土地用途改变的新途径。可以确定的是，土地发展权能够发挥作用，正是由于土地利用规划和分区的不完善。

土地规划是从公权角度、以行政和技术手段管理土地，土地发展权则是从调整公权与私权关系的角度、以产权和经济手段管理土地，为规划强制性造成暴利暴损之天然缺陷提供利益调节机制。两者的结合使用，将政府的有形之手和市场的无形之手紧握在一起，相互取长补短。

第二节 我国土地发展权的配置

一、土地发展权配置的界定

权利，究其本质，就是利益的法律体现。利益是权利的灵魂，尽管利益有大小之分、有形无形之别，但是任何一种权利的背后都隐藏着权利主体的利益诉求。利益既是权利主体的初始动机，也是权利的最终归宿。

由此看来，所有关于土地发展权的争议，归根结底是对土地发展的利益争辩。因此，土地发展权的配置体现了土地增值利益的分配。在所有的权利中，财产权是一种最能体现经济利益的权利种类[①]。作为一项可以独立支配的财产

---

① 汪军民. 土地权利配置论［M］. 北京：中国社会科学出版社，2008：96－97.

权，土地发展权的存在是土地增值利益的实现，而实现这种利益必须依靠对权利的配置，即通过对土地发展权利的创设与分配，包括初始配置、再配置等方式得以实现。土地发展权配置的积极作用在于，一是形成有效的约束机制和激励机制，资源损益边界的界定对土地发展方向与程度有明确限制，也能激励权利所有人最大限度地利用土地，促进资源配置优化；二是动态的权利形态有利于推进土地利用规划的贯彻与实施，也是对土地资源配置①的再优化。

土地发展权在配置的过程中，应当遵循以下原则。（1）兼顾公平与效率原则。所谓公平，就是利益平衡，在立法与司法实践中，使权利配置成为利益公平的调节器。英国土地发展权的公权性，正是出于对社会公平的追求。所谓效率原则，是指以效率最大化为目标，分配社会资源，使资源从使用效率低的地方流向使用效率高的地方。② 美国土地发展权赋予私权属性，经济补偿极大调动了土地所有人的积极性，制度设计更加注重效率。在我国，土地发展权归国家所有是基于公平的考量，但也要兼顾效率，以保证发展权配置有效进行。（2）配置限制原则。所谓配置限制是指土地发展权的配置是在符合土地利用规划、土地用途管制的规则下，在法律规定的范围内进行的。包括主体限制、客体限制、内容限制等，其中主体限制即发展权归属。（3）静态与动态相结合原则。土地发展权作为一种动态权利，包含静态配置和动态配置。前者是指通过权利创设，赋予权利人明确的权利义务，确认权利归属。后者是当权利主体、客体、内容确认后，对权利的分配（以及再分配），实现权利优化配置。静态配置是土地发展权流转和交易得以有效运转的前提条件，动态配置是对静态配置的补充，最终实现土地发展权的配置，也为土地发展权的下一步转移与交易创造有利环境。

二、土地发展权配置的类型

虽然土地发展权是一个抽象概念，从平等的理念来看，每一块土地都有发展的权利，而且权利配置应该是相等的。但事实上，并不需要为每一块土地都赋予发展权。在我国的现实中，赋予发展权主要是为了保护农用地、提高土地

---

① 此处的土地资源配置强调的是广义配置，即包含三方面的内容：一是土地资源在不同区域、不同用途和不同产业部门之间的分配；二是土地与其他生产要素资本、劳动、技术的配置比例；三是土地产权在不同权利人主体之间的配置。也就是说，文中所提到的土地资源配置再优化，不仅包含土地利用优化，还包括权利配置再优化。

② 汪军民 . 土地权利配置论［M］. 北京：中国社会科学出版社，2008：108.

利用强度、优化城乡布局、维持土地权利完整。基于此，对于沙漠、戈壁等几乎没有土地利用价值的土地，不需要也不可以为其赋予土地发展权，否则一方面由于其没有发展机会却设立土地发展权增加政策成本，另一方面还可能会刺激地方政府将荒地等土地发展权全部转移至耕地，然后进一步转移至建设用地，造成耕地资源的更大流失，这无疑加剧了地方政府的征地冲动。

因此，根据土地发展权的设定目的以及我国对土地发展权的现实实践，不妨将土地发展权赋予限定在以下几种用途，也就是美国土地发展权中可作为"发送区"的土地。

一是农用地，包括耕地、园地、林地等用途，尤其是基本农田保护区。这是土地发展权的重中之重，我国用地冲突的集中点便是农用地非农化，因此设立农用地发展权对农民补偿、农业保护、粮食安全有着十分重要的战略意义。

二是生态敏感区。生态保护已经成为社会发展的重要方面，走可持续发展道路是我国经济发展之根本。由此生态敏感区除我们所熟知的森林、湿地、野生动物栖息地、自然风景区等之外，还可以包括矿产资源、地下水、海岸、地表水质等。

三是历史遗迹、开放空间等，这是与美国相一致的，通过土地发展权配置与转移补偿发展限制。

四是城市建设用地，主要体现在实行旧城改造，维持现有用途提高土地利用强度，或是土地用途在商业、工业、住宅之间的转换。

五是农村建设用地，主要为农村居民点用地，这是我国二元制土地所有制度下所特有的产物。我国城市化的发展促使人口向城市转移，而且规划体系中村级规划处于最底层，规划行使不充分。虽然农村常住人口减少，但是农村建设用地却向外扩张，空心村现象严重，宅基地闲置造成土地浪费。此外，不容忽视的是乡镇企业的乱建乱占，工业用地不集约等现象。因此，赋予农村建设用地发展权，通过整理、复垦，还原土地发展权，为土地发展权转移和交易提供新的途径。

三、土地发展权配置的现实约束条件

（一）社会公平

土地发展权配置的基本出发点是公平。所谓公平，包括法律公平，即通过规范、法律等对于行动的限制，以及过程公平和结果公平。对于土地发展权的配置应当有利于国家通过发展权政策调整土地宏观调控，保证城市土地市场的

稳定发展，从全局角度保证法律公平。政府作为国家的委托人，地方政府担当管理者的同时，也充当了"经济人"的角色，在土地开发中参与土地利益的争夺。农民，尤其是由于征地而导致的失地农民，在利益博弈中处于弱势地位，所得到的补偿没有实现对发展权的补偿，而且对于征地决定的参与不足，使得过程和结果都易于呈现不公平的特点。这是土地发展权配置的过程中国家所要考虑的，保证农民的知情权和参与土地发展权利益的分配必须通过强有力的政策以保证实现。

（二）信息不完全、不对称

土地发展权配置主要是基于法律手段对权利的配置。土地发展权的初始配置是根据经济发展状况进行的初次分配，土地发展权转移与交易则是为实现土地发展权的配置效率。然而，基于经济发展状况的合理评价则更多来源于下级政府对上级政府的信息反馈，这在事实上造成中央政府的信息获取不全面。地方政府在与中央政府的博弈中，地方政府对于信息的掌握要远远多于中央政府，而且作为"经济人"的角色，自然是向着更有利于地方的方向来反馈土地发展权的信息。此外，对于土地发展权总量的确定，是基于对未来一定时间内的预测，具有不确定性。因此，土地发展权的配置不是终点，而是为下一步的发展权转移与交易创造有利环境。

（三）土地用途管制

土地用途管制制度是政府采取的最严格的土地管理制度[1]，是为消除土地利用中非理性行为所带来的各种矛盾，保证土地资源可持续利用而采取的一种公共干预措施。管制的直接内容是土地利用方向和土地用途转用，当然还包括对土地利用程度和效益的管制。各种用途管制内容的管制途径和目标如表3-1所示：

表3-1　土地用途管制体系内容[2]

内容	途径	目标
土地利用方向管制	划分土地用途区、确定土地使用条件、土地登记、土地监察等	按规划确定的用途利用土地

① 张全景，欧名豪. 中国土地用途管制制度的耕地保护绩效研究［M］. 北京：商务印书馆，2008：125.
② 资料来源：张全景，欧名豪. 中国土地用途管制制度的耕地保护绩效研究［M］. 北京：商务印书馆，2008：127.

内容	途径	目标
土地用途转用管制	按程序申请、报批；建立土地利用规划许可证、建筑许可证、农用地转用许可制等	满足土地利用结构调整及社会经济发展、市场需求等
土地利用程度管制	挖掘原有建设用地利用潜力；进行土地整理、土地复垦和土地开发	提高土地集约利用率
土地利用效益管制	对土地的社会、经济、生态效益进行分析、评估与管制	土地利用综合效益最优化

土地用地管制是提高土地利用效率的一种手段，同样地，土地发展权的设立目的之一也是土地利用效率的提高。但是，土地管制是一种刚性制度，这种管制措施会严重影响管制者的权力效力，从而形成管制措施的局限性。美国的可转让发展权正是以分区管制为基础建立的，是对刚性管制的弹性调整。我国在开展土地发展权实践的过程中，必须将土地发展权置于土地用途管制制度之上，实现弹性协调，确保土地用途管制的有效实现。

四、土地发展权配置的多种表现形式

（一）制度性配置与技术性配置

根据土地发展权的定义，土地发展包括横纵两个方向的发展，即土地用途的转变和土地利用程度的提高。

首先，土地用途的转变，一般情况下是向收益更高的用途转变。通常，建设用地作为城市建设的有力支撑，成为土地价值表现最强的土地利用类型。在我国主要表现为以下几种情形：一是农用地向建设用地的转变，在这里，建设用地不仅包括城市建设用地，也包括农村集体建设用地；二是农村建设用地向城市建设用地的转变，城市建设的快速发展对土地产生大量需求，基于粮食安全的考虑，农村建设用地的低效利用引起了各方关注。通过整理农村居民点用地以增加城市建设用地和耕地，在我国各地都开展了相应的实践，主要表现为城乡增减挂钩、地票交易等。可以看出，土地用途改变的结果是得到更多的建设用地指标以支持城市扩张，即表现为新城开发。当然，还有一些未利用地通过土地整理转化为农用地或是建设用地等。

其次，土地利用程度，即土地资源的利用强度，包括土地利用的广度和深度，常用指标包括土地利用率、农用地利用率、土地垦殖率、建设用地利用率、建筑密度、容积率等。但是，在土地发展权的配置中，多是以具体地块为载体，因此选择建筑密度和容积率为考察指标，以实现对土地利用程度的纵深提高。

由上可以看出，根据发展权的实现途径，配置形式表现为技术性配置和制度性配置。技术性配置主要是指确定开发程度、土地利用强度，具体的地块主要是通过容积率、建筑密度等比率关系及其组合来表现，如图 3 - 2、图 3 - 3。在图 3 - 2 中，根据城市规划，不同的区域、建筑物有特定的容积率要求，为建筑物和历史遗迹、开放空间配置相应的发展权。配置发展权，使得从保护历史遗迹和开放空间的角度所配置的土地发展权剩余，而用于城市建设的发展权不足。在这种情形之下，就可以通过土地发展权的转移达到保护目的的同时，满足了城市建设。图 3 - 3 则表现了以建筑密度为配置形式，通过设定不同区域的初始发展权数量，促使开发强度高的地区为了获得更高的土地利用，向开发程度低的地区购买发展权。在美国，大多数可转让发展权项目中的可转让发展权是通过密度限制得以配置，要求对地块的开发必须达到一定程度，并允许发展人提高密度限制，或是将密度剩余转移。还有一些可转让发展权激励则表现为高度补贴、容积率补贴等，这些都属于技术性配置。相应地，在我国，土地发展权配置主要表现为指标的分配，即制度性配置。在我国的地方实践中，地方政府无一不将增加建设用地作为首要目标，通过挂钩、交易等来实现新增建设用地指标。根据土地利用总体规划，每一行政区内的土地利用方向及强度是固定的，为发展权的初始配置提供了基础，通过各类用地面积的增减和土地利用强度的升降可以调整土地发展权的配置。

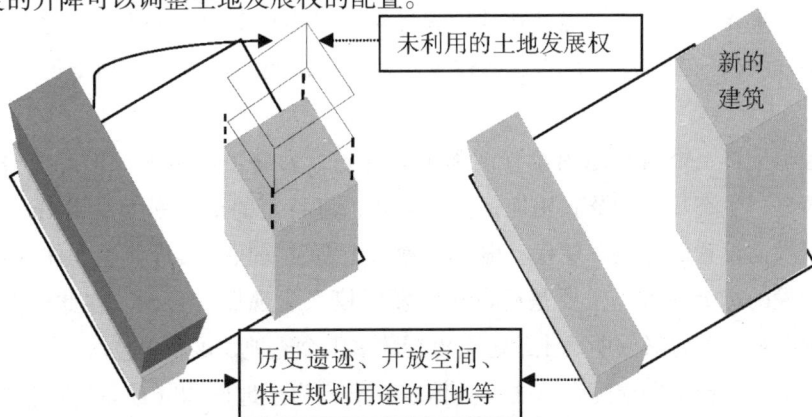

图 3 - 2 土地发展权配置的表现形式举例——容积率

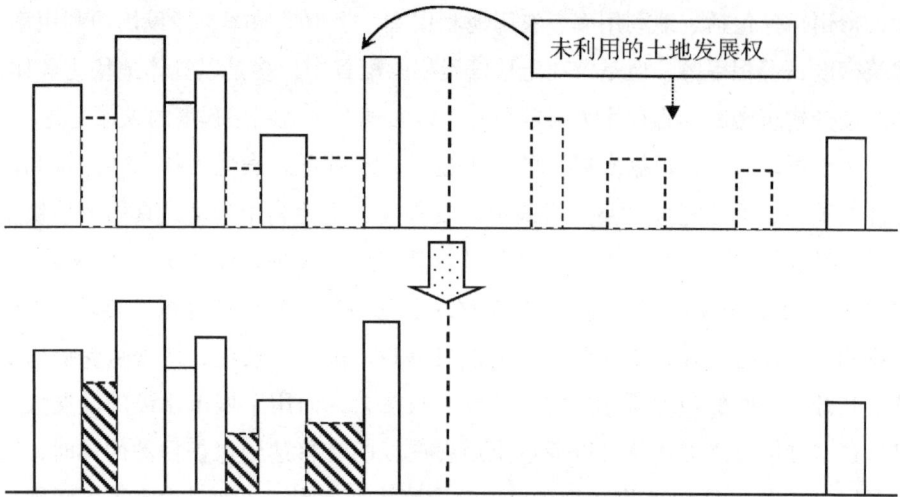

图3-3　土地发展权配置的表现形式举例——建筑密度

（二）实体配置与虚拟配置

土地发展权是一个广义概念，尽管其实施途径丰富，但是总体来说就是从土地利用效率低的部门向土地利用效率高的部门流动。创设土地发展权，是国家机器为土地利用所建立的修正工具，以实现土地的高效利用。土地发展因限制而得以显现，根据土地发展权的抑制与释放，可以将土地发展权的配置形式分为发展权的实体配置和虚拟配置。

实体配置，即依据城市规划和土地利用规划，允许将现状用途转向城市建设用地的土地发展权，通常表现为农用地非农化，也就是现实中的国家通过土地征收使集体所有土地（包括耕地、农村建设用地）变为城市建设用地。这部分土地发展权的配置主要是为了通过发展权购买的行为以实现土地增值收益的分配。

虚拟配置，根据土地用途管制和土地规划，为满足区域内保留开放空间、历史遗迹、生态环境以及农用地保护的需要，将特定的土地划为专用用途，限制其开发而设置的土地发展权。虚拟配置的土地发展权，其价值主要体现在受限制开发的机会成本，主要是通过转移发展权来实现保护补偿。在此情形下，土地发展权的配置必须明确土地上可以转移多少个土地发展权单位。

综上，土地发展权配置形式的具体表现形式为土地面积（或是用地指标）、容积率和建筑密度，这三者可以混合使用，也可以单独使用。土地发展权配置的多重表现形式如下图3-4所示。

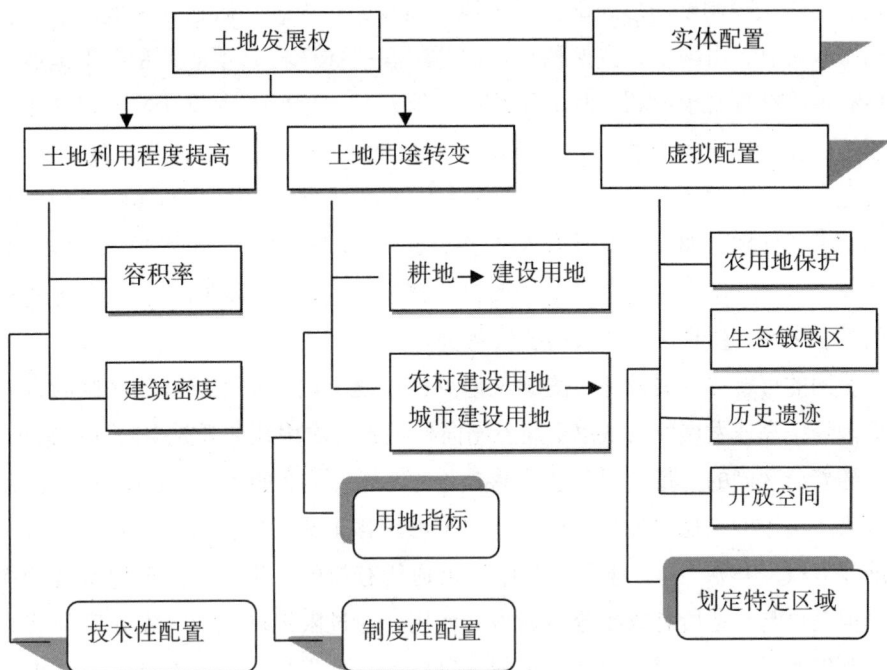

图 3 - 4 土地发展权配置的多重表现形式

五、土地发展权配置的归属定位

（一）国外土地发展权的归属借鉴

二战后的英国面临着城市重建与人口爆炸双重压力，为此专门成立研究小组进行研究以期解决现实冲突。研究报告指出，应在国家层面上进行土地使用规划，并建议私有土地所有人使用土地时，配置相应的限制条件，由此创立土地发展移转[①]。其中《阿斯瓦特报告》（1942）中的许多成果最终被 1947 年的《城乡规划法》所采用。最具典型的是其研究成果中认为，对于土地征用这种复杂问题，将尚未开发的土地——也就是全国的农村土地——实行土地发展权国有化[②]，就是一种非常简单但却果断的解决方法，即土地发展权国有化。《城乡

---

① 臧俊梅，张文方，李明月，等. 土地发展权制度国际比较及对我国的借鉴 [J]. 农村经济，2010（1）：125 - 129.

② 刘国臻. 论英国土地发展权制度及其对我国的启示 [J]. 法学评论，2008（4）：141 - 146.

规划法》以法律制度的形式确立了土地发展权，并规定一切私有土地的发展权转归国家所有，由国家独占，私有土地的所有权（产权）不变。私有土地的土地所有人维持现有土地利用时不受约束，但是当土地所有者或其他人想变更土地用途，在进行土地开发前，必须向政府以缴纳发展税的形式购买发展权。①简言之，英国土地所有权和土地发展权相分离，土地发展权并不影响土地原有用途的继续使用，如果土地所有人要求变更土地利用状态，则需要向政府购买发展权。这一制度安排使得土地发展权国家主义色彩显然，国家成为土地发展权的唯一主体，体现了发展权的公权性质。

美国的可转移发展权是实施于土地分区制之上的改进工具。分区制的设立是美国经济高速发展使得城市空间急剧向外扩张，农用地和开放空间迅速减少。但是随着分区制的大量应用，这一举措又受到越来越多的争议。在这种情况下，美国借鉴英国的土地发展权制度，建立了可转移土地发展权（1968）和可购买土地发展权（1974）。土地发展权作为土地所有权的一部分，归土地所有者拥有，但是可与土地所有权相分离而独立使用。通过限定区域的开发强度（容积率、开发密度等）来赋予土地发展权。美国的土地发展权假定在同一区域内所有土地的初始发展权是相等的，但是由于土地规划和分区制的影响土地价值产生差异。在这种情况下，可转移发展权的目的就是恢复到最初的平衡状态，需要高开发强度的土地所有者向限定为低密度发展的土地所有人购买发展权，从而消除利益落差，消除由于土地规划和分区制对发展抑制造成的不公平。美国政府为了保护农用地、历史遗迹及生态安全，可以以市场价格向土地所有者购买发展权，购买后的土地仍然归所有人所有，但是其用途仅限于对土地现状的利用，而不能进行深度开发或是改变用途，这就是可购买土地发展权。

比较英美两国的土地发展权归属，土地发展权的创设是基于二者不同价值追求。英国的土地发展权归属国家，追逐公平理念。通过赋予土地发展权的公权力，由国家进行资源配置，将发展权收益纳入公共利益调整范围，以达到不同所有人之间发展利益的公平。而美国创设土地发展权则体现了通过市场机制对私权的履行与利益协调，是基于对效率的追求：一是土地发展权的私权性赋予土地收益与发展收益的完整性，达到收益最大化；二是土地发展权的转移与征购都是通过市场机制进行配置，注重经济效率。相较于我国的土地制度，英

---

① 成桂钦. 我国土地发展权配置与流转制度研究［D］. 北京：中国地质大学硕士学位论文，2010.

美两国土地发展权都是基于土地私有的前提下。在确定土地发展权归属的时候，不但应该以英美两国经验来权衡公平与效率的问题，更应当结合本国实际情况来做出更为适宜的判断。

（二）我国土地发展权的归属定位

土地发展权归属是我国学界的争议核心所在，对于已形成的三种主要观点，从研究趋势来讲，学者越来越倾向于"二元主体论"。第一种观点：土地发展权归国家所有，使用者向国家购买发展权。多数学者从以下两个角度进行论证，一是发展权的权源是国家主权，发展权"国有化"强化了公权对私权的限制，国家进行统一的资源配置有利于保护耕地，二是土地增值利益来源于全社会的公共投资，仅由土地所有人无偿占有有失公平。第二种观点：土地发展权归土地所有人所有，由于争议焦点在于农用地非农化过程中所涉及的土地发展权，该观点进一步表述为农用地发展权归农民集体所有。其依据如下：一是农民集体拥有土地所有权，自然应当参与土地增值收益的分割；二是若为国有则形成公权对私权的压抑，农村土地流转隐性市场活跃便是对此抗争的结果。不少学者认为这种单一的归属论无法解决我国的现实问题，应当通过寻找折中的方法以期符合我国的具体国情。这便是第三种观点，主体共享论。然而，所谓的"共享"也有不同的方式，以季禾禾为代表的学者主张将土地发展权的决策权交予国家，由国家作为土地发展权的权利主体代表，通过委托—代理，由地方政府来具体行使征地权，农民可参与对土地发展权的分享。① 也有学者从公共利益与非公共利益角度来划分土地发展权的归属，基于公共利益征收为建设用地的土地发展权归属国家，基于非公共利益的征收行为的土地发展权归农民集体。

学者对于归属的见解是基于不同角度得出的结论，那么当我们来判断归属的问题时，不能只是以偏概全，而应进行最优选择、最适合选择。具体来看，仅仅将土地发展权的价值完全等同于征地后的增值收益过于狭隘。虽然目前学界对于土地发展权的关注主要集中于土地征收，但是从土地发展权的内涵来看，仅土地使用性质的改变就包括了农用地、未利用地、建设用地的转化。退一步来看，即使仅关注征地土地增值，也不难发现，土地增值不只是由于规划改变所带来的增值，还包括人类在其上进行的劳作而累积的价值增加，在这一部分中自然包括了农民集体所创造的价值。土地发展权的实现是建立在土地所有人

---

① 季禾禾，周生路，冯昌中. 试论我国农用地发展权定位及农民分享实现 ［J］. 经济地理，2005（2）：149－155.

对土地现状放弃的基础之上。也就是说，"涨价归公"的绝对论是不可取的。若将土地发展权私有化，且不论我国集体土地所有者——农民集体模糊与虚置的问题，单单是在土地产权体系中产权主体的不对等行为，公权对私权的压抑与限制造成运行成本巨大，私有化就不可能是最优安排。土地发展权的实现具有时空性，区位是土地发展权价值形成的基础条件。区位优势是全社会的共同投资，无法量化到具体的个体，仅由土地所有人享受土地发展权价值必然会带来不公平。

关于第三种观点，以季禾禾为代表的观点从本质上来说是认同土地发展权的国有化，强调建立社会保障机制实现土地发展权，混淆了土地生存权与土地发展权。农民因丧失土地的补偿不属于土地发展权补偿。另一种基于公共利益或是非公共利益的征地行为划分则不具有可行性，并且会增加巨大的政策成本。对于相邻的两个区域，若征地分别是基于公共利益和非公共利益，势必会造成新一轮的不公平。基于非公共利益征地的农民享有土地发展权，具有与政府、开发商谈判与博弈的资格，更容易获得巨额的征地补偿，而因公共利益征地而失去土地的农民则无法获得由土地发展权所带来的补偿，农民集体必然不满意这一认定结果。而且，对于公共利益还是非公共利益的认定，容易出现寻租行为，滋生腐败。因此，从土地发展权的广义内涵、土地产权体系中地位不对等，到土地发展权实现的区位优势，土地发展权归属国家更加符合我国具体国情，使土地发展权具有可实现性。但这并不意味着农民无法分享城市化、工业化所带来的土地增值收益，农民可以以土地使用者或社会成员的身份参与土地价值的分配。

六、土地发展权配置的模式构建

（一）前提假设

土地发展权的配置所要解决的就是配置什么、怎么配置的问题。为了分析的简便性，假设以下条件得以满足，从而不会对发展权配置造成外部影响。

土地产权界定清晰，产权主体权利与义务对等，不存在主体模糊与虚置问题，土地最优利用方式的信息获取全面。

土地所有权人是理性"经济人"，合理选择土地开发时机和利用强度以达到土地收益最大化。

市场是有效率的。发展权配置的目的是实现转移与交易，当发展权得到合理配置后，土地发展权转移与交易可以通过市场机制得以实现。

（二）模式构建

土地发展权是土地利用的动态权利，旨在通过改变土地用途或是提高利用强度而促使土地向更高利用效率的方向流动。发展权配置就是明确土地上所拥有的发展权，包括发展权数量和利用结构，也就是发展权的创设和分配。发展权创设，是土地发展的法律化，承认土地再发展的权利，若是权利受到抑制，可以获得相应补偿。发展权分配分为初始分配和再分配，土地现有利用程度为土地发展权的初始状态。土地发展权配置并不是一个孤立的环节，配置的目的是下一步的转移与交易。因此，发展权分配中的再分配，包括确定土地发展权可转移方式和转移后的利用结构，即通过土地发展权转移，所允许达到的容积率和建筑密度。因此，将土地发展权配置的类型——农用地、生态敏感区、历史遗迹、开放空间、城市建设用地和农村建设用地，分为发送区和接收区。

1. 发送区

传统的发送区，可以是农用地、开放空间、历史遗迹、生态敏感区以及其他需要保护的土地。虽然，这些土地被赋予了发展权，但是发展机会受到抑制，为这些土地配置发展权是为了通过转移和交易，获得发展权补偿。不同类型的土地作为发送区，其可发送的比例及数量不能单一地按照土地类型来确定，而应当具体结合其所处区域内的土地资源拥有量、所承载的社会功能价值等进行判断。

在我国，还存在一类特殊的发送区，即农村建设用地。农村建设用地的粗放利用，在今日引起了极大的关注。很多地方政府将目光投向了这一领域，期望通过土地整理获得新增建设用地指标，以满足城市发展的需要。农村建设用地的整理，包括农村居民点的整理和乡镇工业用地的整理。目前，农村居民点整理最为常见，各地积极开展相应实践，如迁村并点、宅基地换房等。不论采取何种方式，最后的结果都是通过居民点整理释放一部分土地资源。有的是将释放的土地复垦为耕地，通过指标折抵，置换新增建设用地指标。整理为耕地的这部分土地由建设用地转变为农用地，土地发展呈现逆向流动，称之为土地发展权还原。还有的是将靠近乡镇附近所释放的土地直接转化为城镇建设用地，如北京市平谷区马坊镇作为平谷区建设的小城镇整理试点，居民点整理模式主要是整理出的土地40%作为土地储备用地（建设用地），30%用于农民上楼，30%用于农用地复垦。

2. 接收区

以建设用地作为土地用途的最高价值流向，作为接收区，建设用地主要是城市建设用地。城市建设用地的发展权配置，从两个角度来进行配置，新城开发和旧城改造。新城开发即一般意义上的城市扩张，通过征地将农村集体土地转变为城市建设用地。土地发展权的配置，以用地指标的增加为基础，技术性配置提供相应的辅助与支撑。根据"占一补一"的原则，这部分土地发展权的实现必然要从农用地或是农村建设用地转移。旧城改造，一般是在原址基础上提高土地利用程度，可以有两种选择，一是从城市内部转移，将城市开放空间、历史遗迹等的剩余土地发展权转移，二是购买农用地、生态敏感区的土地发展权。

农村建设用地，也可以作为接收区，但是在我国的实践意义不明显。一方面，农村建设用地普遍存在占地多、利用率低的现象，其显现出来的无序扩张局面亟待控制；另一方面，从现有实践来看，提高土地的利用程度多是内部转换的方式，即提高农村居民点的土地利用强度，缩减占地面积。

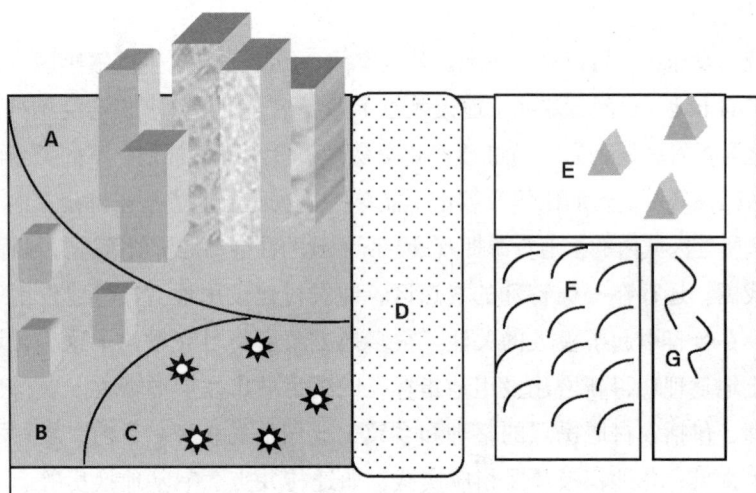

图3-5　土地发展权配置模式设计

以区域为例，土地发展权的配置模式如图3-5所示。图中，阴影部分为城市建城区，位于左侧，包括A、B、C三区。其中B区作为城市旧有区域，即将开展旧城改造，C区为历史遗迹所在地①，对这一区域进行了发展限制。随着城市的发展，D区为规划新城，通过征收城市郊区的耕地转化为城市建设用地。E区为农村居民点用地，空心村现象严重。F区为农用地，G区为生态敏感区。

---

①　此处为了分析简便，设定为历史遗迹，也适用于开放空间、城市绿化等其他特定用途的土地利用区域。

首先，旧城改造，提高土地利用程度，包括容积率和建筑密度。原有的配置不足以满足新的规划要求。在这种情形下，可通过两个途径进行发展权转移与交易：一是 C 区由于发展强度受到限制，可以将多余的容积率或是建筑密度转移；二是购买 F 区农用地和 G 区生态敏感区的土地发展权。其次，新城开发，征收耕地，同时进行制度性配置和技术性配置，可以通过转移农村居民点和农用地的土地发展权得以实现，技术性配置也可以从城市内部转移。耕地转化为建设用地，不仅改变了土地用途，而且提高了土地利用程度。D 区完成转移之后是以城区来进行土地发展权配置的，因此在转移的过程中，实现了土地发展权的多重配置。最后，农村居民点整理，事实上就是缩减居民点，释放一部分土地资源，提高居民点的土地利用程度。这与之前的新城开发是不同的，新城开发中制度性配置和技术性配置是同向变动的，而居民点整理则是逆向变动，易于实现内部循环。

第三节　基于土地发展权的农村居民点整理利益分配分析

一、农村居民点整理中土地发展权的经济分析

明晰了土地发展权的相关理论之后，需要对农村居民点整理中的土地发展权的价值进行分析。在农村居民点整理的过程中，一方面农村建设用地退出土地发展权，变建设用地用途为农用地；另一方面，城市周围的农用地实现土地发展权，农用地用途转变为较高形态的建设用途。在这个过程中发生了土地发展权的转移。根据我国现行农村居民点整理政策，复垦的农村居民点用地优先用于耕地，而耕地实行"占一补一"的动态平衡机制，因此农村居民点整理过程中的土地发展权转移在量上是等价的。分析农村居民点整理过程中的土地发展权退出和分析农用地非农化的土地发展权实现在本质上是相同的。接下来从耕地保护的外部性出发，分析农用地非农化过程的土地发展权价值。耕地不仅具有重要的粮食安全意义，还担负着重要的生态功能。然而，耕地保护为保证粮食安全而损失的发展权益和作为生态系统的一部分"绿色价值"，并未在农产品的价格中得到体现，同时这些价值又不能排除社会中的其他人来享用，从而成为萨缪尔森（Samuelson P. A.）意义上的公共物品。并且这种公共物品若是提供就具有正向的外部性，若是不提供，就具有负向的外部性。然而因公共物

品的提供,不能排除社会中其他人均等的分享,会使得某些人"搭便车"。个体从自身利益的角度出发,是缺乏提供公共物品的动机的。但是就耕地保护这一行为而言,从个体视角来讲,市场可以为土地资源带来最佳用途配置,但可能会与土地资源配置的社会收益最大化目标相冲突。因此,政府实施土地用途管制,通过规划来进行宏观的土地资源配置干预是合理而必要的。合理的规划干预能有效地降低农用地非农化过程中的外部性,最大可能地挽回这一过程中的外部性损失,这其中就包含了农用地发展权的价值。

农用地在非农化的过程中,从市场配置土地资源到政府干预,土地发展权的价值体现可做如下分析。

如图 3-6 所示,设定土地用途有农业和非农业两种形式,横轴表示某地区的土地面积,即土地数量。Da 和 Dn 分别表示农业用地和非农业用地的需求曲线,因为耕地不提供时具有负向的外部性,MBn 表示考虑外部性情况下的建设用地边际收益曲线,在市场自由竞争情况下,农用地和非农用地的数量配置取决于二者的竞争,设在 M 处达到二者的均衡,此时农用地的供给面积是 Ma,非农用地的供给面积是 Mn,则可得农用地价值和非农用地价值,如图中浅灰和深灰色部分所示。图 3-6 中 C_1 表示自由竞争条件下农用地转为非农业用途的社会福利损失,C_2 表示外部性成本,则在市场化配置条件下,外部性损失为 $C_1 + C_2$。

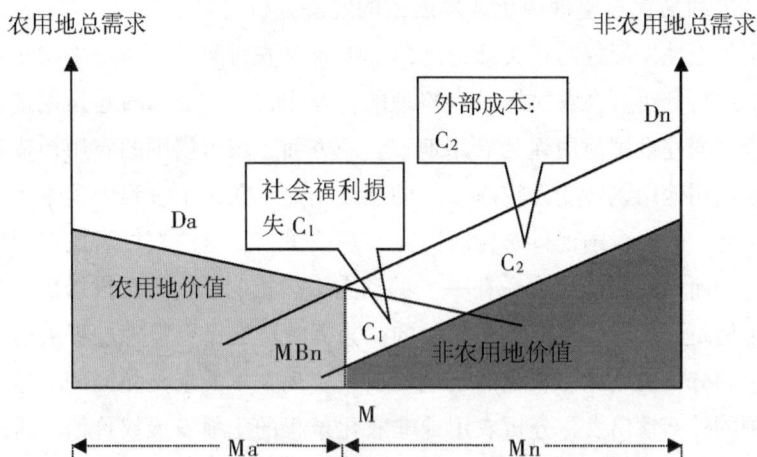

图 3-6 市场条件下的土地价值经济分析图

政府实施规划政策对土地资源配置进行干预的经济分析如图 3-7 所示。设政府划定的农用地和非农用地的界限为 Z_1,此种情况相对于市场化配置土地资源的情况，挽回了社会福利损失，外部性成本减少，但是依然会存在资源配置的无效性，即图 3 - 7 中的无效三角形部分，此时的外部性损失为 $D_1 + D_2$。值得注意的是，随着 Z_1 位置向右移动，无效三角形区域会增大，到一定情况下，会抵消挽回的社会福利，从而使土地资源配置失去效率，这说明为了保护耕地，过分限制农用地非农化，忽视经济社会发展对土地资源需求的变化是不利于社会进步的。图 3 - 7 可视为现状条件下的土地资源配置情况。

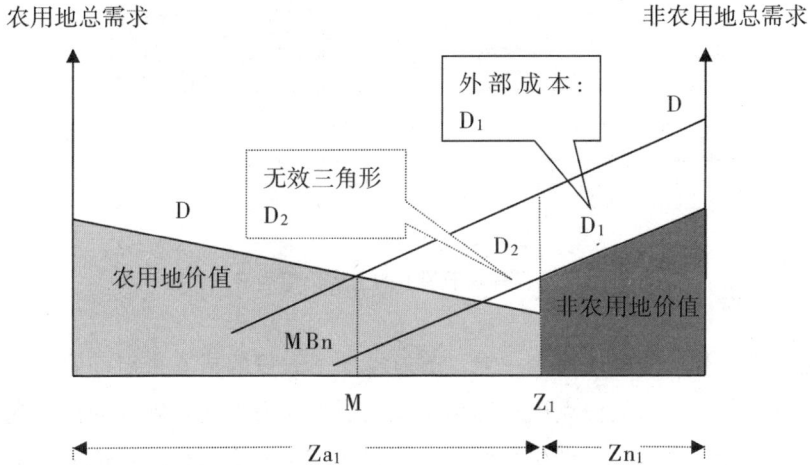

图 3 - 7　政府干预下的现状土地价值经济分析图

随着社会经济的发展、城镇化水平的提高，城市需要扩张来容纳转移至城市的人口，从而需要占用大量的农业用地，那么农业用途的土地在现状情况的基础上会减少，非农用地则相应地扩张。设农用地和非农用地的临界点移至 Z_2 处，如图 3 - 8 所示，对比图 3 - 7 和图 3 - 8 可知，虽然外部性成本增大，但是政府干预资源配置的无效性降低，整体的外部性损失为 $E_1 + E_2 + E_3$，易知 $E_1 + E_2 + E_3 < D_1 + D_2$。政府通过有效的干预土地资源配置，农业用途土地转为非农用途后的价值增值在图 3 - 8 中表示为 E_4，从 Z_1 到 Z_2 处，农业用途的土地面积由 Za_1 减少至 Za_2，非农业用途的土地面积则由 Zn_1 增加至 Zn_2。从 Z_1 到 Z_2 这部分土地，在农业用途价值的基础上产生了价值的增值，增值部分用 E_4 表示，这部分增值完全是由于土地用途转变引起的，就是土地发展权的价值。

二、农村居民点整理中土地发展权的分配

农村居民点整理中利益分配实质上是土地发展权的分配。目前我国的农村

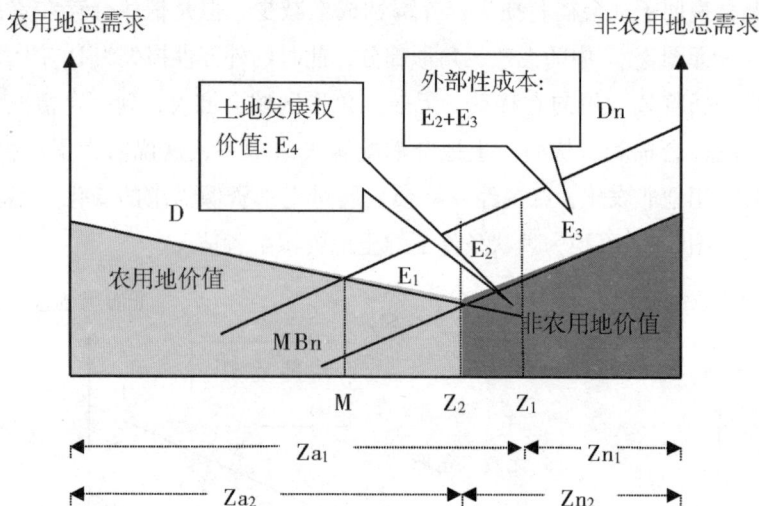

图3-8 政府有效干预下的土地价值经济分析图

居民点整理工作一般由政府来主导，政府投入了大量的成本来启动农村居民点整理工作，推动农村居民点用地退出土地发展权，为土地发展权的供给提供条件。政府在土地发展权的产生和转移中支付了成本，应该得到相应的利益。同时农村居民点整理是一项系统的工程，涉及旧农村居民点的拆迁、新农村居民点的建设、拆迁区的土地复垦等工程，这些工程的资金来源是土地发展权的经济价值，所以农村居民点整理的中介方也参与了土地发展权的分配。村集体是农村居民点用地的所有权人，也是农村居民点整理的利益主体，其在由农村居民点整理产生的土地发展权利益分配中占主导地位。因此，根据现阶段我国农村居民点整理的实际，土地发展权的利益分配在政府、村集体和农民、中介方之间进行，但是不同地区因为土地发展权的价值不同，利益主体之间的分配比例不同，土地发展权的分配各式各样。

土地发展权的价值是发展权数量和价格之积，土地发展权分配除了价值的分配之外，还有发展权数量的配置。土地发展权数量配置的依据是土地面积，根据配置的方式不同，一般有如下几种方式。

（一）土地发展权（0，1）配置

如图3-9所示，横轴表示土地发展权数量，纵轴表示土地面积，Z表示城镇增长边界。土地发展权的（0，1）配置就是指只在城镇配置土地发展权，发展权数量为 D_1，而农村不配置土地发展权，发展权数量为0。这种形式的土地发展权配置在实际中不常见到，因为土地发展权因规划限制而存在，而农村在土地利用方面往往有更多的限制，如耕地变更用途要受到严格的审批，否则就是违法用地。

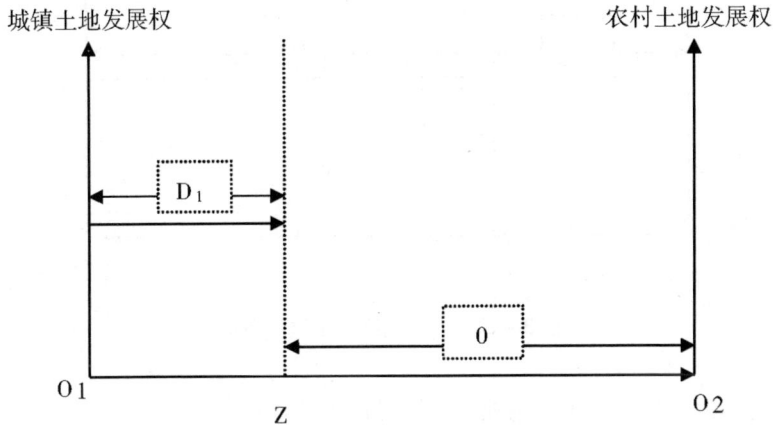

城镇土地发展权　　　　　　　　　　　　农村土地发展权

D_1

0

O₁　　　　　Z　　　　　　　　　　O₂

图 3 - 9　土地发展权 (0，1) 配置图

（二）土地发展权平均配置

如图 3 - 10 所示，同图 3 - 9 类似，横轴表示土地发展权数量，纵轴表示土地面积，Z 表示城镇增长边界。土地发展权平均配置则按照城镇和农村的土地面积，平均地设置土地发展权，也即是说，发展权数量的多少取决于土地面积的多少。此种配置方式下，城镇配置土地发展权数量为 D_2，而农村土地发展权数量为 D_3。这种形式的土地发展权配置在实际中具有一定的应用，是一种简便易行的发展权配置方式，但是绝对的数量平均如果没有相应的定价机制来配套，就会造成分配的不公平。

（三）土地发展权自然配置

如图 3 - 11 所示，横轴依然表示土地发展权数量，纵轴表示土地面积，Z 表示城镇增长边界。在自然状态下，因为城乡土地存在利用的差异性，发展权数量的配置就会自然地倾向城市，所以城镇土地发展权数量 D_4 高于农村土地发展权数量 D_5。土地发展权数量在城乡接合处的数量变化对于城镇和农村来讲，分别有不同的意义。城镇土地利用形态自然地为高级的商服、住宅、工业用地等，而在城镇扩展边界，因为区位等的变差，此部分的土地发展权数量自然配置下降速率加快。而对于农村，处在城镇增长边界的土地反而是区位较好的土地，可以发展蔬菜、水果用地等收益较高的土地利用形态，此处相对于更加偏僻地

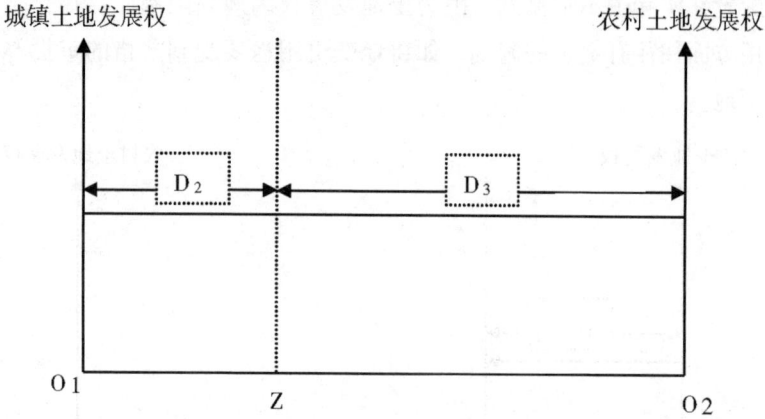

图 3 - 10　土地发展权平均配置图

区的农村用地来说，在单位用地上的发展权数量也就更多。

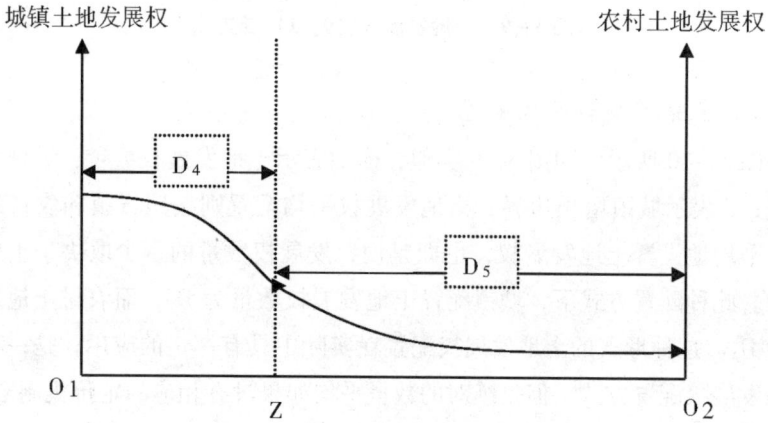

图 3 - 11　土地发展权自然配置图

（四）规划管制条件下的土地发展权配置

如图 3 - 12 所示，横轴依然表示土地发展权数量，纵轴表示土地面积，Z 表示城镇增长边界。规划管制条件下，城乡土地发展权数量配置不同于自然状态下的配置数量，此时虽然城镇土地发展权数量 D_6 仍然高于农村土地发展权数量 D_7，但是发展权数量变化的趋势发生改变。为了促进区域的均衡发展，土地发展权在城镇之间的数量配置差异减少，而且区位较差、利用形态较低的土地发展权数量也有所增加，这部分地区一般被规划限制为耕地等较低的土地利用形态，通过提高其发展权配给，获得发展权的补偿，从而既保护了耕地等具有重要战略意义和生态价值等的土地利用，又促进了社会公平。

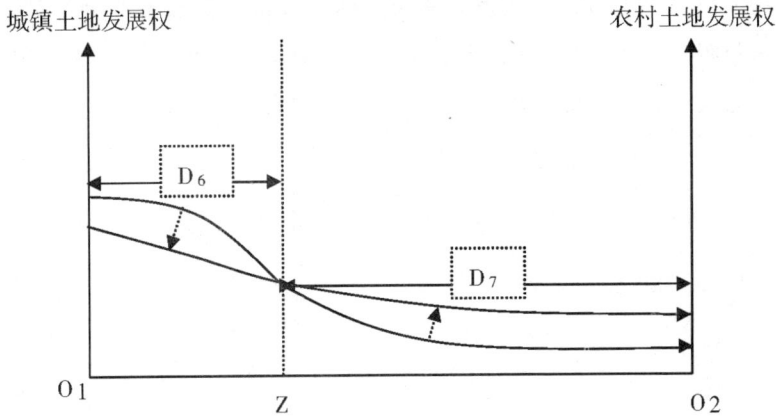

城镇土地发展权　　　　　　　　　　　　　　　农村土地发展权

图 3 - 12　规划管制下土地发展权配置图

三、农村居民点整理中土地发展权的价值

农村居民点整理本质上是土地发展权的退出和转移。土地用途多样性和对土地用途转换的限制性是土地发展权价值形成的前提和基础。正是由于这一前提和基础，建设用地与农用地的价值差异成为土地发展权价值的表现形式。具体表现为农用地转变为建设用地后的价值减去原来农用地的价值和土地开发成本。[①]

本研究采用单中心城市土地利用模型对我国土地发展权的价值进行分析。在单中心城市的土地上，交通、运输成本随着离城市中心的距离增大而增加，导致离城市中心越远的土地价值越低。图 3 - 13 中较粗实线为"竞价线"[②]，表示地价。当不存在任何管制时，自由价格机制导致不同用途之间的相互竞争，在土地利用的竞争中付价能力高的土地用途竞得地价高的地段，"价高者得"的结果使各区域的土地导向最高层次和最佳用途，于是形成同心圆式土地利用格

---

① 农用地变更为建设用地必须经过土地开发（如"三通一平""五通一平"）这一过程，
　　土地开发成本应被视为行使土地发展权的必要成本，其不属于土地发展权价值的范畴，
　　因此在计算土地发展权价值时应扣除。

② 单中心城市土地利用模型中该曲线为"竞租线"。由于地价的本质是地租的资本化，在
　　数量上地价等于地租除以利息率，因此该曲线也能反映地价的变化趋势，为方便分析，
　　本文将其改称为"竞价线"。

局：在市中心为商业用地，向外依次为住宅用地、工业用地、农村居民点和农用地。图3-13中"竞价线"上的每一点都是该区位土地发展权不受限制时的土地价值，以A点为例，当不存在管制时，该区位土地的用途应为商业用地，土地发展权得以实现。但若由于管制，该土地被限制开发并保留为农用地，则其发展权未实现。发展权价值应为图中V的值扣除开发成本。

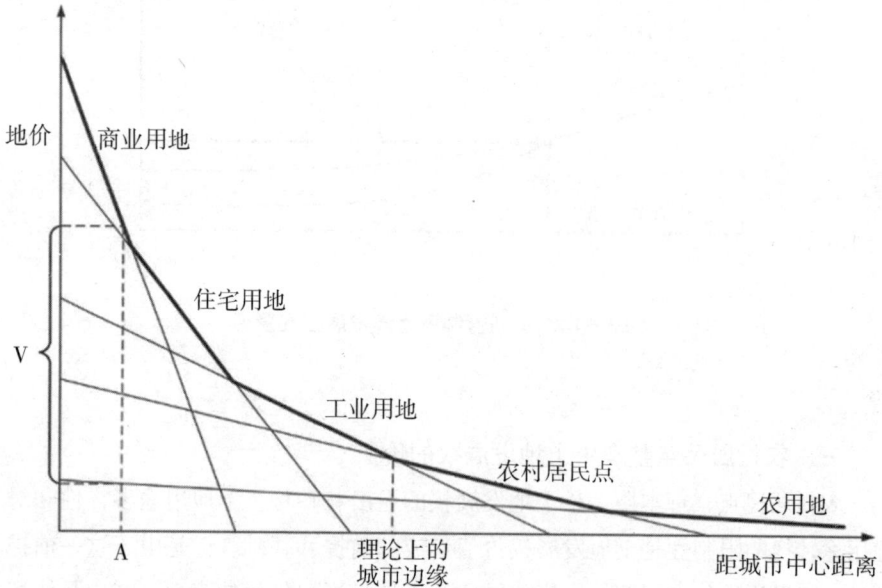

图3-13　单中心城市土地利用模型

我国的土地开发成本为建设用地供地前"三通一平"或"五通一平"的费用，开发成本的大小基本不受区位因素影响，可视为固定值。将开发成本引入图3-13中，可得出我国土地发展权的价值，为图3-14中阴影部分所示。我国建设用地价值的直接表现形式为农用地转为建设用地后的出让价格，农用地价值的直接体现形式为农用地的征收价格。因此，我国土地发展权的直接体现形式是建设用地出让价格减去农用地征收价格和开发成本，即农用地转为建设用地的"土地增值收益"。

在以城乡建设用地增减挂钩形式推动农村居民点整理过程中，建新区的土地发展权实质上是由拆旧区所退出的土地发展权转移而来。这一发展权转移机制运行的基础，是我国的土地用途管制制度和建设用地空间管制制度。若无管制，便无土地发展权。当前，我国采用行政手段对建设用地的数量和空间分布

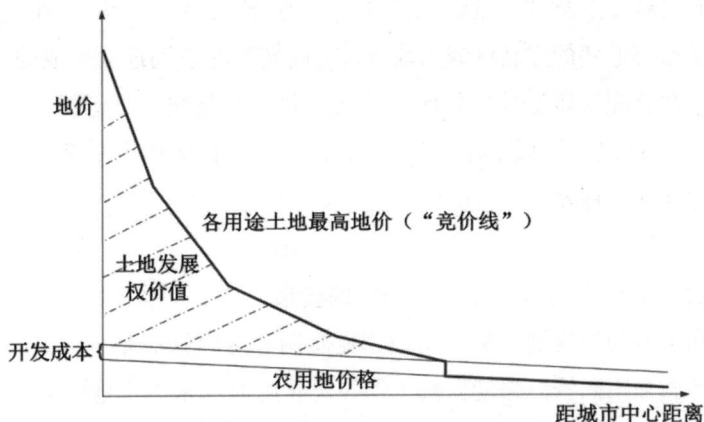

图 3 – 14 土地发展权价值示意图

进行严格的管制，在一定程度上减少了土地利用中非理性行为。但与此同时，这种刚性的管制制度抑制了部分区域的土地发展权，使得土地无法用于最优用途，导致了土地利用经济效益的损失。城乡建设用地增减挂钩通过土地发展权转移机制，在保证建设用地总量不增加的情况下，减少了这种负外部性，提高了土地利用效率。增减挂钩拆旧区通常设置在位置偏远的农村地区，而建新区通常在区位条件优越的城市边缘地区，如图 3 – 15 所示。土地发展边际收益较低地区的基本土地发展权退出并转变为土地发展边际收益较高地区的超额发展权，区位优势明显的地区由此获得了发展的机会，经济效益得到了提高。

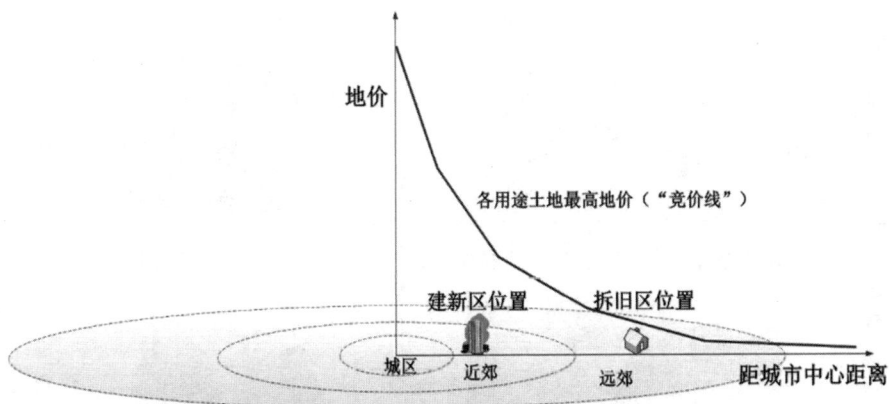

图 3 – 15 增减挂钩拆旧区和建新区区位示意图

实施农村居民点整理，进行城乡建设用地增减挂钩，其项目利益的最终来源都是位于城市近郊的建新区农用地通过征收转为建设用地而形成的土地增值，增减挂钩利益分配实质上是建新区土地增值收益的分配。而建新区的土地增值收益实质上是建新区土地发展权的价值，因此，农村居民点整理中的利益分配实质上是建新区土地发展权价值的分配。

四、农村居民点整理中土地发展权的转移

我国在土地利用规划中实施土地用途管制和空间管制制度，实际上是国家通过给土地施加不同管制强度，赋予每一块农用地"基本土地发展权"和"超额土地发展权"。基本土地发展权是指国家通过规划赋予农用地的发展权，即用建设用地计划指标实现农用地转为建设用地的发展权；超额发展权是指超过国家赋予的基本发展权的发展权，即用增减挂钩周转指标实现农用地转为建设用地的发展权。

城乡建设用地增减挂钩充分体现了土地发展权转移的理念：拆旧区的农村居民点被复垦为农用地，实质上是农民已行使的基本土地发展权退出，退出的发展权转移到建新区，建新区的农用地获得超额发展权，转用为城市建设用地，如图 3－16 所示。增减挂钩的拆旧区可视为土地发展权的发送区，发展权转移后拆旧区被保留为农用地，开发受限，土地所有权仍属于拆旧区农民集体。增减挂钩建新区可视为土地发展权的接收区，发展权转移后建新区获得了发展的机会。

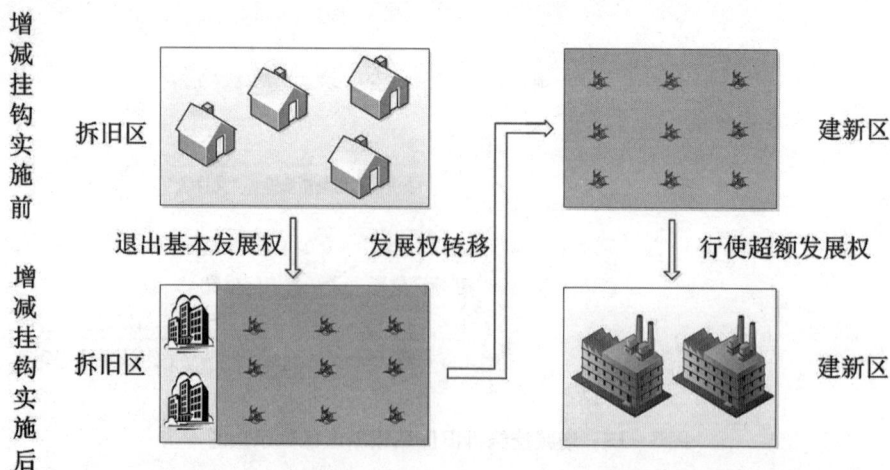

图 3－16　增减挂钩中的土地发展权转移过程示意图

目前，我国的基本发展权由国家所有。

一方面，国家控制着农用地的用途及其转变。《土地管理法》第四条规定："国家实行土地用途管制制度"，"国家编制土地利用总体规划，规定土地用途，将土地分为农用地、建设用地和未利用地"，"严格限制农用地转为建设用地"。其对农用地转为建设用地做了严格的程序规定。农民集体作为独立的所有权主体，没有将集体土地用于非农建设的决定权，国家是建设用地使用权交易中唯一的出让人①。《土地管理法》第43条和第63条分别规定"任何单位和个人进行建设，需要使用土地的，必须依法申请使用国有土地"，"农民集体所有的土地的使用权不得出让、转让或者出租用于非农建设"。

另一方面，国家通过土地征收补偿制度占有基本土地发展权价值。政府征地时给农民的补偿根据耕地被征用前三年平均年产值计算，《土地管理法》第47条规定，"征收土地的，按照被征收土地的原用途给予补偿"，补偿费用由土地补偿费、安置补助费以及地上附着物和青苗补偿费三部分组成，前两项补偿标准分别为该耕地前三年平均产值的 6～10 倍和 4～6 倍，两项之和为 10～16 倍，特殊情况下最高不超过 30 倍，地上附着物和青苗补偿费则按照其实际价值计算。这种补偿方法仅基于农业用途的土地收益，集体土地所有权人在征地过程中只获得当前农业用途的土地价值，而增值收益，即基本土地发展权的价值完全被国家获得。这种"涨价归公"的做法源自孙中山先生平均地权的理念，他认为土地增值收益是社会进步带来的，土地所有者并无贡献，因此主张把因社会进步带来的土地增值收益收归国有。②

我国的超额土地发展权也由国家控制。增减挂钩项目的实施都必须接受政府审批、许可和监管，增减挂钩周转指标总量被严格控制。即使是市场化程度较高的地票制度，超额发展权也是在政府的监管下才得以实现。但超额发展权的价值并不全由国家获得，这说明我国超额土地发展权的所有者不仅仅是国家。虽然作为有条件建设区的农用地被赋予了超额发展权，但其超额发展权的实现以发展权转移为前提。在我国的增减挂钩政策中，建新区超额发展权由拆旧区农村建设用地已实现的发展权退出并转移而来。拆旧区（通常在限制建设区和禁止建设区）的农村居民点被复垦为耕地，其已实现的发展权退出并转移到建

---

① 田春雷. 论我国征地制度改革中土地发展权的配置 [J]. 河南省政法管理干部学院学报，2009（5）：149－153.

② 黄祖辉，汪晖. 非公共利益性质的征地行为与土地发展权补偿 [J]. 经济研究，2002（5）：66－71，95.

新区（通常在有条件建设区），建新区由此获得超额发展权，拆旧区的发展权价值丧失，超额发展权的价值实现，如图 3 - 17 所示。美国的土地发展权转移以开发密度（住宅单元个数/英亩）为表现形式，通常接收区的面积远远小于发送区。而我国的土地发展权转移以面积（公顷）为表现形式，拆旧区净增加的耕地面积即为建新区可被用于开发的耕地面积，建新区的开发强度与拆旧区的开发强度无关。

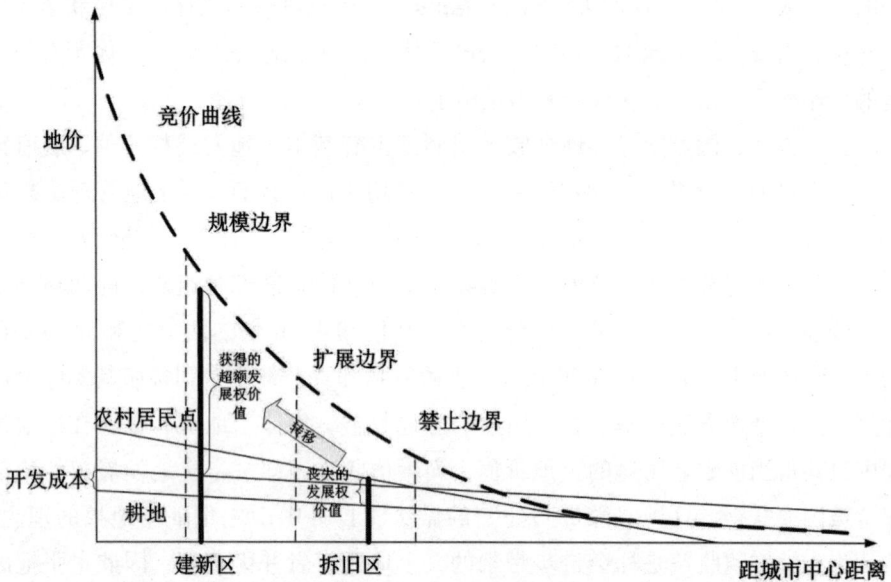

图 3 - 17　我国城乡建设用地增减挂钩政策中的土地发展权转移

增减挂钩项目中建新区的超额发展权实质上是拆旧区所退出的农村居民点已行使的发展权，发展权的转移产生巨大的增值收益，因此拆旧区农村居民点已行使的发展权的归属至关重要，其决定了建新区超额发展权价值的分配格局。若拆旧区已行使的发展权与基本土地发展权一样，由国家所有，则建新区超额土地发展权的价值完全由国家获得；若拆旧区已行使的发展权由拆旧区农民集体所有，则建新区超额土地发展权的价值完全由拆旧区农民集体获得。

当前，国家政策认可的是后一种发展权归属方式，即拆旧区已行使的发展权（建新区超额发展权）归拆旧区农民所有。《国务院关于严格规范城乡建设用地增减挂钩试点切实做好农村土地整治工作的通知》（国发〔2010〕47 号）规定：“确保所获土地增值收益及时全部返还农村，用于支持农业农村发展和改善农民生产生活条件。”《国土资源部关于严格规范城乡建设用地增减挂钩试点工作的通知》（国土资发〔2011〕224 号）规定："使用增减挂钩指标的土地出让净收益要及时全部返还用于改善农民生活条件和支持农村集体发展生产。"

然而，国土资源部并未针对上述规定制定具体实施细则，在实际工作中很难对地方政府进行约束。这主要是因为上述规定中"土地增值收益"或"土地出让净收益"难以界定。促使土地增值的因素很多，各因素之间相互交织，使得增减挂钩项目的成本种类多种多样。扣除成本时，不同项目的管理者对成本内涵有不同的理解，从收益中扣掉的成本类型各不相同，从而使得各个项目的土地增值收益计算范式复杂化和错乱化。可见，上述规定不具有操作性。在实际工作中，建新区超额土地发展权并不仅由拆旧区农民所有，但也不仅由国家所有，其归属尚无定论。

第四章

基于土地发展权的农村居民点整理利益分配实证分析

虽然我国农村居民点整理现行法律法规和相关政策中并没有正式的"土地发展权"概念，但"土地发展权"的理念却渗透在农村居民点整理的每一项工作中。根据对山东、湖北、浙江、陕西、成渝、北京等典型省市农村居民点整理工作的调查，我国现行农村居民点整理工作中利益分配存在的问题因地区而异，但又表现出问题的共性。

第一节 陕西省农村居民点整理中的利益分配

一、陕西省农村居民点整理概述

陕西省是 2009 年被国土资源部批准的第三批增减挂钩试点省，农村居民点整理尚处于起步和探索阶段，省内第一批增减挂钩试点工作已经接近尾声。根据陕西省土地整治规划资料，2010 年末，陕西省共有建设用地 851800 公顷，其中城乡建设用地 709400 公顷，占全省建设用地总面积的 83.28%。在城乡建设用地中，城镇用地面积 183600 公顷，农村居民点用地面积 467200 公顷，分别占全省城乡建设用地总面积的 25.88%、65.86%，占全省建设用地面积的 21.55%、54.85%。而陕西省 2010 年的城镇化率为 46.50%，城镇用地面积承载的人口与农村居民点用地面积承载的人口不匹配，人地矛盾突出。而陕西省是我国实施西部大开发战略的重要省份，是西北地区的交通枢纽和经济中心之一，随着经济社会的发展，大量的农村人口势必会流入城镇。城镇建设用地不足而农村居民点用地闲置的矛盾会日益突出。

（一）陕西省农村居民点利用现状

从总量上来讲，2010 年陕西省农村居民点用地面积为 467200 公顷，占全省建设用地总面积的 65.86%，农村居民点用地面积所占结构比例较大。

从整体分布上来讲，受陕西省经济、地理、文化、历史等的影响，陕西省农村居民点分布形态多样。榆林北部地区、关中平原、渭北台塬地区地势比较平坦，农村居民点分布能够集中连片。陕北黄土高原丘陵沟壑地区，除延长、延川和洛川县外，为生态脆弱区，农村居民点分布相对零散。陕南地区，除汉中盆地、月河盆地和汉江沿线地势较为平坦外，其余为高山丘陵地形，农村居民点分布难以集中，同在一个村的两户人家中间可能隔着一座山，而且交通不便，居住环境比较严酷。

从人均居民点用地面积上来讲，相比较于国家人均农村居民点用地 150 平方米的标准，2010 年陕西省人均农村居民点用地面积为 225 平方米，人均超出国家标准 75 平方米。

从规划布局上讲，陕西省农村居民点布局与村镇规划的形态之间存在差距。农村住宅附属建筑物较多，一方面影响住宅建筑本身的美观，另一方面成为村镇整体布局优化的阻碍。集中连片居民点内主干道路和巷道规划缺乏统一，村庄排水系统缺失，无垃圾回收中转站等公共设施。

从住宅建筑来讲，受农民意识形态、农村婚嫁风俗的影响，加之经济发展的带动，后代结婚需要翻修住房的农户，以及有能力和需求改善自身居住条件的农户，基本上修建了砖混结构的二层或三层楼房。无改善住房需求的农户，住房一般为砖木结构。而有些老人的住宅，依然为土坯房。因而住宅建筑结构差异较大。

（二）陕西省农村居民点利用中存在的问题

近年来，随着国家西部大开发战略的推进，陕西省经济发展迅速，而农民收入也相应进入快速增长阶段。在这种经济发展的大背景下，农村居民点也发生了翻天覆地的变化。然而，在现实的利用中，陕西省农村居民点依然存在着很多的问题。这些问题既有全国农村居民点利用中普遍存在的问题，也有陕西省地理、文化风俗下形成的特有问题，具体来说，有以下几个方面。

1. 农村居民点建设散、乱

至 2010 年，陕西省有 54.28% 的村庄没有编制建设规划，在缺乏规划指导的情况下，自然村落大多呈分散式布局。即使编制了村庄建设规划，也因管理的滞后而得不到很好的贯彻落实。宅基地自主开发现象比较严重，布局松散，普遍存在未批先建、少批先建、占用自家耕地建房的情况。另外，农民公共意识缺乏，存在垃圾乱倒、电线乱拉、脏水乱排的现象。而且，部分村民在道路边上堆放柴火、私自加建附属物，既影响村容村貌，又给村民生产生活带来不便。

2. 基础设施缺乏并且难以配套

政府将大部分资金用于城市建设中，投入农村公共基础设施的资金就相对不足。加之农村经济落后，农民收入有限，村庄路、水、气等基础设施普遍存在路面不硬、四旁不绿、路灯不亮、河水不清的问题。而农村居民点布局的散乱也加大了农村基础设施配套的难度，尤其是高原、巴山区的村庄。而且，基础设施配套后的维修和管理工作也缺乏经济和管理的保障。

3. 住宅设计与施工水平较低

农村住宅的设计一般没有正规的施工图纸，仅凭经验动工，部分建筑结构不符合客观定律，抗灾能力弱。而且施工队伍多由个体户"杂牌军"拼凑而成，技术水平参差不齐，造成房基夯不实，砂浆配比不合理等隐性问题。已建造的房屋以传统住房为内部结构，卫生间和厨房配套在外，储藏室与卧室不分，造成生活的不便和房屋内部混乱。

4. 农村居民点"空心化"与土地浪费闲置

农村剩余劳动力转移到城市，长期居住在外地，使得宅基地闲置。在城镇有稳定收入并定居的人员，在农村依然保留有宅基地，并处于浪费状态。村庄周围的边角地和季节性打谷场，在宅基地扩张之前都是良田，亦处于闲置或用来堆放垃圾，造成土地资源的浪费。

5. 农村居民点超标准建设，难以流转

由居民点现状分析可知，陕西省农村居民点用地面积在建设用地中所占比重较大，建设用地结构分配不合理，而且居民点人均用地面积远远超过国家规定的标准。然而，根据国家现行的法律法规，农村住房和宅基地的流转都受到严格的限制，农村居民点闲置浪费现象的改观困难重重。

（三）陕西省农村居民点整理现状

相比较 2006 年就开始试点的山东、江苏、天津等省市而言，陕西省的农村居民点整理工作起步相对较晚。2009 年，国土资源部批准了陕西省城乡建设用地增减挂钩第一批试点，并下达了 1.1 万亩的周转指标，涉及高陵、富平在内的 12 个增减挂钩试点项目区。自 2012 年 1 月 1 日起，陕西省正式运行增减挂钩在线报备系统，实行增减挂钩试点工作动态全程监管。同时，为了推进增减挂钩试点工作的顺利进行，陕西省根据国家相关法律和政策先后制定了《陕西省城乡建设用地增减挂钩试点管理办法》（陕国土资办发〔2009〕96 号）、《陕西省城乡建设用地增减挂钩试点工作实施方案》（陕国土资发〔2009〕154 号）、《陕西省城乡建设用地增减挂钩试点和农村土地整治清理检查工作实施方案》（陕国土资规发〔2011〕19 号）等一系列政策文件，有效地规范全省增减挂钩试点工作。

目前，陕西省增减挂钩试点工作开展较为顺利，尤其是高陵、富平等试点工作成效显著，可以为陕西省甚至全国的城乡建设用地增减挂钩工作提供有益借鉴。截至调研期间，陕西省第一批增减挂钩试点工作已经进入运作流程后期，开始或已经进入旧农村居民点用地的复垦验收、归还指标阶段。陕西省在第一批农村居民点整理工作中积累了丰富的运作经验，并针对陕西省不同类型的农村居民点提出了因地制宜的运作模式，取得了可观的经济、社会和生态效益。与此同时，陕西省农村居民点整理也面对着一些挑战。陕西省资源环境禀赋不一，经济发展在区域之间不平衡，使得地区之间开展增减挂钩的条件不同。农村居民点整理潜力和建设用地供需矛盾存在很大差异，潜力大、适合整理的农村会因缺乏资金、缺少挂钩指标等问题，难以实施挂钩试点工作。而整理潜力小的农村居民点出地率相对低，却因建设用地扩张压力和增减挂钩不能出县的政策限制，不得不在县域内进行次优策略选择的农村居民点整理。

然而，农村居民点整理并不是一把万能的钥匙，能打开所有农村问题铸成的"锁"。某种程度上，增减挂钩工作只能解决农村居住环境方面的问题，而不能解决农民自身居住素质问题。在调研的过程中，我们发现给每户农民规划建设的停车位，被用来当作厨房，而规划的厨房则成为摆设。农民选择用煤球炉子做饭，而放弃规划的天然气、沼气。规划的电影院、农家乐、图书室几乎无人问津，处于破产的边缘。大部分村民反映搬进新居后，农民居住成本上升。而且很多搬进建新区的村民也会长期外出打工，造成了新的浪费，一定时期之后，这些地方可能面临二次整理的问题。

（四）陕西省农村居民点整理模式

陕西省根据农村居民点在利用现状上普遍存在规模零散、布局散乱、用地超标、土地资源浪费、农民生活生产环境较差等问题，通过增减挂钩的形式推动农村居民点整理，可以改善农民的居住环境，建立起农村居民点用地规模适度、空间布局优化美观、生产生活条件改善、生态环境宜人的用地模式。根据陕西省各地自然条件、社会经济发展水平、农村生产生活方式、农业产业特点，

以及借鉴国内其他地区农村居民点整理的先进经验，其农村居民点整理的模式
主要有以下几种。

1. 城镇化引领型

该模式以新型城镇化为平台，根据农业产业结构调整与劳动力非农就业发
展趋势，通过城乡建设用地增减挂钩方式，将城郊农村居民点整治改造纳入城
镇规划建设范围，将城镇拓展区内的村庄通过因地制宜、合理有序的整村规模
搬迁，形成新的城镇社区。该模式主要适用于西安、咸阳、宝鸡和汉中等大中
城市近郊区村庄，资金筹措有条件采取市场融资的方式。

2. 中心村整合型

中心村整合型模式是指按照有利于生产、生活的原则，将一定范围内布局
分散、规模较小的若干自然村、零散住户或"空心村"问题突出的村庄，通过
小村并大村等形式，搬迁到用地条件充足、基础设施相对完善的村庄，或重新
选址另建新村。这种模式适用于关中平原、汉江沿线和月河盆地等地势平坦，
距离市区或中心城镇较远，经济基础好、村庄分布较分散的传统农区或牧区。
资金的筹措应以政府涉农资金捆绑使用为主，群众自筹资金建设为辅。

3. 村内集约型

这种模式是针对农村居民点面积较大、区位条件好，"空心村"问题突出、
居住相对分散的村庄，结合新农村建设，降低新建住房用地标准，加强废旧宅
基地等的综合使用，采取抽空加密的安置模式提高农村宅基地集约利用程度，
改善群众生产、生活环境，提高农村公共资源配置的效率与效益。该模式主要
适用于西安、咸阳、渭南、汉中等农村剩余劳动力输出比较密集，而且房屋结
构多为二层、三层楼房的难以整体搬迁型村庄。资金的筹措可利用村企合作、
新农村建设投入、农林水利等部门专项整治资金、群众自筹资金及义务出工等
多种形式相结合的方式。

4. 移民搬迁型

该模式是将地处自然条件恶劣、生态环境脆弱、地质灾害多发地区，或交
通不便、经济发展落后、就地改造难的村庄和零散农户，异地搬迁到经济发展
水平较高、生态环境承载力较强、未来发展潜力较大的农村居民点或异地建设
新村。该模式主要适用于陕南秦巴地区、陕北白于地区等。资金筹措可以在政
府生态移民搬迁专项资金及其他涉农资金捆绑投入为主的基础上，构建政府出
资与群众出工相结合的资金运作模式。

（五）陕西省农村居民点整理投资估算与效益评估

考虑城乡建设用地增减挂钩的运作流程，其需要的投资主要包括：项目实施前期的规划编制、资料收集、调查等费用，拆旧区土地、建筑物、附属物补偿费用与安置补助费用，建新区征地补偿、青苗补偿费用与安置社区开发建设费用，建新留用区"三通一平"费用，拆旧区农村居民点整理、复垦费用，以及不可预见费等。根据《陕西省城乡建设用地增减挂钩专项规划（2011—2020年)》（以下简称"增减挂钩规划"）陕西省到2015年、2020年拆城乡建设用地增减挂钩总投资分别为1034.22亿元与1828.36亿元。

通过城乡建设用地增减挂钩推动农村居民点整理可以带来经济、社会和生态三位一体的效益。在经济效益方面，增减挂钩的总收益主要来源于节余建设用地指标的土地出让收益。根据《增减挂钩规划》，依据陕西省2008—2011年建设用地出让成交价款以及出让面积测算平均每亩土地出让价格，取2011—2015年为29万元/亩，2016—2020年为27万元/亩，到2015年、2020年陕西省通过增减挂钩可出让留用地区规模为363888亩、701819亩，以此得到相应总经济收益分别为1055.27亿元、1894.92亿元，根据上文的投资数据，可得净收益分别为21.15亿元、66.55亿元。而在社会效益和生态效益方面，农村居民点整理的收益很难用一个具体的数据来表述出来，评价的指标体系也可能存在不同，但总的来讲会有土地利用的节约集约化水平提高、农村人居环境改善、富有景观美感等方面。

二、陕西省农村居民点整理利益分配分析

农村居民点整理带来的收益具有有形和隐形两个层面，而有形层面的收益又有可度量、难度量和不能度量之分。如农村居民点整理对农民子孙后代的影响就是有形的、可预见的但不能度量的收益。基于分析和研究的可行性，本书所指的农村居民点利益分配指的是有形和隐形中可度量的那一部分，以及难度量的那部分。对于可度量的利益部分通过数据进行分析，而对于难度量的部分则主要用定性的视角分析。

农村居民点整理是一项系统工程，在运作流程中，涉及不同的利益相关者。而且通过增减挂钩的形式，农村居民点整理后有建设用地指标的节余。这些建设用地指标流转到城市后，就会因土地用途改变产生巨大的土地增值。土地作为重要的生产要素之一，其经济关系和产权关系是决定土地收益如何分配的关键①。从上文对于农村居民点整理投资估算与效益评估中可以看出，农村居民点整理需要投资的项目较多，尤其是农村居民点建新和拆旧补偿，不仅需要耗费大量的人力、物力，而且是一个劳神费力的工作，因为如果工作环节和工作方法出了问题，就会出现农民不满意，甚至上访、暴乱等社会矛盾。而这一过程可产生收益的环节相对投入来讲较少，经济上的有形收益有节余建设用地指标的流转收益，以及节余建设用地复垦后的耕地指标。对于耕地指标，毫无疑问这一收益属于相应的农民集体所有，而其也有相应的损失，那就是这一部分农村居民点建设用地转为耕地后的土地发展权。农村居民点面积压缩之后就很难再扩张，这一部分土地发展权益仅仅在推行农村居民点整理的农民一代中得到了实现，除非国家对这部分土地发放耕地保有费，否则后代子孙无法再得到此部分土地耕地收入外的其他经济收益。

那么，对于节余建设用地指标的流转收益该如何分配呢？根据增减挂钩工作的分析，这部分收益即是指标的出让收益，其来源是农村居民点建设用地转为耕地，转移了土地发展权到待转为城市建设用地的地块而产生的收益。产生这部分收益需要成本投入，理论上土地的增值收益就是指标的出让收益去掉成本投入后剩余的部分，可用公式（4-1）表示。

$$土地增值收益 = 指标出让收益 - 成本投入 \qquad (4-1)$$

农民集体是土地增值收益的产权主体。根据国家政策的规定，在城乡建设用地增减挂钩中产生的土地增值收益要全部归还给农民。如果把项目实施中的成本投入看成另一种形式的"收益"，那么城乡建设用地增减挂钩项目中的利益分配关系如图4-1所示。图中建新安置区征地费用是在放弃原有村址，另选宅基地安置的条件下产生的，所以用虚线表示。此外，建新预留区征地费用在城镇化引领的整理模式中，有可能不发生，所以也用虚线表示。

由上述分析可知，在以城乡建设用地增加挂钩的形式推动农村居民点整理的过程中产生了两类有形的经济收益形态，如图4-2所示。在整理的过程中，通过村庄的规划和基础设施建设，建新安置区的土地和房屋会产生资产的增值，这种增值属于隐性经济收益，只有在流转后才能实现，该收益归属于农民。另外，还有难以衡量的社会效益和生态效益。社会效益的主要受益方是政府和农民，而生态效益的受益主体则是项目区的村民。

---

① 林瑞瑞，朱道林，刘晶，等. 土地增值产生环节及收益分配关系研究 [J]. 中国土地科学，2013，27（2）：3-8.

参与收益分配的主体	收益分配形态	收益分配构成
农民集体、农户个人	土地增值费	土地增值费
整理复垦单位	拆旧区农村居民点整理复垦费用	
建设设计公司	安置区建设费用	
"三通一平"单位	建新预留区"三通一平"费用	指标出让收益
被征地的B村农户或农民个人	建新预留区征地费用	投资成本
被征地的A村农户或农民个人	建新安置区征地费用	
A村农户或农民个人	拆迁安置费、拆迁过渡费等拆旧区各项补偿费用	
规划编制、调研单位等	项目实施前期费用	

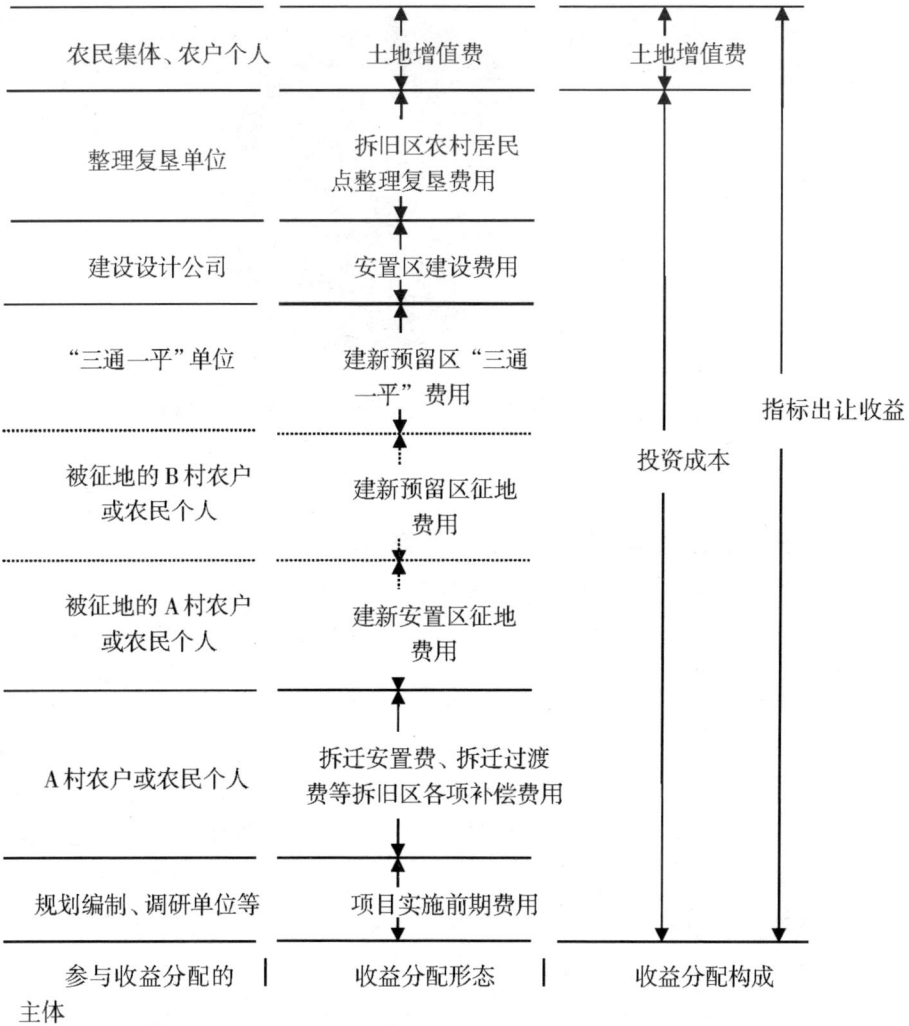

图4-1 城乡建设用地增减挂钩项目指标出让收益分配图

陕西省第一批城乡建设用地增减挂钩试点工作已经进入项目运行的后期。在试点项目区中,农村居民点整理收益尤其是节余建设指标出让收益是如何分配的?以及在收益分配的过程中是否公平合理,各利益相关主体之间的收益分配是否存在问题?要回答这些问题就需要对项目区进行实地的考察,并结合具体的案例进行分析。接下来,本书就选取西安市高陵区、渭南市富平县、汉中市西乡县这三个典型案例进行利益分配分析,从而总结陕西省农村居民点整理中利益分配的经验、发现存在的问题并提出从制度和实践层面进行改革的建议。

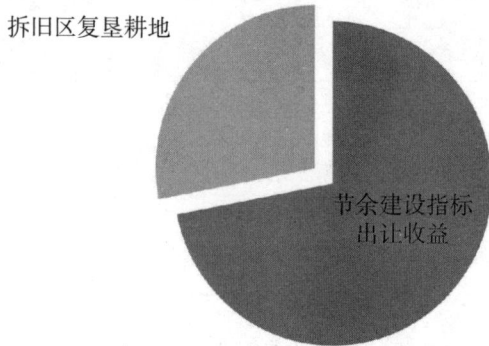

拆旧区复垦耕地

节余建设指标
出让收益

图 4-2 城乡建设用地增减挂钩有形经济收益形态示意图

三、陕西省农村居民点整理利益分配案例分析

（一）西安市高陵区东樊村增减挂钩试点项目区

高陵区是陕西省统筹城乡发展示范区试点县和西安市统筹城乡发展综合配套改革试点县。2009 年，陕西省国土资源厅批准高陵区开展实施姬家乡挂钩项目区和鹿苑镇—通远镇挂钩项目区试点工作，成为陕西省第一批城乡建设用地增减挂钩试点。其中鹿苑镇—通远镇挂钩项目区位于鹿苑镇东樊村和通远镇何村两个行政村。高陵区的土地确权和户籍制度改革为挂钩试点工作奠定了良好的基础。

东樊村位于高陵区永久性基本农田规划区，地势平坦，属于关中平原上的一个典型农村。全村由 4 个分散的自然村组成，共有 421 户 1609 人，户均 3.8人。村庄用地总面积为 482 亩，户均村庄用地 1.14 亩，远远超过了陕西省农村宅基地户均 200 平方米的标准。全村房屋总面积 8.2 万平方米，户均 195 平方米，房屋设施破旧，结构落后且不安全。村民房屋布局以前庭后院结构和砖混两层楼房为主，房屋及附着物总资产为 3085 万元，户均 7.33 万元。在挂钩之前，该村布局零乱，"空心化"严重，所有房屋均没有节能环保设施，90% 的房屋都是砖混结构，抗震性能差，亟须加以改造。调查显示，该村大部分村民均有拆旧建新或建设新房的意愿，同时东樊村没有统一规范的布局规划，村民自建将出现乱占耕地现象，加之东樊村远离城市，自身不具备整村改造的能力。

东樊村挂钩试点项目区的运作流程共有 8 个步骤，分别为摸底调查—编制规划—制订拆迁安置方案—签订协议—公开出让指标—建设新区—归还耕地—

发展产业。在项目实施的过程中，政府充分尊重农民的意愿，按照城市社区建设的标准和理念，以高标准配套了公共服务中心、广场、幼儿园、学校、绿地、排水等设施，从而建成了农村新型社区，让群众在不离土、不上楼、不脱离农业生产的情况下，实现集中居住，享受城市社区的公共服务。东樊村挂钩前后农民居住情况对比如图4－3和图4－4所示。

图4－3　东樊村挂钩前农民住宅旧貌　　　　**图4－4　东樊村挂钩后农民住宅新貌**

1. 整理模式

东樊村农村居民点整理的模式属于中心村整合型。其运作的模式是政府主导型。为推动东樊新社区建设，2010年3月，高陵区成立了以县委副书记为组长，相关乡镇、部门领导为成员、国土部门牵头的东樊村农村新社区建设指挥部，建立了"村负责、乡领导、县统筹"的工作机制和项目、资金等管理制度，厘清了政府、市场、村组、群众的职责。其运作模式如图4－5所示。

在东樊村挂钩项目前期，政府投入200余万元用于前期的规划设计，房屋测量费用，以推动项目的运行。在工作推进的过程中，由乡村组成调查组对东樊村人口、建设用地、村庄布局、房屋现状、房屋面积、群众意愿进行了详细调查，准确、全面掌握基础信息；由专业机构进行经济测算，编制上报《鹿苑镇—通远镇城乡建设用地增减挂钩项目》，确定拆旧区、建新区位置，公建配套标准和项目实施计划；由药惠管委会和东樊村两委会通过村民代表大会、党员会、群众代表会、逐户宣讲等形式征集群众意见，制定《东樊村新社区建设拆迁安置方案初稿》，明确拆迁安置的具体标准和安置方式；由药惠管委会与全村所有农户签订了拆迁安置补偿标准，确定每户安置房面积、户型和补偿标准。根据项目增减挂钩规划，东樊村挂钩后可节余建设用地指标302亩。在出让了节余建设用地指标得到项目运行资金后，由高陵区建设局牵头在项目建新区启

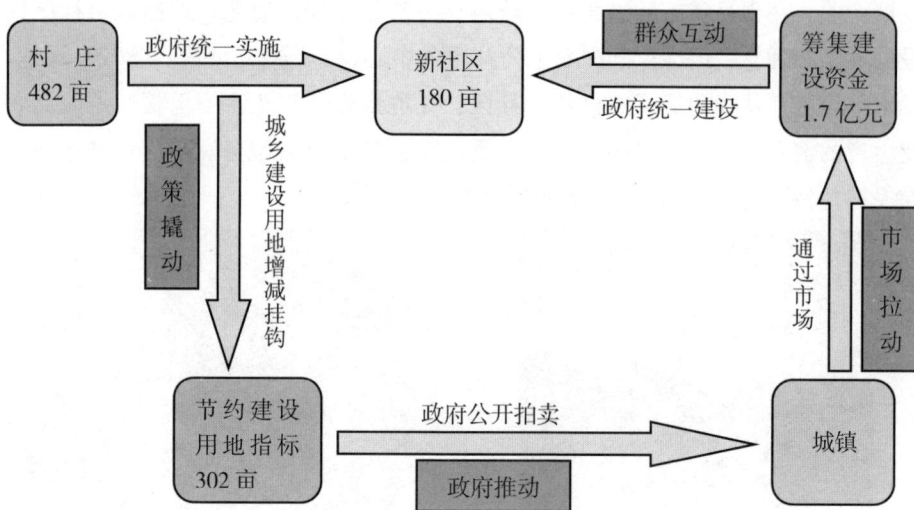

图 4－5　东樊村增减挂钩项目运作模式图

动新社区建设，并由东樊村委会牵头组织实施原村庄拆除。高陵区国土局按照
复垦标准，复垦旧村庄，归还挂钩周转指标。

在群众参与方面，东樊村挂钩项目充分尊重农民的意愿，真正达到了"公
众参与阶梯"的最高阶段即"公民控制"阶段。在实施的过程中政府坚持让农
民了解，请农民参与，由农民决策。即通过进村入户宣传讲解，让群众了解城
乡建设用地"增减挂钩"政策实施的规程与步骤，明白为什么要改造，有什么
好处，决定干不干，通过对比算账让群众摸清现有村庄的面积、房屋的面积、
人口构成的底子，算清能节余多少土地、能拍卖多少钱、改造需要多少"三笔
账"，让群众知道自己有多少资金，决定怎么干，由群众自己通过党员会、代表
会等20余次会议反复讨论，制订拆迁安置方案、确定建设标准和风格、补偿办
法、安置方式等。

在资金的使用和安置方面，政府对东樊村节余建设用地挂钩指标公开出让
所得的1.7亿元资金建立了专门账户和专款专用、多头审核、按需拨付的资金
管理机制，以破解农村发展的资金难题。据群众意愿，东樊村安置共设计有本
村宅基地、本村多层楼房、县城社区、县城社区＋本村多层楼房四种方式，村
民以原房屋评估价格为基准，按照400元/平方米的价格进行资产置换，388户
选择了宅基地安置，59户选择县城楼房安置，21户选择就地楼房安置，1户选
择县城楼房＋就地楼房安置。对选择到县城居住的农户，政府一次性奖励每户3

万元安家费，对选择就地楼房安置的还免费分配 20 平方米的储藏室。对于户型和安置方式的选择，完全由村民从自身实际出发进行自主选择，政府则充当出台具体政策的角色。

2. 利益来源

根据上文关于挂钩项目利益分配的分析可知，在增减挂钩实施的过程中，产生的收益有经济、社会和生态三种形态。经济方面的有形收益有两种，一种是旧村庄复垦后的耕地收益，一种是节余指标转让产生的收益；而经济方面的隐形收益是建新安置区的土地、房屋增值收益。在高陵区东樊村增减挂钩项目中，通过宅基地"瘦身"得到 302 亩增减挂钩指标，这 302 亩指标对东樊村农民来讲，就是复垦之后的 302 亩耕地。2010 年 8 月，高陵区通过公开出让的形式拍卖了改造东樊村节余的 302 亩挂钩指标，获得了 19630 万元的指标出让收益。东樊村改造后，户均资产由原先的 7.33 万元上升到 25 万元，实现大幅度增值。

社会收益方面主要是农民居住满意度提升，政府施政目标实现、得到群众的拥护，城市建设用地指标紧张情况得到缓解等，这些收益是难以度量的。生态方面的收益则是农村生态环境改善，景观适宜性增强等，这些收益同社会收益一样，难以度量。但社会收益和生态收益同经济收益一样是农村居民点整理的重要目标，虽然难以衡量和全面审视，但应当受到相同的关注。

3. 利益主体

城乡建设用地增减挂钩是一项复杂的工程、一场多方之间的博弈，涉及多个利益相关者。根据挂钩工作中参与利益分配者的性质，可以将其归为四类，分别是政府、中介方、村集体和村民。

（1）政府。政府在增减挂钩工作中，不仅提供政策支撑，还参与到相关过程里作为项目运作的主导者。从东樊村增减挂钩运作模式可知，东樊村属于永久性基本农田内的村庄，作为陕西省第一批增减挂钩工作的试点，整个的项目运作一直是以政府为主导。在东樊村挂钩项目中，高陵区政府和鹿苑镇政府相关部门参与了建新区建设、旧村庄复垦等实体工作，参与了指标出让收益的相关分配。同时，政府部门通过东樊村挂钩项目获得了难以衡量的社会收益，因此政府是增减挂钩工作中利益主体的重要一极。

（2）中介方。中介方指的是参与到项目中的各类机构、公司，在项目中主要提供技术、决策支撑方面的服务。东樊村挂钩项目中的房屋测量、规划编制、经济测算、建筑设计以及预留区的"三通一平"等工作需要专业的技术机构。

这些技术公司也同样地参与到东樊村项目收益的分配中，是不同于政府的另一利益分配主体。

（3）村集体。在东樊村挂钩项目中，涉及的村集体有两个：一个是东樊村村集体，另一个是建新预留区耕地被占用的村集体。村集体在增减挂钩工作中是沟通政府和村民意见的纽带，东樊村村集体及时地传达政府的政策和项目的运作安排，征集和反馈群众的意见，并建立了农业管理公司统一管理复垦后的耕地，获取了旧宅基地复垦的 302 亩耕地所有权，同时其直接参与了节余指标出让收益的分配。另外，拥有建新预留区耕地所有权的村集体是另外一个参与指标出让收益的利益相关者，其因耕地被占用而获得相应的征地补偿。

（4）村民。与村集体相对应，这里的村民也有两类。一类是东樊村村民，另一类是建新预留区耕地被占用的村民。东樊村村民在挂钩中用宅基地的发展权换取了经济收益、相关的社会收益和生态收益，是直接的利益主体。预留区的村民失去了耕地的承包经营权而获得了相应的征地补偿，也是重要的利益主体。

4. 利益分配

根据可获取的调研资料和信息，在东樊村挂钩项目中，各利益主体的利益分配如下。

（1）对拆旧区复垦的 302 亩耕地的分配。由东樊村村委会建立农业管理公司统一管理复垦后的耕地，建设现代农业科技示范区和现代养殖小区，提高农民收入，壮大村级经济实力，解决新社区后续管理资金问题。

（2）对节余建设用地指标收益的分配。东樊村节余建设用地指标出让获得了 19630 万元。其中，除去征地费用每亩 8 万元，302 亩共 2416 万元后的资金归东樊村挂钩项目支配。2416 万元即为建新预留区村集体或村民的收益。另外除去征地过程中的劳务费、测量费等属于中介方收益的 65 万元，东樊村共筹集村庄改造资金 17149 万元。在这 17149 万元中，建安费用约为 9000 万元，公共配套设施费用约 2000 万元，归中介方和政府所有。因为政府负责牵线，其中的收益大部分归中介方所有；对农民的补偿、奖励费用约 1000 万元，这部分收益归东樊村村民所有。剩余约 5100 万元作为村庄改造平衡基金，归东樊村村集体所有。各利益主体的分配大致如图 4－6 所示。另外需要说明的是，政府在项目启动前期投入了 200 万元左右的资金，而且由于没有扣除建新预留区"三通一平"的费用，所以在整个项目的运作中，政府几乎没有收益，甚至有可能是负向的经济收益。

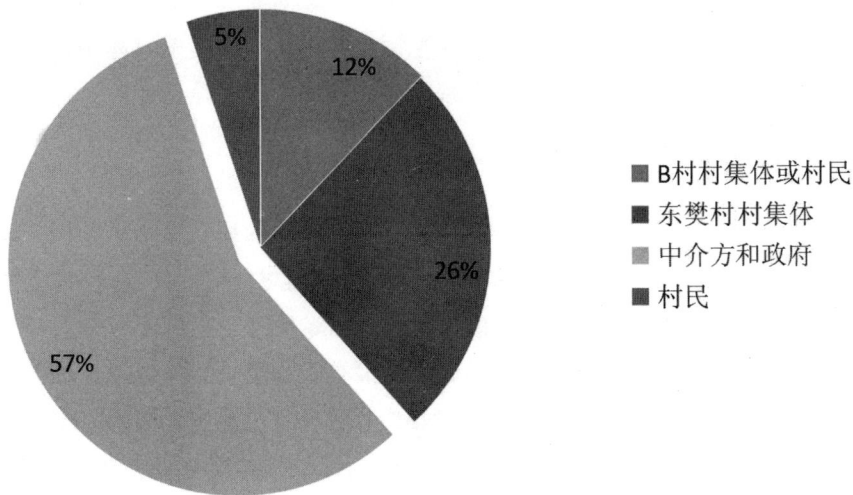

图 4-6 东樊村挂钩项目节余建设用地指标转让收益分配图

（3）对建新安置区土地、房屋资产增值收益的分配。这部分收益属于东樊村村民所有。另外东樊村村民还获取了项目的生态收益。对社会收益的分析比较复杂，这里不再赘述。

（二）渭南市富平县庄里镇增减挂钩试点项目区

富平县庄里镇挂钩项目区是 2009 年被陕西省确定的第一批试点单位。项目区位于陕西省石川河两岸，地处富平县西北部，距富平县城约 13 公里。2008 年，富平县工业园区落户于此，加快了该区城镇化建设的进程。同时富平县农村宅基地登记和集体土地所有权发证工作也为土地整治的顺利推行奠定了基础。

富平县共确定了庄里镇、东上官管区两个挂钩项目区作为第一批试点单位。其中，庄里镇是陕西省重点建设示范镇，庄里镇挂钩项目涉及庄里镇、觅子管区、梅家坪镇的 7 个行政村 14 个村民小组，共 539 户 3926 人。项目区共有宅基地 539 院，占地面积 1250 亩，是典型的"空心村"，具有面积分布广、集中连片、安置人口少、复垦潜力大、投资成本低、群众参与热情高、施工难度小、实际效益好等特点。在项目实施前，村民居住零散，遇到下雨天，足不能出户，生产生活很不方便，留守群众热切地盼望能走出老宅，改善居住环境。项目区中空闲宅基地 457 院，需安置人口 100 户，安置占地 21.6 亩。项目区通过实施增减挂钩，先后为庄里镇、庄里园区 6 个工业、商业和基础设施项目解决了用地指标，同时招引了 5 个大型企业集团，总投资 5.3 亿元左右。

庄里镇挂钩项目区的运作过程为摸底调查—政策宣传—经验借鉴—招商引资—拆旧建新—归还指标。截止到调研期间，该项目还在实施过程中，部分村已完成了搬迁到新居的工作。新居布局合理，设施完善，生态良好，自然村落散、乱的现象明显改善。

1. 整理模式

庄里镇挂钩项目因涉及村庄类型较多，各村整理的模式也不尽相同，属于综合整理型。在整理的过程中，既有移民搬迁、中心村整合，也有村内宅基地集约利用，可归结为"缩村瘦身、插孔加密"和零星村"迁村并点"的特色整理模式。在项目审批通过后，富平县成立了以县长为组长、分管副县长为副组长，27 个镇区、部门为成员的工作领导小组，办公室设在国土局。工作领导小组制订了科学合理的项目拆迁安置实施方案，召开了县、乡、村三级动员会议、现场会议和项目推进会。同时，项目区也及时组建了相应的组织机构。确定了"政府主导、部门协调、乡镇实施、村组拆迁、村民自建"的工作模式，并经县委、县政府常务会同意拨付专款保障项目顺利推进。对挂钩得到的节余建设用地指标由县国土局统一进行出让，工作的推进由政府主导。

图 4 - 7　县镇村组领导研究挂钩规划图

庄里镇挂钩项目区由政府出资进行启动，在项目初期进行了民意摸底调查。涉及村组张贴统一标准的宣传展牌，下发统一制式表格，统一宣传资料。摸底

图4-8 庄里镇项目区留用土地出让竞价会

工作具体由乡镇负责组织实施，首先召开村组动员会，由乡镇包村及村组干部组成工作队逐户进行排查摸底，统计结果实行三级负责制，参与调查摸底的镇村组干部都要签字确认，然后由乡镇盖章组织上报。统计时将房屋分类，并对每种房屋类型的数量、建筑物面积、结构等进行详细统计。通过走村入户、实地踏勘、问卷调查等方式，对涉及村组村民的宅基地权属、面积、附属设施等做到村不漏组、组不漏户，权属清楚，界限分明，详查结果真实可靠。项目委托西安中勘工程有限公司应用 GPS、全站仪等先进设备对项目进行准确勘查和规划设计。

另外，项目区组织人员赴四川浦江县和西安市高陵区，学习当地拆迁、安置补偿等方面的成功做法后，结合项目实际，确定了新农村示范村的安置模式和货币补偿安置、群众自建、惠民政策托底三种新建措施。结合各村实际，采取一村一策的方式，推进项目进展。五一村通过空心村整治示范带动，先易后难、逐步推进；兴武村将规模化现代农业项目与增减挂钩项目整合，提高项目综合效益；新丰、铁炉、青兰、雷家等村结合各自实际，采取整村搬迁、整体安置的办法，促进了新农村建设，改善了群众居住条件。从图4-9和4-10的对比中可以看出改造前后农民居住环境的变化。

庄里镇挂钩项目实行阳光操作，充分尊重村民的意愿，在广泛听取群众意见的基础上，公开张榜公布拆旧、安置名单，补偿标准等，项目实施采取群众自愿签协议的方式，即搬迁一户、补偿一户。安置建新期间发给每户每人每月120元过渡费。另外，针对无力建设的困难户、五保户，除补偿资金外，积极协调民政、住建等部门专项资金，帮助困难群众解决建房资金不足的问题。"五保户"建房，政府协调，村集体主动承担无偿修建，确保每户群众都能得到妥善

图4-9 庄里镇项目区兴武村改造前旧貌

图4-10 庄里镇项目区兴武村集中安置房

安置。庄里镇还建立了增减挂钩资金管理专项台账，筹措专项资金，确保增减挂钩项目拆迁、安置和复垦工作的顺利实施。

2. 利益来源

庄里镇增减挂钩项目区规模是1250亩，项目实施后，通过工程技术，土地平整复垦，可得到1228亩的节余建设用地指标。这部分指标一方面由政府拿去招商引资，吸引了5个工业集团落户庄里镇工业园，为当地经济发展、政府税收收入增加和农村剩余劳动力就业提供了条件；另一方面，对于旧村庄复垦后的土地，农业、农发、水利等部门陆续进行高标准农田改造，因地制宜，宜果则果、宜粮则粮，农民因此增加了农业收入。

3. 利益主体

在庄里镇增减挂钩项目实施的过程中，涉及的利益主体同高陵区东樊村增减挂钩项目相似，也是有 4 个，分别是政府、中介方、村集体和村民。但是在利益主体的内部构成上则不尽相同。

（1）政府。政府是庄里镇挂钩项目的主导者。政府在项目实施初期投入启动资金，并对节余建设用地指标的出让收益建立了专项账户，对资金进行统一管理、统一支配，项目还因此获得了相关的社会收益和后续经济收益。政府是该项目的直接利益相关者。

（2）中介方。在庄里镇挂钩项目区设计初期，项目聘请陕西中瑞工程技术有限公司，依据相关法律、技术规范、标准，对田、水、路、林、村的建设严格进行规划设计；聘请专业公司对项目的建设质量、工期进度、材料用量、建筑标准、投资资金的数量和使用方向进行全程监督，并引导公众参与质量管理，确保在建项目质量不发生问题；在土地整治方面，委托陕西省采购招标有限责任公司对项目复垦工程实施公开招投标，严格执行省市土地复垦开发整理专项资金使用办法，设置土地复垦资金专用账户。此外，在项目的运作中，还有其他相关公司和营利性单位介入，他们共同组成了庄里镇挂钩项目的中介方。

（3）村集体。庄里镇增减挂钩项目共涉及 7 个行政村 14 个村民小组，村集体在挂钩项目中获得了复垦拆旧区居民点的土地，还可能参与改造后剩余资金的分配，并取得项目的相关社会收益，也是项目的直接利益相关者。

（4）村民。庄里镇项目涉及改造区的 3926 名村民，他们在拆迁过渡期获得了相应的拆迁补偿和过渡费，平均每户的耕地面积增加，也获得了项目的相应社会收益和生态收益，同样是项目的直接利益相关者。

4. 利益分配

庄里镇项目的资金由政府统一管理和支配，因为调研期间，项目的运作还在中期阶段，所以对项目运作结束后的资金是否有剩余，以及剩余资金如何分配还没有定论。不过需要清楚的是，庄里镇挂钩项目对于农村居民点的改造投入成本不是很高，对农民安置房户型按照原有的建房风格进行建设，并没有专门的设计。而且，对节余建设用地指标，政府基于招商引资的目的进行出让，多为工业用地，指标的出让价格会大大低于商业和住宅用途的土地价格。在生态移民搬迁项目中，还有国家专门的搬迁补助资金。因此整体上来讲，项目资金运作能够达到平衡。目前，能够确定的利益分配如下。

（1）对复垦旧村庄增加的 1228 亩土地，平均分配到农户，每户可增加面积

2.2 亩。这部分耕地收益归村民所有。

（2）农民在拆迁过程中，享有每人 120 元/月的拆迁过渡费，这部分收益应该来自节余指标的出让资金，属于村民所有。

（3）村集体、中介方、政府的经济收益分配则比较笼统。

（三）汉中市西乡县城关镇等 4 镇增减挂钩试点项目区

西乡县城关镇等 4 镇增减挂钩试点项目区是 2012 年汉中市唯一的增减挂钩试点项目。相对于陕西省其他试点项目，西乡县增减挂钩工作实施得较晚。因西乡县地处秦岭巴山之间，县境内地质构造复杂，主要为丘陵低山地形，居民点整治困难，潜力相对较小。但是近年来尤其是 2007 年之后，随着经济社会的快速发展和城镇化水平的提高，西乡县建设用地需求量不断加大，资源供需矛盾日益加剧，开展增减挂钩工作是解决这一矛盾的出路。2012 年，西乡县启动了城关镇等 4 镇一期增减挂钩试点工作，以开创县域土地资源保护和经济快速发展的"双赢"局面。

项目区涉及城关、杨河、堰口、柳树 4 个镇拆旧区范围内的 42 个村 831 户农户。拆旧区拆旧地块 145 个，总面积 632 亩，增减挂钩周转指标为 500 亩。通过本次城乡建设用地增减项目可取的 374.2 亩建设用地指标，节余建设用地指标规划作为商服和商住用地。目前，该项目已经完成了验收总结，指标已经归还。

该项目的运作历程大致经历了摸底调查—编制规划—指标出让—拆旧建新—复垦旧居—验收总结几个阶段。改造后的农村居民点基础设施完善，环境布局优化，景观宜人性增强。

1. 整理模式

西乡县城关镇等 4 镇增减挂钩项目涉及 42 个行政村，村庄类型同样较多，而且大部分村庄位于低山丘陵区，居住环境差，属于生态移民的村落。西乡县利用国家的移民搬迁政策和相关基金，推动了增减挂钩项目工作。因此，该项目的整理模式是移民搬迁型和中心村整合型的结合。2012 年 6 月初，西乡县政府下发了《西乡县城乡建设用地增减挂钩试点工作实施方案》，成立了以县长为组长，常务副县长、咨询员为副组长，相关单位为成员的增减挂钩领导小组。从国土局、住建局等相关单位抽调 19 名业务骨干成立工作组，全面开展工作。纳入试点工作范围的城关镇、堰口镇、杨河镇、柳树镇也分别成立了相应的组织机构，由镇党委、政府主要负责人亲自抓，全力配合工作组开展增减挂钩试点工作。项目的运作也是由政府主导。

　　工作组在全面摸底调查、深入分析研究的基础上，认真组织编报了该县城乡建设用地增减挂钩试点规划设计方案，在项目规划设计上坚持做到三个结合，即与村镇规划相结合，与产业规划相结合，与新农村建设规划相结合，确保规划编制的科学性和实用性。在时间紧、任务重的情况下，工作组人员会同规划人员和各镇国土所同志，加班加点，昼夜奋战，及时按时间节点完成了一期4个镇42个行政村的规划编制工作。（见图4-11，4-12）

图4-11　西乡县项目改造前村庄旧貌

图4-12　西乡县项目集中安置区

　　在项目实施的过程中，工作组充分利用网络、电视、报纸杂志等媒体加大宣传力度，在主要街道或人流量密集区域悬挂横幅，刷写标语，让广大人民群众了解增减挂钩政策，支持增减挂钩工作。工作组深入试点镇村组，扎实开展了城乡建设用地增减挂钩政策宣讲活动，通过发放宣传手册、组织宣传车、召开专题讲座、入户面对面真诚交流等形式，认真细致地做实做好群众思想工作，让群众真真切切感受到增减挂钩工作的好处，使他们搬得安心、拆得放心。县增减挂钩办公室每月编发了增减挂钩工作简报，对工作开展过程中积累的先进经验进行广泛交流推广，对工作推进中存在的问题进行深入讨论探索。

在增减挂钩工作实施过程中，坚持"为民着想、让利于民、尊重群众、有情拆迁"的原则，工作组通过召开党员会、村民代表会、村民大会等形式，与群众真诚交流，征求群众对拆旧区和还建区方案的意见，充分尊重群众意愿，最大限度满足群众要求。西乡县领导、相关部门、镇主要负责人都亲临拆迁一线，现场指挥，现场研究解决问题和矛盾，及时处理矛盾纠纷，全面细致地解决好群众生产、生活中的困难，确保了拆迁工作稳定有序。西乡县增减挂钩试点工作成为陕西省工作推进的先进典型。

2. 利益来源

西乡县复垦挂钩项目区旧村庄获取耕地 632 亩，相对增加耕地 374.2 亩，节余建设用地指标 374.2 亩。根据西乡县规划，建新预留区在政府完成土地一级开发后，通过"招拍挂"的方式出让土地使用权，其中 114.0 亩为商服用地，指标出让收益 5735.3 万元，剩余的 260.2 亩指标为商住用地，指标出让收益为 11663.2 万元。节余建设用地指标的出让收益总计为 17398.5 万元。

在社会收益方面主要有项目区内土地集约利用水平提高，居住环境改善，农民收入增加，农村经济发展，政府实现城乡统筹发展等。生态收益方面是生活污水、固体废弃物统一处理，生活环境改善。

3. 利益主体

在西乡县城关镇等 4 镇增减挂钩项目区中，涉及利益主体同以上两个案例一样，也是 4 个，分别是政府、中介方、村集体和村民。

（1）政府。政府是西乡县城关镇等 4 镇增减挂钩项目的主导者，也是该项目的直接利益相关者。项目的前期启动资金来源以政府投资垫付为主，后期通过建新区土地一级开发带来的增值收益进行偿还和弥补。

（2）中介方。在项目实施过程中，西乡县政府部门委托具备国家规定的资质条件、取得相应资质证书的建设监理公司为项目区的监理机构，依据中介评估公司的评估报告对村民进行拆迁补偿，委托具有土地复垦资质的单位实施拆旧区的复垦，参与到项目中的各种中介公司组成了西乡县首批挂钩试点的中介方。

（3）村集体。在西乡县城关镇等 4 镇挂钩项目区中，涉及 42 个行政村，即

42个村集体。各村集体在项目的实施过程中主要负责协调政府与村民以及相关管理工作，工作实施得好的村集体可以获得政府的奖励。复垦新增的耕地由村集体统一管理和经营。另外对于建新留用区需要征地，此征地费用归被征地地区的村集体或村民所有。

（4）村民。该项目拆迁涉及安置农民630户，2077人。村民在项目实施中获得地上建（构）筑物补偿费、安置补助费、拆迁过渡费等经济利益，也取得了环境改善的生态收益。

4. 利益分配

在西乡县城关镇等4镇增减挂钩试点项目中，各利益主体之间的利益分配如下。

（1）对于新增耕地的分配。由拆旧区村集体根据各自的拆旧面积进行划分，划分后的耕地由相应村集体统一经营，各村集体取得相应面积的耕地收益。

（2）对节余374.2亩建设用地指标出让收益分配。在西乡县城关镇等4镇挂钩项目中，共节余建设用地指标374.2亩，出让给茶乡水城、物流园区等项目获得收益17398.5万元。另外，西乡县政府在项目实施初期通过县财政投入启动资金600万元，所以经济收益总共有17998.5万元。

村民参与分配获得的经济利益有：①地上建（构）筑物补偿费，包括村民居住房屋和其他构筑物及附属设施的补偿费。据评估公司的统计资料，项目区村民居住房屋总面积为78561.0平方米。其中，砖混房屋3928.1平方米，补偿价格为710元/平方米，补偿金额为278.9万元；砖木房屋面积7856.1平方米，补偿价为500元/平方米，补偿金额为392.8万元；土木房屋54992.7平方米，补偿价为400元/平方米，补偿金额为2199.7万元；简易房11784.1平方米，补偿价为100元/平方米，补偿金额为117.8万元；其他构筑物及附属设施5305.7平方米，按照平均100元/平方米的价格补偿，村民获得补偿额为53.1万元。以上补偿费用总计为3042.3万元。②安置补助费，包括村民宅基地的补贴和村民购买集中安置宅基地的补贴费用，补偿标准为每亩3.5万元，安置面积为125.8亩，安置补助费为440.3万元。③拆迁过渡费和奖励费，按照西乡县增减挂钩拆迁过渡费和奖励费的发放标准，村民获得的拆迁过渡费为75.6万元，奖励费为315万元。以上三项费用共计3873.2万元。

中介方参与分配的经济利益是：①政府先期投入的测量、评估、规划设计的启动资金600万元，为相应的中介公司提供服务所得。②拆除旧农村居民点收益，拆除每平方米旧建筑物为5元，可获得收益210.7万元。③土地整理复垦

收益，项目共需复垦土地总面积为 632 亩，每亩费用平均为 3000 元，可获得
189.6 万元。④安置区建新安置收益，项目安置了 630 户农户、住宅建筑面积
8.4 万平方米，加上配套设施建设，共计 10920 万元。⑤建新留用地一级开发收
益为 100 万元。以上费用合计 12020.3 万元。

村集体参与的分配有：①涉及拆旧的 42 个村集体的收益，主要是工作费
用，在该项目中村集体工作费用为 50 元/亩，项目拆旧面积为 632 亩，可获益
3.26 万元。加上其他工作收益 100 万元，小计为 103.26 万元。②建新留用区被
征地 B′村集体收益，根据挂钩政策，该村集体有 374.2 亩耕地被征收，耕地类
型为旱地和水浇地，按照相关标准，每亩征收费用为 25939 元，其获得的补偿
为 970.6 万元。

因为政府在项目初级阶段投入了 600 万的费用，所以其获得了项目剩余的
平衡资金。政府参与的分配有：①工作收益，县政府每亩 300 元，镇政府每亩
150 元，632 亩指标可得 28.44 万元。②项目剩余资金，从节余建设用地指标出
让收益中扣除各种投入成本后可剩余 1002.8 万元。综上可得政府收益为
1031.24 万元，净收益为 431.24 万元。

综上所述，西乡县城关镇等 4 镇增减挂钩项目区各利益主体的经济收益分
配如图 4-13 所示。

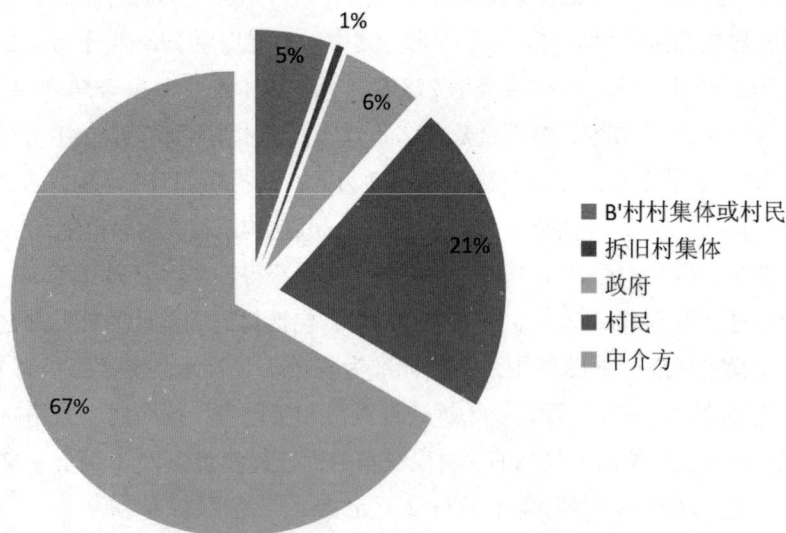

图 4-13　西乡县城关镇等 4 镇挂钩项目经济收益分配图

四、陕西省农村居民点整理利益分配存在的问题

城乡建设用地增减挂钩政策，是解决农村建设用地闲置浪费和城市建设用地紧张困境的方法之一。它不仅有效地解决了农村居民点整理缺资金的问题，还破解了城市建设缺指标的难题。然而，通过陕西省的调研，我们发现增减挂钩在政策执行的过程中出现了一些现实的问题，部分增减挂钩项目的指标收益在去掉成本投入后所剩无几，有的项目的指标收益甚至低于成本投入，这样农村居民点整理工作就失去了经济上的可行性，在经济水平较低的地方难以推行。这些问题产生的根源是指标收益较低，而指标收益低的原因一方面是现行政策下增减挂钩指标只能在县域内流转，县域内因经济发展水平限制，土地出让价格低从而造成指标收益低，这属于制度层面的因素；另一方面则是指标流转后的土地用途不同，土地价格也不同。一般情况下，商业用地、住宅用地、工业用地的价格高低排序是商业用地＞住宅用地＞工业用地，出让后用途的差异也会导致指标收益的不同。当然，还有其他的因素影响指标收益，但一般情况下，上述两个方面的原因占主要地位。除了经济收益方面存在的问题，陕西省通过增减挂钩形式推动农村居民点整理的过程中，在利益分配方面也存在一些问题，主要有以下几点。

（一）缺乏统一的利益分配指导政策

陕西省增减挂钩试点项目区基本上都建立了专门的资金账户，用于资金的使用和管理，然而对资金如何分配并没有统一的做法和规定，在资金分配方面比较模糊。这一问题首先体现在对项目剩余资金的处理上，有的项目区比如高陵区东樊村把项目剩余资金作为村庄改造平衡资金分配给了村集体，用于村庄的后续管理，而有的项目如西乡县城关镇等4镇挂钩项目中则是政府获取了盈余资金。而有的项目，因为招商引资等政策使得指标出让价格较低，而引进的企业可以创造很多的后续收益，所以项目最后可能没有盈余资金，项目本身资金分配难以平衡。该问题另外一个体现则是对各利益主体在经济收益中的比例范围没有一个明确的规定，分配方案以农民现时满意为基本原则，从而缺乏合理性。

（二）土地增值收益范围难以确定

国家规定在增减挂钩中产生的土地增值收益要全部返还给农民，然而这一政策在实施的过程中存在难以确定土地增值收益边界的问题。虽然理论上根据节余指标出让收益减去增减挂钩的成本可以得到土地增值部分，但是一方面促使土地增值的因素很多，因素之间相互交织，这样使得增减挂钩的成本种类多

种多样，扣除成本时，不同项目的管理者对成本内涵有着不同的理解，从收益中扣掉的成本类型各不相同，从而使得各个项目的土地增值收益计算范式复杂化和错乱化。另外，土地增值收益与土地用途有密切的关系，而建新预留区的土地用途不尽相同，使得指标出让收益也不同，无法确定哪种用途的土地出让收益作为计算标准。在项目实施过程中，各项目区往往自行确定预留区土地用途，土地增值收益计算在现实实践中不统一。

（三）政府在项目中的收益分配界限模糊

政府一般是增减挂钩项目的主导者，很多项目区经济发展滞后，自身无法承担集中拆旧建新的成本，需要政府投入前期资金来启动整个项目的运作。政府在项目的后续运行中担负着重要的组织和管理工作，那么其在项目收益中会考量如何均衡自己的收支，如果对政府收益分配部分没有一个统一的界定，政府在资金分配工作中可能会出现寻租等问题。而有的项目，政府没有充分考虑到城乡建设用地增减挂钩的后续成本，如建新预留区的公共设施配套等城市化成本，也存在着政府在项目收益分配中所占份额较低的情况。

（四）中介方收益比例在资金分配结构中比重过大

在高陵区东樊村和西乡县城关镇等4镇挂钩项目的案例中，中介方收益占项目收益的50%以上，在资金分配结构中所占比例过大，这一方面是因为城乡建设用地增减挂钩工作需要多种类型的投入，并且每种类型的投入所需资金数额较大，另一方面在现时的经济发展阶段，建材、劳动力等成本相对固定，中介方收益的比重失衡也有项目总收益这一"分母"较小的原因。在总收益较少，投入成本数额大且相对固定时，中介方收益比重会偏大，而其他利益主体尤其是村民和村集体收益相对偏小。

（五）村民之间利益分配存在不公平

在农村居民点整理过程中，村民不仅参与经济收益的分配，还可能参与旧农村居民点复垦后产生耕地的分配。在经济收益方面存在分配不公的主要是拆迁补偿费，根据陕西省调研的相关资料，在项目初期的调查中，调查报告对村民建筑物的新旧并没有统一的分类和记载，拆迁补偿主要依据评估机构的评估报告，按建筑物的结构进行补偿。这种补偿方式存在一定的问题，部分村民刚修建的房子和已经修建5年左右的房子尽管建筑结构一样，但是花费了更大的建筑成本。这样在拆迁的过程中，会引起刚修建房子的村民的不满，甚至上访等，从而不利于项目的实施。而在复垦后产生的耕地分配这一块，也部分地存在着分配不公的问题。陕西省部分挂钩试点将复垦后产生的耕地按照农户原有耕地面积的比例进行分配，而农户原有耕地面积和现有家户人口很多时候并不一致，这主要是农村婚丧嫁娶等因素造成人口与土地承包面积不一致。因而对复垦耕地和相关经济收益的分配方式存在进一步优化的空间。

五、陕西省农村居民点整理利益分配制度完善的政策建议

就像绝对的真理不存在一样，十全十美的制度也是不存在的。一项政策和制度的好坏，从公共政策评价的视角就是看其是否能达到政策目标。在以城乡建设用地增减挂钩的形式推动农村居民点整理过程中，对利益分配制度的完善则是要设计相关制度促进利益主体之间分配的公平合理，同时也要对政策的实施配套相关的完善机制，从而使制度得到进一步优化。针对陕西省农村居民点整理现行工作中的利益分配问题，结合制度设计和政策目标，应当从以下几个方面出发，设立利益分配制度优化的配套政策。

（一）设立耕地保护费

耕地具有生产、生活、生态等多重属性，还是重要的战略资源。然而，相比较于城市建设用地收益，耕地收益水平较低，将耕地开发为建设用地，获得的将是比耕地价值翻了数十倍乃至数百倍、上千倍的眼前经济收益。因此，社会保护耕地的积极性不高，开发建设的热情高涨。而我国又实行最严格的耕地保护制度，耕地保护长期以来重视"约束性"保护和"建设性"保护，对"激励性"保护重视不足。经济激励政策在耕地保护中长期缺位，导致耕地保护者得不到应有的经济补偿和激励，耕地占用者无偿或以较低成本占用了有限的耕地，既不利于耕地保护目标的实现，也影响了地区之间、城乡之间及利益相关者之间的和谐。耕地对农民来讲，不仅具有生产功能，还具有社会保障功能。设立耕地保护费可以提高农民保护耕地的热情，增加农民的社会福利水平。在城乡建设用地增减挂钩工作中，耕地保护费是对农民失去节余建设用指标部分的土地发展权的长期补偿，可以弥补对土地发展权一次性补偿的不合理性问题。从长期来看，设立耕地保护费对城乡建设用地增减挂钩工作具有促进作用，有利于提升农村居民点整理中利益分配的科学合理性。

（二）建立农村土地流转制度

随着农业机械化水平的提升，农业生产对农用地规模化、产业化经营的要求越来越高。目前陕西省农村土地和全国其他省份一样，实行家庭联产承包责任制。在该种制度下，户均耕地面积较小，不利于农村土地的规模化、产业化

经营，机械化水平的效率受到严重影响。城乡建设用地增减挂钩只是改变了农民的居住条件和村容村貌，即使在这个过程中农民的固定资产翻了几番，但这些资产流动性很低，对农民收入影响不大。通过城乡建设用地增减挂钩，农民的收入在本质上并没有得到很大的提升，而且在挂钩中的一部分农村剩余劳动力向城市非农领域转移后，城市往往难以很好地解决其社保问题，而农村土地承包经营权的流转收益可以作为该部分农民城市化后的社会保障资金的一部分，从而部分地解决城乡建设用地增减挂钩的后续社会问题，同时提升留在农村的居民收入水平，进一步推动农村居民点整理工作。陕西省高陵区东樊村将旧村庄复垦后的土地交由村委会建立农业管理公司统一管理是一个良好的尝试，通过建设现代农业科技示范区和现代养殖小区的形式，解决新社区后续管理资金问题。因此，应当鼓励和引导农村土地以互换、出租、入股等形式建立土地流转制度，增强增减挂钩工作可持续性，进一步优化挂钩利益分配体系。

（三）进一步完善农民就业和社会保障机制

农村居民点整理不是面子工程，一定要切实考虑农民的实际需求以及相关的后续问题。随着农村经济和社会形态的发展，土地流转加速，农村规模化经营水平提高，必将产生新一轮的农村剩余劳动力转移。农村居民点有可能面临二次整理的问题，产生新的失地农民。农民没有高学术、高学历，很难在新一轮城市化浪潮中获得更多的补偿和收益以帮助其在城市中落户。农民需要提高自身的能力和水平来适应越来越激烈的社会竞争。因此，政府要支持和资助相关机构建立农民工培训学校、开设培训班等，为提升农民工的就业竞争能力创造条件。另外，政府要建立失地农民工的就业机制，完善就业指导服务工作。就业指导是从问题内部出发来解决，而建立社会保障机制则是从外部着手，通过社会转移支付的形式来保障农民工的生活水平。2011年，陕西省国土资源厅联合陕西省人力资源和社会保障厅、陕西省财政厅下发了《关于切实做好被征地农民就业培训和社会养老保险的意见》（陕人社发〔2011〕149号）文件，初步建立了陕西省失地农民的就业和社会保障机制。之后，陕西省人力资源和社会保障厅和陕西省财政厅联合下发了《关于加强被征地农民就业培训省级补助资金管理的通知》（陕人社发〔2012〕94号），进一步规定了具体的实施方案和补助标准，使该项机制可操作性增强。然而，我们在调研的过程中深刻地意识到，农民就业和社会保障机制的建立还有很长的路要走。在调研过程中发现很多农民根本不知道有这项保障政策，因此要加大政策的宣传和公开力度，采取相应措施进一步完善农民就业和社会保障机制。

（四）进一步加大农民参与力度

农民在城乡建设用地增减挂钩中有一定程度的参与，但不同的项目参与程度不同。一般而言，农民参与更多的是拆迁的补偿，建新安置户型的确定，安置方式的选取，而对节余建设用地指标的出让、旧宅基地的复垦用途、建新区公共基础设施的规划等环节参与较少。在陕西调研的过程中，我们发现部分项目区的农家乐、电影院等几乎无人问津，这充分说明在项目建新规划中，农民并没有充分地参与其中。而且在走访村户的过程中，我们发现从外面看村落整齐划一，而很多村民住房内部摆设依旧杂乱。农民只是从原来的土房或者砖房中搬到了具有较好结构的房屋中，却并没有实现生活形态和生活质量的大改善。城乡建设用地增减挂钩政策的初衷只是为了加快小城镇建设，并没有被赋予新农村建设和新型城镇化的内涵，但政策本身是不能孤立的，就像人具有社会属性一样，政策也具有社会性。没有农村居民点整理，城乡建设用地增减挂钩也就没有平台，无法开展。因此，以城乡建设用地增减挂钩形式推动农村居民点整理并不仅仅是为了缓解城乡建设用地之间的矛盾，还承载了提高农民生活质量和生活水平的社会属性。而要实现这一目标，就需要相应的配套政策，以充分发挥增减挂钩政策实施的外部性收益。保证农民的充分参与是增减挂钩政策中重要的辅助措施，只有农民的充分参与，才能保证增减挂钩的利益分配更加科学合理、项目实施更加顺利。所以，在项目实施过程中，一定要保证农民的充分参与，提高农民的思想文化素质与审美素养，更好地分享政策收益和社会发展成果。

第二节　湖北省农村居民点整理中的利益分配

一、湖北省农村居民点整理概述

湖北省的增减挂钩工作走在全国前列。2005 年 10 月，国土资源部下发了《关于印发〈关于规范城镇建设用地增加与农村建设用地减少相挂钩试点工作的意见〉的通知》（国土资发〔2005〕207 号），开始部署增减挂钩工作，湖北与天津、浙江、江苏、安徽、山东、广东、四川率先申请开展增减挂钩试点。2006 年 4 月，湖北与天津、江苏、山东、四川五个省（市）被国土资源部批准为全国第一批增减挂钩试点单位。① 国土资源部 2008 年批准的第二批试点、2009 年批准的第三、四批试点中，湖北省也都被列入了试点单位。湖北省在增减挂钩工作上积累了丰富的实践经验，同时，随着试点工作的开展和深入，一些问题也逐渐暴露出来。这些问题中，增减挂钩项目产生的利益如何分配成为最亟待解决的问题。湖北省各级国土部门将其视为重点和难点，各地学者在研究增减挂钩工作时也将利益分配问题视为研究热点。

利益分配之所以成为增减挂钩项目中的重点、难点和热点，主要是由于两方面原因：一方面从实际操作上看，公平合理分配各方利益可推进各地增减挂钩项目进程，为经济的发展和社会财富的增加做出贡献，相反，如果利益分配问题解决不好，农民权益将会受到侵害，甚至产生暴力事件、群体事件，严重阻碍项目进程；另一方面从理论和政策设计的角度看，国土资源部尚未出台可具操作性的利益分配实施细则，包括湖北省在内的各试点省份都处于摸索和创新阶段，尚无定论，因此增减挂钩项目中的利益分配具有很重要的研究价值。通过对湖北省各地增减挂钩项目中利益分配进行调查研究，可以总结出其合理之处，发现其存在的不足，从而给湖北省各级土地部门提供编制和优化增减挂钩项目中利益分配方案的建议，使利益分配公开透明，推进增减挂钩项目进程。

（一）湖北省农村居民点概况

2010 年，湖北省农村居民点用地面积为 82.25 万公顷，占全省土地总面积的 4.42%，占全省建设用地总面积的 55.66%。② 《湖北省土地利用总体规划(2006—2012)》确定了 2020 年湖北省农村居民点用地规模为 69.41 万公顷，因此在规划期间内，至少有 12.84 万公顷的农村居民点亟待整理，整理潜力很大。

湖北省农村居民点用地主要存在四个问题。

1. 土地利用效率低，用地浪费现象严重。2010 年湖北省人均农村居民点用地规模为 205.98 平方米/人，远高于《村镇规划标准》（GB50188—93）确定的规划"人均建设用地指标不大于 150 平方米"的标准。很多地区农户建房选址随意，用地规模突破规划标准③。山区农民住宅空置较多，"空心村"现象

---

① 自然资源部. 关于天津等五省（市）城镇建设用地增加与农村建设用地减少相挂钩第一批试点的批复.（国土资函〔2006〕269 号），2006 - 04 - 14.

② 李楠，李江风. 湖北省农村居民点整理潜力研究 [J]. 延边大学农学学报，2013，35(1)：87 - 92.

③ 朱红波. 湖北省农村居民点用地问题与对策 [J]. 安徽农业科学，2005，33 (7)：1331 - 1332.

突出。

2. 居民点规模小、功能不齐全。2004 年湖北省平均每个自然村用地规模为 1.21 公顷，平均每个自然村仅有 16.51 个农户[1]。小规模农村居民点住房形式单一，功能落后，基本上只有居住功能，规模相对较大的居民点中也只有一些小型商业零售点，缺乏文化娱乐、生产服务、农副产品加工等配套设施，给农民生产生活带来较大的不便，严重制约农民生活质量的提高[2]。

3. 居民点布局分散，基础设施建设成本高。由于大部分地区农村居民点规模小、布局分散，尤其是山区和丘陵地区存在大量点状居民点，造成了在同一行政村内组与组之间、户与户之间的间距大，给水、排污、电力、电讯、绿化都缺乏规划布局，配套性与共享性差；道路、水电、通信、有线电视等基础设施建设的管线长，损耗大，成本高，给建设和管理带来很大难度；教育、文化、卫生、环保、家政等社区服务落后甚至尚为空白，不能满足收入不断增加的农民对生活质量提高的要求。

4. 环境质量差。湖北省农村居民点普遍建设简单、内部功能布局不合理。大多数的居民点中没有统一的垃圾处理措施，没有统一的污水排放管道，牲畜棚紧邻住房，许多村庄至今尚未消灭露天粪坑，生活垃圾随处弃置，人畜粪便无统一的处理办法，雨天污水横流，晴天秽气充鼻。[3] 环境"脏、乱、差"问题十分严重，而且工业污染在一些村庄也越来越严重。

（二）湖北省农村居民点整理概况

针对以上存在的四个问题，2006 年以来湖北省将增减挂钩作为改善农村生态环境、推进新农村建设的最重要手段，对农村居民点重新布局、集中还建，试图实现节约集约利用建设用地、城乡用地布局更合理的目标。2006 年 4 月 14 日，国土资源部批复下发了《关于天津等五省（市）城镇建设用地增加与农村建设用地减少相挂钩第一批试点的批复》（国土资函〔2006〕269 号），同意湖北省第一批挂钩试点项目区 16 个，使用周转指标 563 公顷。2006 年以来，湖北省所有市州陆续开展了增减挂钩试点工作。2013 年 7 月，湖北省国土资源厅给

---

① 徐唐奇，张安录. 新农村建设背景下的湖北省农村居民点土地整理 [J]. 国土资源科技管理，2008，25（3）：35-41.

② 宋成舜，周惠萍. 鄂东南丘陵地区农村居民点整理研究：以湖北省崇阳县为例 [J]. 安徽农业科学，2009，37（34）：17146-17147.

③ 彭开丽，张安录. 新农村建设中农村居民点用地整理的战略思考 [J]. 农业现代化研究，2007，28（1）：24-27.

神农架林区下达了增减挂钩周转指标 40 公顷，用以保障神农架林区重大建设项目顺利实施。至此，湖北省所有地级市、自治州以及省直辖县级行政区都被纳入增减挂钩试点单位。

通过几年的试点探索，2011 年湖北省委、省政府和国土资源厅出台了若干规范城乡增减挂钩试点工作的政策文件（见表 4 - 1）。截至 2012 年底，国土资源部累计下达给湖北省增减挂钩周转指标 11640 公顷，湖北省已批准各地挂钩项目 256 个，使用挂钩周转指标 11335 公顷。[①] 拆旧复垦方面，湖北省批准增减挂钩项目拆旧总面积 12197 公顷，截至 2012 年底，已完成拆旧面积 6041 公顷，复垦出农用地 4856 公顷，其中耕地面积 4403 公顷。

表 4 - 1 湖北省增减挂钩工作相关文件总结

文　件	制定目的	发布时间
《中共湖北省委湖北省人民政府关于加强农村土地整治工作的意见》（鄂发〔2011〕7 号）	加强农村土地整治工作，发挥农村土地整治在新农村建设和统筹城乡发展中的重要作用	2011 年 2 月 19 日
《湖北省国土资源厅办公室关于认真做好城乡建设用地增减挂钩试点和农村土地整治清理检查工作的通知》（鄂土资办文〔2011〕24 号）	对 2006 年以来湖北省各地开展增减挂钩试点和农村土地整治进行清理检查，查找问题、总结经验	2011 年 2 月 21 日
《湖北省国土资源厅关于严格规范城乡建设用地增减挂钩试点工作的意见》（鄂土资发〔2011〕71 号）	严格规范湖北省增减挂钩试点中各项工作	2011 年 5 月 31 日
《湖北省国土资源厅办公室关于城乡建设用地增减挂钩建新区用地报批有关问题的通知》（鄂土资办文〔2011〕95 号）	指导湖北省各地正确报批增减挂钩建新区用地	2011 年 6 月 10 日
《湖北省国土资源厅关于印发湖北省城乡建设用地增减挂钩项目竣工验收试行办法的通知》（鄂土资发〔2011〕77 号）	规范挂钩周转指标的使用、归还和考核管理，推进增减挂钩项目的监管和验收	2011 年 6 月 16 日

---

① 湖北省国土资源厅. 湖北省城乡建设用地增减挂钩试点工作 2012 年度总结报告（内部资料）.

根据《湖北省城乡建设用地增减挂钩试点竣工验收办法》，增减挂钩项目验收由省国土资源厅委托市（州）组织，验收完后报省厅复核备案。目前，湖北省 2006 年度、2008 年度项目已基本完成项目验收。部分进展较快地区，2009 年至 2011 年度项目正在验收，全省共完成验收项目 31 个，验收拆旧、还建面积共 2471 公顷。按照国土资源部加强增减挂钩在线备案和监管的要求，湖北省国土资源厅安排专人负责全省挂钩项目在线备案和监管系统的日常运行和管理工作，各市（州）、县（市、区）均配置了系统管理员，由业务科室和信息管理人员共同完成项目的在线备案和管理。截至 2012 年底，除部分项目因历史原因暂时未能备案外，湖北省已完成备案项目 252 个，2012 年前已批项目基本完成在线备案。

为保障增减挂钩试点项目区农民合法权益，避免"大拆大建"和"强拆上楼"的现象，湖北省各级政府和国土部门及时出台了规范文件。湖北省国土资源厅发布的《关于严格规范城乡建设用地增减挂钩试点工作的意见》（鄂土资发〔2011〕71 号）中第十、十三、十六、十九款都强调要充分保障农民利益、不得强行搬迁。如第十款规定："拆旧还建实施方案应进行公告，举行听证，充分吸收当地农民和公众的意见，切实做到农民自愿搬迁，严禁违背农民意愿强行搬迁，不得大拆大建。"各地级、县级政府也在实际操作中及时总结经验，出台了规范性文件，确保农民的利益不受到侵犯。如宜昌市人民政府出台的《关于加快推进和规范城乡建设用地增减挂钩试点工作的通知》及其下属的枝江市人民政府出台的《关于规范城乡建设用地增减挂钩工作的通知》中都强调了"坚决防止片面追求增加建设用地指标的倾向，切实维护农民的合法权益"。

湖北省对增减挂钩政策有所创新，主要表现在三个方面。

1. 对扩大周转指标使用范围进行了探索

《中共湖北省委、湖北省人民政府关于加强农村土地整治工作的意见》（鄂发〔2011〕7 号）规定："武汉城市圈内的增减挂钩试点项目节余的指标，可在武汉城市圈内使用。"[1] 这一规定使得增减挂钩试点项目能够突破县域甚至市域范围。部分学者对这一政策进行了讨论。程龙、董捷通过分析武汉城市圈 1996—2008 年土地利用结构及人口数据，以 2008 年为基期年，按照人均用地指标法，预测了 2015 年、2020 年武汉城市圈城乡建设用地增减挂钩需求潜力和供

---

① 武汉城市圈，又称"1+8"城市圈，是指以武汉为圆心，包括黄石、鄂州、黄冈、孝感、咸宁、仙桃、天门、潜江周边 8 个城市所组成的城市圈。

给潜力，并据此提出高、中、低三种挂钩方案（农村人均建设用地分别为150平方米/人、120平方米/人和90平方米/人），分别测算出其挂钩潜力，研究表明在采取中、低挂钩方案时，武汉城市圈完全有能力开展挂钩工作。①段晓璐、董捷从博弈论的视角研究了武汉城市圈城乡建设用地增减挂钩中地方政府的博弈行为，构建了在挂钩实施过程中各参与方利益矛盾的博弈模型，提出既要加强对地方政府的监管惩罚力度，同时又要整合挂钩中的多方利益，建立城市圈政府协同合作机制②。

但调研发现，武汉城市圈内各市对此政策持有的态度很谨慎，一方面为方便项目管理，另一方面由于缺乏配套政策和实施细则，目前还没有试点单位设置跨县域使用周转指标的项目。

2. 对周转指标的价值显化进行了探索

2013年7月14日，湖北省委办公厅、省政府办公厅出台了《关于开展全省"四化同步"示范乡镇试点的指导意见》，在全省选择了21个乡镇开展"四化同步"示范试点③。该文件强调要创新城乡建设用地增减挂钩节余土地利用机制，在示范试点乡镇大力开展土地增减挂钩项目，节余的周转指标可调剂或拍卖，调剂价格和拍卖底价不低于每亩10万元。这是湖北省首次提出周转指标拍卖的思路，该政策的可行性有待进一步观察。

3. 相对细化了对返还农村的利益的规定

国务院规定增减挂钩项目"建新区的土地增值收益必须及时全部返还农村"，这一规定中的"土地增值收益"和"农村"的概念都较为含糊。为使这一规定更具操作性，湖北省国土资源厅在《关于严格规范城乡建设用地增减挂钩试点工作的意见》（鄂土资发〔2011〕71号）中规定："使用挂钩周转指标取得的土地增值收益实行专账管理、专项核算，应全部返还农村，其中不低于新增建设用地有偿使用费、耕地开垦费之和的部分，应足额用于挂钩项目拆旧、复垦和还建区基础设施建设。"这一规定使返还数量与路径更加具体。

① 程龙，董捷. 武汉城市圈城乡建设用地增减挂钩可行性分析 [J]. 中国人口·资源与环境，2011（21）：318-323.
② 段晓璐，董捷. 武汉城市圈城乡用地增减挂钩中的政府博弈行为分析 [J]. 农业与技术. 2013，33（2）：204-208.
③ "四化同步"是指坚持走中国特色新型工业化、信息化、城镇化、农业现代化道路，推动信息化和工业化深度融合、工业化和城镇化良性互动、城镇化和农业现代化相互协调，促进工业化、信息化、城镇化、农业现代化同步发展。

但由于湖北省各地开展增减挂钩项目不需要向国土资源厅申请资金，目前湖北省国土资源厅在监管挂钩项目时只能对周转指标进行监管，对资金方面进行监管有难度，致使上述规定在有些地区得不到落实。针对这一问题，湖北省国土资源厅正研究制定《湖北省城乡建设用地增减挂钩试点周转指标报批用地的耕地开垦费和新增建设用地土地有偿使用费收缴使用管理办法》，试图通过加强制度建设，加强挂钩项目指标收益管理，确保挂钩项目的收益能够及时有效返还农村。

总的来说，湖北省增减挂钩试点工作推进得较为稳健，取得了一定的成效，其一方面促进了新农村建设，改善了农村环境，另一方面促进了土地节约集约利用，增加了用地指标，拓展了城镇发展空间。

但是，湖北省国土资源厅对目前增减挂钩工作的开展情况不尽满意，认为湖北省的增减挂钩试点工作"进展缓慢"，其原因有三，一是管理方式过于集中，二是配套政策不完善，三是审批程序复杂。湖北省国土资源厅把"如何制定科学合理的挂钩收益分配标准"作为目前亟待解决的问题之一，计划尽快制定合理的收益分配标准，以促进农民增收、农业增效、农村发展，提高挂钩收益返还农村的比例。

为了充分了解湖北省增减挂钩项目中的利益分配情况，进而提出完善增减挂钩利益分配制度与政策的建议，下一章对湖北省的几个典型增减挂钩试点项目进行利益分配案例分析。

二、湖北省农村居民点整理利益分配案例分析

（一）武汉市黄陂区谦森岛城乡建设用地增减挂钩项目

谦森岛项目是全国首批"增减挂钩"试点项目之一。该项目于 2005 年 12 月向湖北省国土资源厅申报，2006 年 4 月获国土资源部批准。该项目位于武汉市黄陂区祁家湾街李桥村和张店村（如图 4-14 所示）。项目中拆旧区面积 27.3 公顷，涉及李桥村和张店村的 7 个自然湾（共 360 户、1340 人），通过土地复垦整理，增加了农用地 27.3 公顷；还建区位于李桥村，占用农用地 5.29 公顷；建新区位于黄陂区横店街桥咀村，挂钩周转指标为 22.01 公顷。[①]

截至 2013 年，复垦地块已交由农户种植并已取得经济效益，还建小区也已

---

① 武汉市规划设计研究院. 武汉市城乡建设用地增减挂钩项目实施情况调研报告 [R].
武汉：武汉市规划设计研究院，2011.

建成并已入住。还建区占地 5.29 公顷，总建筑面积 52250 平方米，其中住宅 47815 平方米，拆旧区涉及的 360 户已全部搬入还建小区；同时，小区配备有 4435 平方米公共服务设施，包括村委会、幼儿园、卫生室、商业网点、文体活动中心等。据武汉市黄陂区国土资源局相关工作人员介绍，该项目的建新区位于黄陂区横店街桥咀村，分为两宗用地，其中一宗商业住宅用地 11.82 公顷，于 2010 年 7 月成功挂牌，由谦森岛庄园公司竞得，用于房地产开发。该地块的运作收益，用于补贴拆旧还建、土地复垦的资金缺口。建新区另一宗用地目前仍在调整中，尚未出让，谦森岛庄园公司也将参与竞拍。

图 4 - 14　谦森岛项目拆旧区位置图

1. 整理模式

谦森岛项目采用的是"政府指导 + 市场化运作"的模式。这种模式主要有三个特点：一是多渠道筹集资金，采用市场化运作方式后，通过将民间资金引入建新拆旧工作中；二是政府充分发挥引导、协调、规范和服务的职能，在市场化运作过程中，政府通过规划的指导以及法规的制定和完善来对挂钩工作进行宏观管理；三是周转指标真正商品化，在市场化运作方式下，项目全过程资金投入以企业自筹资金为主，相应地，项目实施后取得的新增建设用地周转指标应归投资者所有。①（见图 4 - 15、4 - 16）。

谦森岛项目的运作过程中，复垦与还建工作都由武汉谦森岛庄园有限公司

---

① 程龙，董捷. 城乡建设用地增减挂钩研究综述［J］. 国土资源情报，2013（3）：49 - 52.

出资开展，"不只农民没花一分钱，政府同样没花一分钱"①。项目产生的 22.01 公顷的建设用地周转指标由该公司获得。

图 4 - 15　谦森岛项目还建小区规划效果图

图 4 - 16　谦森岛项目还建小区内部现状

2. 利益来源

谦森岛增减挂钩项目所产生利益的根本来源是建新区的土地增值收益。

---

① 吴强华，胡志喜. 武汉黄陂：民资试水土地整治［N］. 中国国土资源报，2012 - 09 - 04.

在该项目中，22.01 公顷的建设用地周转指标直接转让给谦森岛庄园有限公司，其货币价值为项目区拆旧、复垦和还建的总成本，约为 6000 万元，平均每亩周转指标的产生成本为 18.18 万元。项目实施后，拆旧区农民的居住、生活条件得到改善，并且耕种复垦新增的耕地能产生经济效益，同时，拆旧区农民集体的公共服务设施得到了改善。农民个人和集体的利益来源均为周转指标的转让价值，实质为建新区的土地增值收益的一部分。

建新区的第一个地块由谦森岛庄园有限公司以 4000 万元的价格竞得，面积为 11.82 公顷，平均每亩的价格为 22.56 万元，该地块土地征收和"三通一平"的成本为 10.05 万元 / 亩。假如其他公司竞得了该块土地，除交土地出让金外，还须向谦森岛公司支付拆旧区和还建区的成本，才能获取 11.82 公顷的建设用地周转指标。黄陂区人民政府收取相关税费和必要行政费用后，将剩余的土地出让净收益约 2000 万元返还到了拆旧区的农民集体，用于农村基础设施建设。因此，该项目农民个人和集体目前实际得到的收益为谦森岛公司的投资与建新区第一个地块的土地净收益返还部分之和。

3. 利益主体

该项目的利益主体为农民个人、农民集体和黄陂区人民政府。拆旧区农民个人的居住、生活环境得到了改善，还能分配到复垦产生的耕地。还建区高质量的公共服务设施和拆旧区改良的基础设施的利益主体为农民集体。黄陂区人民政府也可视为一个利益主体，但其仅获得了契税、印花税和必要的行政费，在项目运作中主要起引导和协调作用，未将盈利作为目标。

谦森岛庄园有限公司未参与建新区土地增值收益的分享，因此不能作为利益主体，其计划在六年内通过在建新区开发房地产来收回成本并赚取利润。

4. 利益分配

对于拆旧区农民个人，谦森岛增减挂钩项目中复垦出的农用地由村集体所有，平均分配给农民耕作。谦森岛项目的还建小区建筑设计符合现代住宅理念，大小高低、内部结构、光照、通风等方面实用，公共服务设施和基础设施齐全，从根本上改变了村民的居住环境。该项目在还建中采取了"一户一基""以房换房"的基本思路，同时辅助以货币补偿的方式开展拆迁还建补偿。如李桥村对农民房屋按五类进行补偿（见表 4 - 2）。

表4-2 李桥村拆迁安置补偿标准

类别	现　状	补偿安置标准
第一类	农户现居住平房,具备还建认定标准	由谦森岛庄园提供标准住房一套,面积144平方米
第二类	农户现居住楼房,具备还建认定标准	由谦森岛庄园提供标准住房一套,超过面积部分,按500元/平方米标准,由谦森岛庄园对农户实行货币补偿,装修部分按不同类别实行分类补偿
第三类	有新旧两套住房的	以新房为主折算原住房面积;旧房只按面积,作货币补偿。平房按土坯结构210元/平方米、砖混结构(红砖)280元/平方米进行补偿
第四类	偏房、杂物间不计算正式住房面积	只作货币补偿
第五类	2009年5月31日前,涉及兄弟分家立户的,有李桥村户口,且在李桥村居住的	原则上一户一套。分户还建的,谦森岛庄园只提供两套住房。分户还建后,父母需随其中一个子女居住,不另行安排还建房

　　为了有效推进旧房屋拆迁,谦森岛公司还制定了配套办法:如对提前搬迁的农户给予奖励;所有搬迁的农户都安排过渡费和搬迁费①;新房选定采取公开抽签的方式决定;对孤寡老人及五保户②由公司无偿提供56平方米住房一套等措施。

　　该补偿方案思路明确,规定具体,具有很强的操作性,补偿标准较高。走访调研的结果显示,村民对还建的住房条件、配套设施和生活环境都很满意,不存在觉得补偿过低或者补偿不公平的情况。

　　对于村集体,该项目还建区中基础设施和公共服务设施4435平方米,约占还建区总面积的10%。基础设施包括道路、广场、花坛、绿化、垃圾池、公厕等;公共服务设施包括村委会办公室、文化活动中心、村民休闲中心、医疗卫生服务中心、托儿所、敬老院和超市市场。

　　建新区第一个地块的土地出让金在扣除成本与各项税费之后约有2000万元

---

① 每户搬迁费为500元。

② "五保对象"指农村中无劳动能力、无生活来源、无法定赡养扶养义务人或虽有法定赡养扶养义务人,但无赡养扶养能力的老年人、残疾人和未成年人。

图 4 - 17 谦森岛项目还建小区标准住房

返还到了拆旧区，用于农村基础设施建设，这也是农民集体所获得的利益。

黄陂区人民政府所获得的契税、印花税和必要行政费用约为建新区土地出让净收益的10%，约200万元。

谦森岛增减挂钩项目所涉及的利益分配总结为下图 4 - 18：

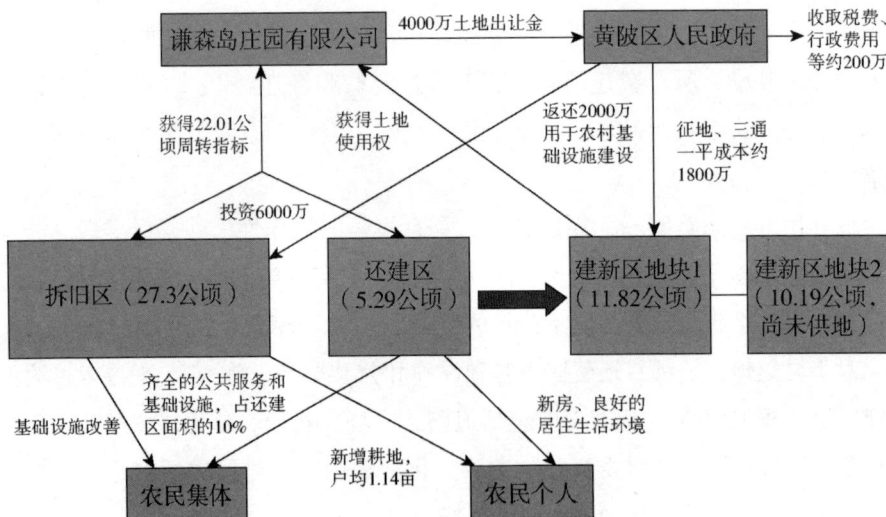

图 4 - 18 谦森岛项目还建小区标准住房

（二）黄冈市罗田县2011年第一批增减挂钩项目

黄冈市罗田县地处大别山腹地，是以农业为主的山区县。全县有 7 个镇、5

个乡和4个国有林场，总人口59.6万。罗田县农民世代散居深山，近年来许多农民脱贫致富，生活条件和居住方式发生了明显变化。农村废弃的空心院落较多，为城乡建设用地增减挂钩提供了大量的后备资源。

2011年黄冈市罗田县先后实施了两个批次增减挂钩试点项目，分别由（鄂土资函2011〔533〕号）和（鄂土资函2011〔533〕号）文件批准。

罗田县2011年第一批增减挂钩项目拆旧区面积为68.9774公顷，涉及859户3437人，还建区占用农用地10.6926公顷，增减挂钩周转指标为58.2848公顷，已报湖北省国土资源厅批准并实施征收建新区土地24.4公顷，剩余的33.8848公顷正在组织报批。① 拆旧区土地利用现状主要为农村居民点，面积为49.3852公顷，占拆旧区总面积的71.6%，其余为农村工矿废弃地。拆旧区通过复垦整理，新增农用地68.9774公顷，其中耕地64.2177公顷，林地4.7597公顷。

1. 整理模式

罗田县增减挂钩采取政府主导型运作模式，即由政府来组织和管理挂钩政策的运行，政府作为组织策划者，负责项目选址立项、编制规划设计方案、筹措资金、监督工程执行情况，承担项目运行风险。② 政府主导型运作模式的主要特点是从项目发起、规划到执行、验收都主要由政府来控制，资金投入以政府投入为主，监督管理手段以行政手段为主，周转指标的使用也主要由政府来控制。

2. 利益来源

罗田县2011年第一批增减挂钩项目所产生利益的根本来源为建新区的土地增值收益。项目实施后，建新地块的建设用地进入有形市场公开交易，土地出让净收益至少为49.5万元/公顷（该地区工业项目用地最低标准减去前期投资及相关费用）③。该项目中罗田县可用于建新的面积为58.2848公顷，因此土地出让净收益至少为2885.0976万元。建新区土地增值收益还包括项目产生的建设用地指标收益。罗田县人民政府规定，工业、划拨用地指标价格为45万元/

---

① 罗田县增减挂钩领导小组办公室. 罗田县城乡建设用地增减挂钩资金管理自查报告（内部资料），2012.

② 王君，朱玉碧，郑财贵. 对城乡建设用地增减挂钩运作模式的探讨［J］. 农村经济，2007（8）：29-31.

③ 罗田县国土资源局. 罗田县2011年第一批城乡建设用地增减挂钩项目实施方案（内部资料），2011.

公顷，经营性用地指标价格为 120 万元/公顷①。

3. 利益主体

罗田县 2011 年增减挂钩项目中存在四个利益主体：农民个人、农民集体、各乡镇政府和罗田县人民政府。

拆旧区农民个人的居住、生活环境得到改善，同时还能分配到复垦居民点产生的耕地，因为宅基地复垦后产生的耕地仍由原户主耕种。拆旧区大多远离交通干道，当地村民的出行极为不便，村内房屋破旧、布局凌乱，缺少饮水、供电等相关配套设施，居住环境恶劣。项目实施后，大部分农民利用安置补偿费在居民点比较集中的地段自行还建，房屋质量提高，生产生活和出行比以前方便。部分农民集中居住在还建小区，小区内按照中心村标准建设科学合理的道路和排水系统，完善的基础设施和商业、文教、医疗等服务设施，将改变以前自然村脏、乱、差和设施不完备的生活条件，有效提高农民的生活环境和水平。（见图 4 – 19）

图 4 – 19　罗田县增减挂钩项目中新旧居民点对比

还建区公共服务设施的利益主体为农民集体。此外，拆旧区复垦农村工矿废弃地产生的耕地也由集体统一管理。

对于建新区土地出让净收益，罗田县政府决定在扣除拆旧、复垦和还建的费用之后，用于农村基础设施建设投资、农民基本生活补贴以及农村社会保障体系建设，足额、逐年返还农村。

①　2012 年 6 月赴罗田县调研时与罗田县国土资源局工作人员座谈时了解。

罗田县政府和各乡镇政府获得建设用地周转指标的转让价值，具体分配方式将在下一节中详述。

4. 利益分配

拆旧区原宅基地复垦产生的耕地由原户主耕种，根据当地年报统计，罗田县种植业年平均产值为 2.4 万元/公顷，年平均中间消耗 3495 万元/公顷，纯收益为 2.0505 万元/公顷。原先宅基地面积越大的农户，复垦后获得的耕地越大，所获利益越大。(见图 4 – 20)

图 4 – 20　罗田县由宅基地复垦而成的耕地（由原户主种植）

还建区前期开发、配套设施建设以及房屋设计均由罗田县人民政府投资，规划标准为 80 平方米/人，容积率控制在 0.65 ~ 1.1 之间，绿地率大于 40%，规划住宅均为 3 层，日照间距 1 : 1.1。农户根据设计方案，利用安置补偿费自主投资建房，该项目中需还建的有 237 户 949 人，约占总户数的四分之一。

根据项目区当地居住习惯和实际情况，该项目统一采用货币补偿方式对农户进行补偿①。房屋补偿标准和金额见表 4 – 3。

---

① 罗田县国土资源局. 罗田县 2011 年第一批城乡建设用地增减挂钩项目实施方案（内部资料），2011.

表4-3   罗田县2011年第一批增减挂钩项目拆旧补偿标准及金额

补偿标准	合计	房屋		附属建筑
		砖混结构	土木结构	
		230元/平方米	105元/平方米	10元/平方米
面积（平方米）	140787	10310	98278	32199
补偿金额（万元）	1337.248	273.13	1031.919	32.199

该补偿方案参考当地公路建设拆迁补偿标准，结合项目区房屋拆迁的实际情况设定，广泛征求了群众意见。从调研结果来看，项目区农民对于拆迁补偿标准表示满意，并积极配合有关部门签订了拆迁协议。

拆旧区农村工矿废弃地复垦后由村集体统一经营使用，约占拆旧区的28.4%。此外，罗田县人民政府投资190.1262万元用于还建区基础设施建设，利益主体为农民集体。

该项目拆旧还建总投资2440.1262万元，其中还建区征地和基础设施建设由罗田县人民政府出资，分别为481万元和190.1262万元，拆旧区复垦和农民房屋补偿由各乡镇政府自行筹集，分别为431.752万元和1337.248万元。

乡镇政府通过建设用地周转指标收益收回成本。罗田县人民政府出台了规范性文件，规定40%指标交易收入全部返还乡镇，收回成本后剩余部分用于乡镇集镇开发和基础设施建设。[1]

截至调研期间，湖北省国土资源厅已经批准的22.4公顷建新区中划拨用地7公顷，经营性用地15.4公顷，按罗田县人民政府规定的工业、划拨用地指标45万元/公顷、经营性用地指标120万元/公顷计算，预计周转指标收益为2323万元。若剩余的33.8848公顷周转指标50%用于工业、划拨用地，50%用于经营性用地，则能产生2795万元的收益，则罗田县2011年第一批增减挂钩项目的周转指标收益约为5118万元。各乡镇获得40%的周转指标收益，为2047万元，收回拆旧复垦成本后还剩余278.2万元，用于集镇开发和基础设施建设。

罗田县人民政府获得60%的指标收益，估算为3070.8万元，收回还建区征地和开发成本后剩余2399.7万元，其中一部分将作为下一批增减挂钩项目投入资金。此外，建新区土地出让净收益至少为2885.0976万元，将主要用于农村

---

[1]   罗田县国土资源局. 罗田县2011年增减挂钩工作总结（内部资料），2011.

基础设施建设投资、农民基本生活补贴以及农村社会保障体系建设，足额、逐年返还农村。

罗田县 2011 年第一批增减挂钩项目所涉及的利益分配总结为下图 4 - 21。

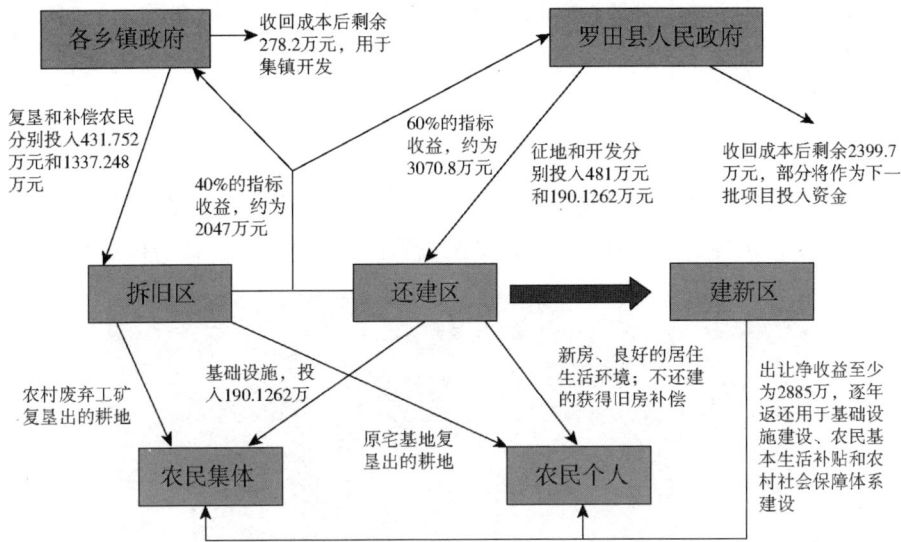

图 4 - 21 罗田县 2011 年增减挂钩项目利益分配示意图

（三）黄冈市英山县 2011 年第二批增减挂钩项目

黄冈市英山县位于鄂东北部，地处大别山南麓鄂皖交界处，辖 3 乡 8 镇、1 个国有茶场和 2 个国有林场，2010 年末全县总人口为 39.73 万人。近年来，英山县第二产业发展较快，其每年的计划建设指标为 200～300 亩，实际需要约 1500 亩①，为解决建设用地指标不足的问题，英山县 2011 年开始推动增减挂钩试点工作。

英山县 2011 年进行了两批增减挂钩项目，其中第二批项目的特点在于其没有设置还建区和建新区。该项目的拆旧区有两个来源，一是废弃砖瓦窑（18.6911 公顷），二是无人居住的空心村（16.1413 公顷），两者都不涉及农民还建安置，因此不需要设置还建区②。空心村产生的原因是英山县多为山地，

---

① 2012 年 6 月赴黄冈市英山县调研与英山县国土资源局工作人员座谈时了解。
② 英山县国土资源局．英山县 2011 年第二批城乡建设用地增减挂钩项目实施方案（内部资料），2011．

山上农户自发地到山下集中建新房，山上房屋都空置或损坏，无人居住①。此外，该项目将产生的增减挂钩周转指标全部进行储备，因此未设置建新区。

该项目拆旧区总面积为 34.8324 公顷，经过土地复垦，项目区农用地净增加 34.8324 公顷，其中耕地净增加 33.0908 公顷，其他农用地净增加 1.7416 公顷，建设用地净减少 34.8324 公顷。由于没有还建区，项目所产生的建设用地指标即为拆旧区面积 34.8324 公顷。

1. 整理模式

英山县与罗田县一样，是政府主导型运作模式，但罗田县增减挂钩项目的主要投资主体是各乡镇政府，而英山县推进项目全部由县人民政府出资。

图 4-22 英山县增减挂钩项目拆旧区空心村中无人居住的房屋

2. 利益来源

英山县 2011 年第二批增减挂钩项目所产生利益的根本来源是未来建新区的土地增值收益。

英山县土地出让净收益至少为 51 万元/公顷（工业项目用地最低标准减去前期投资及相关费用）②，该项目储备的挂钩周转指标为 34.8324 公顷，若

---

① 2012 年 6 月于英山县国土资源局座谈时了解。
② 英山县国土资源局. 英山县 2011 年第二批城乡建设用地增减挂钩项目实施方案（内部资料），2011.

34.8324 公顷的土地全部出让，可获得土地出让净收益 1776.45 万元。该项目拆旧区复垦和补偿的费用都来自建新区土地出让净收益，其中土地复垦费 328.82 万元，拆迁补偿费 504.64 万元。① 由此可见，土地出让净收益与投资相抵后，可产生收益 942.99 万元。

除了未来建新区土地使用权出让，项目产生的建设用地周转指标也能出让获得收益。该项目储备的周转指标将按 3.5 万元/亩的价格出让给用地企业。②

3. 利益主体

英山县增减挂钩项目中存在四个利益主体：农民个人、农民集体、各乡镇政府和罗田县人民政府。

拆旧区农民个人可获得对旧房的补偿，还能按旧房实际建房面积（包括附属物）分配到复垦居民点产生的耕地。根据年报统计，英山县种植业年平均产值为 3 万元/公顷，年平均中间消耗 1.2 万元/公顷，纯收益为 1.8 万元/公顷。原先宅基地面积越大，复垦后获得的耕地越大，所获利益越大。农村工矿废弃地复垦后由村集体统一经营使用。（见图 4-23）

图 4-23　英山县增减挂钩项目中复垦产生的耕地

对于未来建新区土地出让净收益，英山县政府决定在扣除复垦和房屋补偿

---

① 由于没有还建区，所以不存在还建的费用。
② 2012 年 6 月英山县国土资源局工作人员介绍。

的费用之后，用于农村基础设施建设投资、农民基本生活补贴以及农村社会保障体系建设，足额、逐年返还给农民个人和农民集体。

项目产生的建设用地周转指标的利益主体为罗田县人民政府和各乡镇政府。为调动乡镇政府推进增减挂钩项目的积极性，罗田县人民政府规定乡镇政府获得20%的周转指标，可以在县域内交易，获取收益。

4. 利益分配

由于不涉及还建，无须投入还建区基础设施建设费用，拆旧补偿的收益全部由农民个人获得。该项目涉及拆旧的农户有278户，补偿标准及金额见表4-4。

表4-4 英山县2011年第二批增减挂钩项目拆旧补偿标准及金额

补偿标准	合计	房屋	
		砖木结构	土木结构
		120元/平方米	80元/平方米
面积（平方米）	46834	32491	14343
补偿金额（万元）	504.636	389.892	114.744

农户签订拆迁协议后，一个月内通过一卡通形式一次性支付全部补偿费。

《中华人民共和国土地管理法》第62条规定"农村村民一户只能拥有一处宅基地"。理论上讲，农民建新房之后应该自行拆掉旧房。但英山县2011年第二批增减挂钩项目中政府出资拆旧房并给予农民房屋补偿，其补偿标准虽然较低，但属合理。实际工作中，农民普遍对拆旧区的补偿期望值过高，有的希望拆旧区补偿按照市场价值据实结算。

对于农民集体，拆旧区中采矿用地18.6911公顷，占项目区土地总面积的53.66%，复垦后产生的耕地由农民集体统一管理。

未来建新区土地出让净收益在扣除拆旧区拆旧复垦的成本后返还到拆旧区的农民个人与农民集体，但目前英山县没有确定具体的返还路径与比例，并且建新区尚未落实。

英山县人民政府获得80%的周转指标，即27.87公顷，其可自用于公路和机关用地等，也可以52.5万元/公顷的价格出让给企业。假设其获得的周转指标全部出让给企业，可产生收益1463.175万元。各乡镇政府共获得20%的周转指标，即6.97公顷，各乡镇政府可在县域范围内出让周转指标。

英山县2011年第二批增减挂钩项目所涉及的利益分配总结为下图4-24。

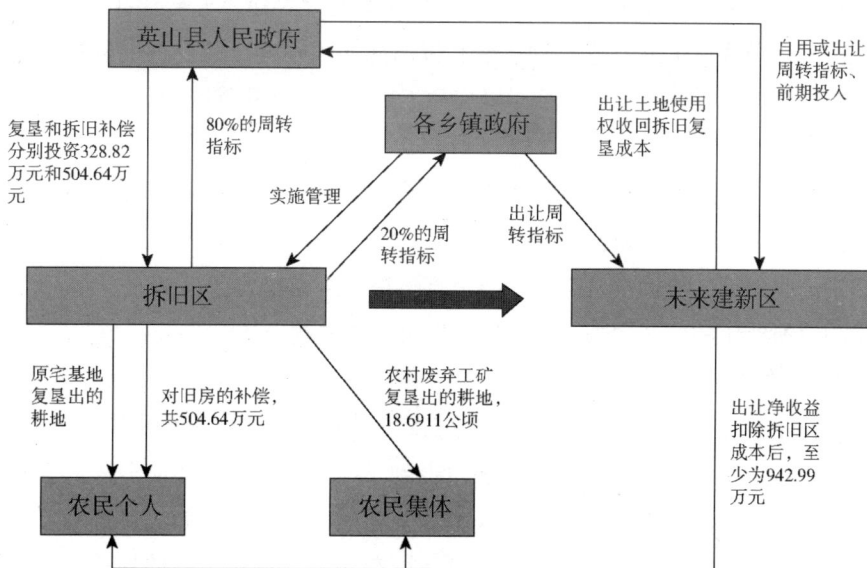

图 4 - 24 英山县 2011 年第二批增减挂钩项目利益分配示意图

(四) 宜昌市枝江市第一批增减挂钩项目

宜昌市枝江市地处湖北省南部,长江中游北岸,江汉平原西缘,交通极为便利。全市有 8 个镇、1 个街道办事处,总人口 49.6 万。县域经济发展位居湖北省前列,目前正由农业强县向工业强县转变,建设用地需求量大,计划建设用地指标不足。

枝江市第一批增减挂钩项目是湖北省第一批,2006 年开始规划实施,2012 年验收合格。该项目拆旧区 213.8 公顷,涉及问安、七星台、百里洲三个镇,复垦新增农用地 213.8 公顷,还建区 53.3493 公顷,建新开发面积 159.4507 公顷。①

1. 整理模式

枝江市居民点整理也采取政府主导型运作模式,枝江市人民政府是唯一的投资主体,具体实施操作主体为三个镇人民政府。枝江市第一批增减挂钩项目是全国第一批,项目实施时没有经验,走了一些弯路,历时七年才完成。最初编制实施方案时由于调研摸底不够,规划的拆旧区中的农房集中且较新,农民

---

① 湖北省国土资源厅.关于枝江市第一批城乡建设用地增减挂钩项目调整方案的复函 (鄂土资函〔2012〕607 号).2012 - 08 - 21.

不愿意搬走，拆旧难度大、进度慢。为了防止大拆大建，充分保护农民利益，枝江市国土局调整了拆旧范围，调整后拆旧区面积不变，涉及拆旧的农户比调整前减少了697户，并将部分废弃堤坝和工矿纳入了拆迁范围。①

2. 利益来源

枝江市第一批增减挂钩项目所产生利益的根本来源为建新区土地增值收益。

为了吸引大企业到枝江投资建厂，进而增加税收，枝江市第一批增减挂钩项目中产生的周转指标没有交易，而是直接提供给在建新区投资的企业。因此，该批项目所产生的利益都来自建新区土地出让净收益。

3. 利益主体

枝江市第一批增减挂钩项目的利益主体为农民个人与农民集体。

拆旧区农民个人的居住、生活环境得到了改善，各农户还能分配到复垦居民点产生的耕地，原先宅基地面积越大，复垦后获得的耕地越大，所获利益越大。项目实施后，大部分农民利用补偿费用在居民点比较集中的地段按规划自行还建，房屋质量提高，生产生活和出行比以前更方便。（见图4-25、4-26）

图4-25 枝江市第一批增减挂钩项目拆旧区复垦前的房屋

该项目拆旧区的废弃堤坝和工矿复垦后由村集体统一使用，面积为95.97

---

① 枝江市人民政府. 枝江市城乡建设用地增减挂钩试点工作情况汇报. 2012-09-18.

图4-26 枝江市第一批增减挂钩项目还建区居民点

公顷。①

为吸引企业投资，枝江市人民政府在第一批增减挂钩项目中未对周转指标的使用收取费用，在整个项目中不但没有盈利，还未能完全收回成本，因此不能作为利益主体。

4. 利益分配

枝江市第一批增减挂钩项目在实施过程中为保护农民利益调整了拆旧区范围，调整后，拆旧区的大部分房屋为破旧或废弃的房屋，一方面降低了拆旧成本，另一方面将重点转移到拆旧意愿强烈的村民。搬迁户在集中还建点新建房屋的，楼房按占地面积200元/平方米、平房按占地面积150元/平方米、附属房按占地面积80元/平方米的标准一次性给予房屋建设补助；对于只搬迁不建新房的农户，楼房按10000元/栋，平房按5000元/栋一次性给予补助②。建区全市统一规划设计，每户占地面积不超过140平方米，由村委会统一免费提供还建点，每个还建点集中安置农户50户左右。调研发现，农户获得补偿和选择还建点时公平公开，农民对补偿条件基本满意。

---

① 枝江市国土资源局. 枝江市关于《枝江市城乡建设用地增减挂钩试点项目实施规划调整方案》工作地图的说明（枝土资函〔2012〕74号）. 2012 - 07 - 18.

② 枝江市人民政府. 枝江市城乡建设用地增减挂钩试点工作情况汇报（内部资料），2012.

项目中，拆旧区土地复垦和房屋拆迁补助、还建点征地补偿、场地平整、基础设施建设资金标准按拆旧区面积22.5万元/公顷包干使用，枝江市人民政府根据各镇拆旧面积拨款到各镇人民政府，总成本为22.5万元/公顷 * 213.8公顷=4810.5万元。

建新区征地土地补偿费标准为16.8万元/公顷，安置补助费为21万元/公顷，地面附着物及青苗补偿费为2.1万元/公顷①，建新区面积为159.4507公顷，因此征地成本为6362万元。建新区"三通一平"及配套设施建设投入约为1.1959亿元。② 建新区全部为工业用地，按照120万元/公顷出让，出让收益为1.9134亿元，扣除拆旧还建成本和建新区成本之后，枝江市人民政府需倒贴3397万元。

枝江市第一批增减挂钩项目所涉及的利益分配总结为图4-27。

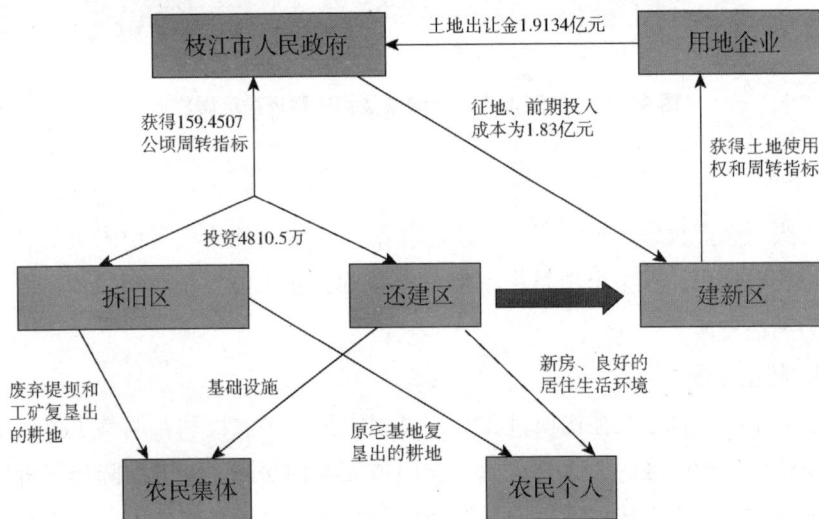

图4-27　枝江市第一批增减挂钩项目利益分配图

三、湖北省农村居民点整理利益分配存在的问题

（一）建设用地周转指标价值未完全显现

目前，国家级和省级的文件对建设用地周转指标如何配置、如何定价没有具体规定。调研发现，湖北省各地方政府在实践操作中存在困惑，由于缺乏指

---

① 枝江市人民政府. 枝江市人民政府关于进一步规范土地与房屋征收补偿标准的通知（枝府发〔2013〕15号）. 2013-06-27.

② 2013年7月于枝江市国土资源局调研座谈时枝江市国土资源局工作人员介绍。

导性的文件，各地对周转指标的定价都不相同，部分地区情况总结为下表 4－5。

表 4－5　湖北省部分地区增减挂钩周转指标价格总结表

地区	周转指标价格
黄冈市罗田县	工业用地 3 万元/亩、经营性用地 8 万元/亩
黄冈市营山县	企业用地 3.5 万元/亩
鄂州市	全部用于经营性用地 16 万元/亩
襄阳市襄州区	工业用地 2 万元/亩、商业用地 4 万元/亩
随州市广水市	3 万元/亩

调研发现，湖北省各地方政府在对周转指标定价时都无明确的理论依据，都处于借鉴和摸索阶段。使用行政手段而非市场手段对周转指标定价使得周转指标价值不能充分显化。成都市和重庆市都是由市场供求决定周转指标价格，成都市周转指标拍卖均价近 30 万元/亩，重庆市类似于周转指标的"地票"在2011 年初起拍价就已达到 16 万元/亩。相比之下，除鄂州市外，湖北省各地的周转指标价格严重偏低。

（二）建新区土地增值收益返还途径和方式不明确

2010 年 12 月国务院发布的《关于严格规范城乡建设用地增减挂钩试点切实做好农村土地整治工作的通知》（国发〔2010〕47 号）明确指出："开展增减挂钩试点，要明确受益主体，规范收益用途，确保所获土地增值收益及时全部返还农村，用于支持农业农村发展和改善农民生产生活条件，防止农村和农民利益受到侵害。"为使这一规定更具操作性，湖北省国土资源厅在《关于严格规范城乡建设用地增减挂钩试点工作的意见》（鄂土资发〔2011〕71 号）中设置了返还到增减挂钩项目拆旧区和还建区的底线，该文件规定："使用挂钩周转指标取得的土地增值收益实行专账管理、专项核算，应全部返还农村，其中不低于新增建设用地有偿使用费、耕地开垦费之和的部分，应足额用于挂钩项目拆旧、复垦和还建区基础设施建设。"

但由于湖北省各地开展增减挂钩项目未向国土资源厅申请资金，目前湖北省国土资源厅在监管挂钩项目时只能对周转指标进行监管，对资金方面进行监管有难度，致使上述规定在有些地区得不到落实。从第三章中的案例可以看出，湖北省各地方政府在实际操作过程中对如何返还建新区土地增值收益的解释也很含糊，农民个人与集体之间如何分配没有具体规定。

（三）部分地区复垦产生耕地的分配不合理

截至调研期间大部分增减挂钩项目产生的耕地都按照原户主宅基地（包括附属物）面积分配。原来宅基地越大，复垦之后分配的耕地越多，获利也就越多。这种分配方式有待商榷。

1993 年的《村镇规划标准》（GB50188—93）确定规划的"人均建设用地指标不大于 150 平方米"。2007 年修改后的《镇规划标准》（GB50188—2007）确定"人均建设用地不大于 140 平方米"。然而，在现实中，部分农民不按规划标准建房，宅基地面积严重超标。若按照原宅基地面积分配新产生的耕地，超标建房的农民比依据规划建房的农民获利要多。这在一定程度上是对违规建房行为的默许，为农民在项目开展前乱搭乱建、增减宅基地面积的不正当性行为提供隐性路径，会给其他待开展增减挂钩项目的地区带来负面示范的影响。

（四）指标交易范围受限

《中共湖北省委、湖北省人民政府关于加强农村土地整治工作的意见》（鄂发〔2011〕7 号）规定："试点地区使用的建设用地挂钩周转指标应优先用于农民宅基地、农村基础设施和公共服务设施建设，并为当地农村集体经济发展预留空间，节余部分可以在县级行政区域内使用。武汉城市圈内的增减挂钩试点项目节余的指标，可在武汉城市圈内使用。"

在现实操作中，各市县都很谨慎，鲜有跨县设置项目区周转指标的。所调研的大部分地区的土地部门工作人员都表达了对跨县域使用周转指标的渴望，希望以此提高周转指标的价值。部分地区开展增减挂钩项目产生的指标在该地区无法完全使用，只能暂时储备起来。

四、湖北省农村居民点整理利益分配制度完善的政策建议

（一）尽快出台增减挂钩利益分配操作性文件

湖北省应尽快制定全省统一的、可具操作性的增减挂钩利益分配管理办法，从各方面规范和指导各地增减挂钩利益分配，确定各部分利益在各利益主体之间的分配比例，在总结试点经验的基础上，把增减挂钩利益分配转入常态化、规范化。

在利益分配实施细则出台之后，各地方政府应以项目为单位公开成本、收益及利益去向，保证利益分配过程透明，避免农民因处于信息弱势地位而难以保障自身权益。

各地应结合当地实际，科学编制增减挂钩专项规划，并将其纳入土地利用总体规划的框架内，将其与土地整治专项规划、新农村建设规划等有机结合，平衡各专业规划的关系，通过规划引导挂钩工作规范化。

（二）谨慎选择拆旧区，保护农民利益，减轻资金压力

调研发现，湖北省各增减挂钩试点单位，无论是市场化运作还是政府主导，都提出了资金压力大的问题。这是由于地方政府或者企业必须垫资开展拆旧复垦和还建工作，而增减挂钩项目的实施周期一般较长，验收工作烦琐，前期投入难以很快看到回报。

为了减少前期成本，缓解资金压力，地方政府在选择拆旧区的时候应谨慎，尽可能选取潜力最大的地块，即涉及农户最少、房屋最为破旧、用地最为粗放、涉及还建最少的地块。这样不仅能降低拆旧成本，还能避免拆除农户较新的房屋，减少农民损失。

从更宏观的角度看，各级国土部门在分配下达周转指标时应充分调研，以各地增减挂钩后备资源潜力、前期项目开展情况和各地经济发展实际情况为分配依据。在分配下达挂钩周转指标时，对后备资源潜力大和条件成熟的地区适量放宽或重点倾斜，避免分配过多指标到后备资源严重不足的地区而导致投入成本大、项目难以实施。

此外，各地方政府在主导增减挂钩工作时还可通过整合其他资金来缓解前期资金压力，如危房改造资金和交通、电力、水利、教育等部门资金等。

（三）控制还建区建设规模，促进土地集约利用

在保障农民利益、保证还建区绿化率和基础设施占地面积的前提下，湖北省应控制还建区的整体规模和各农户房屋规模，促进土地集约利用，尽量避免二次搬迁。在产生相同面积的周转指标时，控制还建区规模等同于减少拆旧区面积，可减少拆旧和复垦成本。

（四）重视确权登记，使农民分配到的利益受法律保护

村庄拆并与农民集中居住，涉及农村土地承包关系、农民的宅基地权利等财产权利关系，这些复杂敏感的财产关系在政府主导推进增减挂钩工作时，容易被简单化。由于现行农民宅基地权利的法律规定存在缺陷，改革滞后，容易削弱甚至侵犯农民的宅基地权利，如法律规定农村村民只能享有在本村申请宅基地的权利，致使《集体土地使用证》等证件难以办理。目前，湖北省各试点单位对增减挂钩项目造成的各类土地权属变更不够重视，项目实施后对集体土

地的确权工作还不到位，日后可能产生争议。农民在增减挂钩项目中所分配到的新增耕地和还建宅基地应明确权属，受到法律保护。

农民分配到新增耕地后，地方人民政府应当向其颁发土地承包经营权证，并登记造册，确认其30年的土地承包经营权。对于农民还建的宅基地，地方政府应在确认面积后对其宅基地使用权登记并颁发证书，依法保护宅基地使用权人的合法权益。

（五）逐步扩大周转指标交易范围

在狭小的县域行政区划内进行城乡建设用地增减挂钩，会损失很多机会。从长远来看，跨县域设置项目区对于统筹城乡和地区之间的协调发展有积极意义。湖北省根据"两型社会"综合配套改革试验区建设要求，按照"先行先试"和"结果可控"的原则，已经允许武汉城市圈内可以探索跨市县设置挂钩项目区。但由于缺少配套政策和实施细则，目前尚未有跨县域设置项目区的案例。

湖北省应加强对跨县域甚至跨市域设置增减挂钩项目区的探索，更全面地实验。在更大的范围使用或交易增减挂钩周转指标，可以使资源向受益最高的地点集中。但产生的利益要由各相关方分享，这就要求通过实验稳妥地找到一个机制，真正可以平衡各方的利益关系，保证土地资源的最高利用效率。

武汉城市圈内设置增减挂钩项目试点成熟以后，可将项目区的设置扩大到全省范围内。

第三节　浙江省农村居民点整理中的利益分配

一、浙江省农村居民点整理概述

（一）浙江省农村居民点整理背景

在新型城镇化①的过程中，农村居民点整治对统筹城乡经济发展、改善（农村）居民生活条件，提高土地集约节约利用水平等方面都有重要的意义，是实现大、中、小城市均衡发展的重要途径之一。但在实际操作中，农村居民点整治相对于传统的农用地整治而言难度更大。其中最重要的困难在于，中国的

---

① 新型城镇化是以城乡统筹、城乡一体、产城互动、节约集约、生态宜居、和谐发展为基本特征的城镇化，是大中小城市、小城镇、新型农村社区协调发展、互促共进的城镇化。

农居点整治尚未找到筹集资金的有效方式，由此延伸出的问题就是利益分配问题，如何在现有的经济发展水平下，从更多的渠道获取资金并按照合理的方式进行分配，这是农居点整治亟须研究和解决的关键性问题①。

浙江省是调研省份之一。在研究农居点整治的利益分配时，浙江省具有几个优越的条件。一方面，经济快速增长和城镇化的推进是农居点整治的重要驱动力。而发达的农村经济则能够保证农居点整治具有充足的资金来源。浙江是东南沿海的经济大省，长江三角洲经济圈的重要成员，主要经济社会发展指标一直处于全国前列②。2012 年浙江省人均 GDP 首次步入 10000 美元俱乐部。浙江省的经济社会发展遵循城乡统筹的思路，城乡一体化协调发展已经进入全面融合阶段，全省农民人均收入连续 25 年领跑全国，农村人均生活消费支出10208 元，实际增长 3.5%，超过城市居民的增长率。

另一方面，土地资源的约束形成了对农居点整治的"倒逼机制"，促使政府采取农居点整治的方式来拓展发展空间。浙江省陆域总面积 10.41 万平方千米，仅占国土总面积的 1.06%，是全国土地面积最小的省份之一，其中 70% 的陆地是山区，20% 是平原和盆地，10% 是陆地水域，土地面积狭小且地貌特征不适宜发展。而与此同时，伴随经济发展而来的是城市土地日益扩张，在 1996 年至2006 年的 10 年间，占用农用地的面积就达到 18.4 万公顷，在宁波、温州和杭州等较发达地区，土地资源和土地指标对发展已经形成了制约。而农居点则面临着土地浪费的问题，2007 年的数据显示浙江省农居点人均用地为 171.51 平方米，超过《村镇建设规划》中 150 平方米的标准。

在资源约束产生的压力和经济发展带来的动力的共同推动下，浙江省成为最早开展农居点整治的省份之一。从 1998 年至今，一系列农居点整治项目在全省各地开展，一系列富于创新性的政策和制度在浙江省最先诞生并实践，例如土地折抵指标统筹制度和复垦周转指标制度。通过长期的研究和实践，结合中央对城镇化和城乡统筹发展的要求，一个以统筹城乡发展为主题的农居点整治政策框架已经在浙江省基本形成。

然而，由于资金来源的匮乏，利益分配的矛盾依然制约着浙江省农居点整治的开展，即使在一些重点试点区域，农居点整治项目也经常因为利益分配问

---

① 严金明，夏方舟. 新型城镇化背景下的土地综合整治转型研究 [J]. 宁夏社会科学，2014（4）.

② 资料来源：浙江省人民政府官方网站。

题而进展缓慢，甚至陷入停滞。当然，这其中也不乏成功的案例和模式，能够为农居点整治中的利益分配难题的解答提供一些新的视角和启发。通过对农居点整治项目的实地调研，能够确定项目的利益来源、利益分配主体、利益分配的形式和利益分配的份额，从中归纳浙江省农居点整治的利益分配模式，发现存在的不足，并提出具有针对性的政策建议。

（二）浙江省农村居民点整理概况

农居点用地使用效率低下已经成为浙江省土地利用中的一个严重问题，具体的表现就是"空心村"现象，即农村居民点面积扩大但利用效率降低的土地利用状态。根据 2007 年全省土地变更调查，浙江省农村居民点用地总面积为 556.98 万亩，人均用地 171.51 平方米并呈逐年增加的趋势（如下图 4-28）。同时，对浙江省 81 个县的农村住宅使用情况普查显示，闲置住宅、废弃住宅、私搭私建住宅和村内空闲地四者土地面积合计 46.25 万亩，占全省农村居民点用地的 8.3%。此外，普查数据显示浙江省一户多宅情况严重，多置住宅总数达 72.91 万宗，面积 23.72 万亩，占农村居民点面积 4.3%，其中用于出租宗数为 16.64 万宗，仅占总数的 22.81%，闲置率高达 77.19%。

"空心村"的成因主要有三个。一是农村人口的大规模迁移。过去 15 年平均 1.88% 的城市化增长率意味着每年都有几十万农民成为城镇居民，大量的人口迁移让农村人口数量显著下降，农村居民点土地利用效率也随着降低。二是宅基地管理制度中缺少退出机制。尽管浙江省《农村宅基地管理办法》中鼓励农民向中心村镇聚集并盘活集体建设用地，但是没有具体的措施和流程，实际工作中难以实施。三是农村居民点的布局不合理。由于村庄规划的滞后，浙江省农村居民点分布零散，房屋建设缺乏规划，基础设施配套落后，无法满足农民生产生活的需要。

为了应对土地利用中存在的问题，浙江省开展了一系列农居点整治工作，自 2008 年成为国务院城乡建设用地增减挂钩试点地区以来，以增减挂钩为平台的农居点整治工作在浙江省各地广泛铺开。2009 年 9 月，浙江省与国土资源部签署了《深化改革推进农村土地整治工作合作协议》，标志着农村土地整治工作将在"十二五"时期进入一个崭新的阶段。经过长期的努力，浙江省的土地整治取得了突出的成就，截至 2008 年底，全省通过土地开发整理复垦，已连续 13 年实现了耕地占补平衡。同时，整理农用地 2000 万亩、建成标准农田 1500 万亩；整治行政村 15919 个、建成全面小康示范村 1181 个；建成村庄宅基地整理示范村 125 个、建设用地耕作层表土剥离再利用示范项目 83 个。

浙江省农村居民点人均用地面积
（平方米/人）

图4-28 浙江省农村居民点人均用地面积

资料来源：2007年浙江省土地变更调查数据

为了支持农居点整治的开展，浙江省制定了完整的政策体系。

首先是建立和完善城乡建设用地增减挂钩平台，浙江省人民政府于2009年发布了《关于切实做好城乡建设用地增减挂钩工作的通知》，从合规性、挂钩周转指标的使用和管理，以及项目模式等方面对城乡建设用地增减挂钩工作进行了细致的规范。

其次是建立完整的规划体系，让农居点整治项目的运作有规可依。第一个层面是土地利用总体规划，对总体的整治目标做出了规定。以《浙江省土地利用总体规划（2006—2020）》为例，到2020年，将农村建设用地总规模控制在33.20万公顷以内，通过农村居民点整治新增耕地3.33万公顷（50万亩），农村人均建设用地标准控制在如下范围内，见表4-6。第二个层面是土地整治专项规划，在省、市、县、乡镇四级政府建立土地整治规划，提高对农居点整治的统筹力度。第三个层面是农居点整治项目规划，不仅要求详细地阐述项目的目标、计划、预算和保障措施，还要尽可能与上级规划相衔接。

表4-6 浙江省村庄人均建设用地标准

地区	中心村		基层村	
	规模（人）	人均用地标准（平方米/人）	规模（人）	人均用地标准（平方米/人）
山区	1000~3000 以上	80~100	300~1000 以上	75~100
平原	2000~4000 以上	90~120	1000~2000 以上	75~120
盆地谷地	1500~3000 以上	80~100	500~2000 以上	70~100

资料来源：《浙江省土地利用总体规划（2006—2020）》

　　最后是健全农居点整治的配套政策体系，为此浙江省各级政府均制定了符合本地区实际情况的政策体系，主要涵盖规划、资金、土地流转、利益分配等方面。2005年11月，《浙江省宅基地管理办法》颁布，重点放在严格控制宅基地规模扩张，规范宅基地申请和审批程序，以及加强宅基地监管上，同时倡导通过宅基地流转和退出盘活存量建设用地；2010年9月，《中共浙江省委办公厅浙江省人民政府办公厅关于加快培育建设中心村的若干意见》出台，提出了中心村培育的长远计划，即2013年至2020年，每年按县（市）域总体规划确定的中心村总量的10%左右进行培育建设，提倡农村人口集聚，公共服务配套和村域经济发展的同步进行；2011年2月，《浙江省农村土地综合整治示范项目和资金管理办法》出台，对土地整治示范项目的项目管理、资金拨付和监督等方面工作进行了细致的规范；2012年4月，浙江省下达了国土资源部发布的《新增建设用地土地有偿使用费使用管理办法》，明确新增建设用地土地有偿使用费的用途是土地整治和其他相关支出，并对新增费的管理进行了细致的规定。

　　值得一提的是，浙江省在农居点整治中建立了"山海协作平台"，通过此平台统筹土地指标，促进城乡一体化协调发展和区域协调发展。山海协作平台上的土地指标流转有两种方式。第一，由山区在同时符合土地利用总体规划和城镇规划的空间范围内，设立"山海协作"产业平台，吸引沿海发达地区产业转移和投资。目前已有的地方实践证明，这是一种操作简便的模式。第二，在下达年度新增建设用地计划指标时，直接按节余指标量核减山区新增建设用地计划，通过年度计划转移到沿海发达地区。具体的补偿标准则由沿海发达地区和山区进行协商后决定。

　　综上所述，浙江省农居点整治的核心理念是统筹城乡发展，其最重要的内涵在于：让城乡共同分享城镇化带来的巨大收益。那么，找到合适的来源，使之成为农居点整治的资金来源，同时也要考虑如何让利益在农民之间、地区之间，村集体和政府之间平衡地分配，推进农居点整治工作的开展。下面，我们将给出三个成功的农居点整治案例，从中分析出它们解决资金来源和利益分配问题的不同路径，并将之用于制度设计和政策建议。

二、浙江省农村居民点整理利益分配案例分析

（一）宁波市余姚最良村项目

1. 整治背景

最良村位于四明山北麓，余姚古城南门外的最良江南岸，位于余姚城区中部的右翼，以地域内的最良桥得名。最良村现有村民小组 10 个，村民 580 户，常住人口 1700 余人，暂住人口 5000 多人。区域总面积约 2 平方公里，市区主要道路南雷南路从最良村中穿过。村域内工贸发达，现已形成以塑料、机电、铝制配件、餐具、五金电器等为主的较大规模的工业经济。目前，全村有各种形式的大小企业近百家，年销售收入达 4 亿多元；商贸、饮食、服务、运输等各业繁荣，全村第三产业年收入超过 1 亿元。

从不同的角度分析，最良村具有开展农居点整治的迫切需求。先谈需求，首先，城镇化的发展趋势要求最良村进行整村搬迁。由于最良村的地理位置靠近城区，村庄的大量土地已被征用，地域内的产业和村民的就业都以二、三产业为主，村民普遍没有受到土地的束缚，都希望改变现有的户籍身份，由农民变为市民，以享受更多的城市公共服务，提高生活的质量。其次，现有的居民点规模无法满足住房刚性需求的增长，要求村庄进行整体搬迁。原因有三个：一是村级经济的高度发达，村民福利高于余姚市市民平均水平，农村户口受到青睐，这就使得人口的流动出现了不平衡；二是人口的自然增长、出身和分户，造成居住的刚性需求；三是最良村实施的住房和宅基地审批管制，已经持续 24 年没有进行宅基地的审批，使房屋数量滞后于人口增长。最后，最良村始终无法与城市规划对接，村民无法享受与市民均等的基础设施和国内公共服务设施配套。由于城市化进程的快速发展，村周边的土地被连片开发，城区的主干道南雷路从最良村中穿过，最良村所在的区域已经成为一个名副其实的城中村。但是整个村庄的规划和建设始终游离于城市规划之外，村内基础设施与周边城区相比反差极大，给余姚市的城市建设和城乡协调发展带来了难度。

另一方面，高度发达的村级集体经济给予了农居点整治重要的资金支持。

最良村集体经济的发展可谓见证了改革开放以来的全过程，是伴随着农村经济制度的变革逐渐发展起来的，这一过程主要分为三个阶段。第一阶段是20世纪80年代初乡镇企业的兴起，最良村在这一阶段逐步建立起了实力雄厚的乡镇企业集团，主要从事物流、酒业、水产等行业，除了乡镇企业之外，村内还出现了许多家庭工业作坊，这也彻底改变了村民们的生产和生活方式。第二阶段是20世纪90年代，随着乡镇企业转制的开始，最良村村委会因势利导，在村内的乡镇企业转制上采取了拍卖动产、预留不动产产权的方式，这不但为村级集体保留了土地产权，还使得村级集体每年都能获得分红，从而壮大了集体经济。此外，村委会还采取多种方式，积极开发利用村级保留土地：一是将集体土地直接租赁给有需要的产粮大户或工业企业，获得的收入用于村民的福利保障和村委会的日常开支；二是开办村级集体企业，这样不但解决了一部分村民的就业问题，也给村委会提供了更多的资金来提高村民的生活福利；三是划出一部分土地作为工业园区进行招商引资。最良村在1991年开辟了工业园区，村里自建厂房供企业租赁，不到两年时间就全部出租完毕。1998年，村里又专门划出100亩土地，与邻近的工业区对接，解决了村级集体企业和家庭工业作坊的用地问题，将居民的生活空间和生产区域分离开来，同时解决和改善了村民们的居住条件和工厂企业的生产条件；四是积极争取在预留土地上进行重大项目建设，这也加快了最良村村级预留土地的增值。第三阶段是进入21世纪之后，通过对村级保留土地的开发，最良村的村级集体经济打下了坚实的基础，土地不断增值，村集体和村民的收益逐年递增。最良村的各项社会保障水平（包括失地农民保障，农村五保和新农保等在内的社会保障，都是依靠村级财政支持的）均高于余姚市市民的平均水准，村域内实现了免费的义务教育，对于老年人，村委会给予特别的关照，60岁以上老人每年获得2000元的固定补助，80岁以上的老人还会得到额外的补助。雄厚的经济实力为最良村的整村拆迁安置的资金来源提供了保障。

2. 整治模式

由于村集体拥有足够的经济能力推动整治，因此在最良村农居点整治过程中，村集体是主要的领导机构，负责组织村民搬迁、安置房建设。政府在其中的作用仅仅是引导者和推动者，一方面通过资金的补贴和基础设施的配套来支持农居点的整体搬迁，另一方面通过拆迁办公室、审计局和质检站等部门对项目运作进行监管。而村民则是整治项目的积极参与者。项目指挥部为村民制定了一整套详细的参与规则，包括搬迁的时间表以及同意搬迁的奖励措施，选房的流程和规则，不同人群的住房标准，拆迁补偿的标准等。由于补偿标准高且规程明确，农民参与利益分配的过程显得十分顺畅。

3. 资金来源

最良村整村拆迁安置项目概算投资 12 亿元，资金的主要来源有以下几个部分。一是政府的直接投入。余姚市政府将最良村的拆迁安置工程作为"四桥"工程和南雷路改造工程的一部分进行运作，一共配套了 3.8 亿元的专项资金。二是土地出让收入。拆迁地块（约 250 亩）经过土地整合后，剩余 116 亩，通过土地出让得到资金 3.6 亿元，而最良村原有的 200 亩耕地，通过批准已挂牌出让 180 亩，得到资金 4.4 亿。三是住宅销售收入。安置房中超出安置面积 10% 以内的部分，按照建设成本价出售给村民，剩下的按照市场价出售，可获收入约 1 亿元。四是物业用房出售收入。村里自主建设了 2 万平方米的物业用房，被市投资公司中标买下，可获得资金 2 亿元。以上四个方面资金总计约 14.8 亿元，估计可超出 2.8 亿元，能够确保整个项目建设的资金需求。

从资金来源中可以看出，政府的投入并非最良村整治的主要资金来源。而真正支持项目运作的是来自村集体的自有资本和社会资本。可以说，最良村项目的顺利开展，是由于最良村在余姚城市发展的过程中通过自身的经营和努力分享了城镇化收益，从而有能力运用自有资金和吸引来自社会和政府的资本投入到农居点整治当中，从而实现项目的顺利推进。这是一个城乡统筹的成功范例，也是农居点整治的一种典型，也就是通过自身的发展来分享城镇化收益，从而有能力自行开展农居点整治，实现城乡统筹发展并最终实现新型城镇化的目标。

4. 利益分配

最良村项目中，村集体是主导，村民是主要的参与者，企业是投资者，而政府只是一个监督者和促进者，并没有过多参与利益分配。因此，我们可以认为村集体、村民和企业参与了最良村的农居点整治项目。

首先简要地分析村集体和企业的收益。村集体尽管没有获取收益的初衷，但是通过土地出让和房屋的出售，还是从中获得了至少 2.8 亿的收入，进一步增强了集体经济的实力。而企业则通过投资整治，获得了一个稳定的消费市场，其收益还有待评估。而我们最应该重视的是村民之间的利益分配问题，试想如果村民之间由于利益分配的不均而存在矛盾，那么最良村项目不可能得到顺利的开展。

在如何平衡村民利益的问题上，最良村把握了两点原则，一是不同人群区别对待，二是程序公平。不同人群区别对待体现在以下几个方面：首先是拆迁补偿方面，根据产权情况的差异给予不同标准的补偿，其次是在安置的层面，根据不同人群类别进行划分，包括本地村民、老年人、官兵、大学生、外来人口等不同的类别，分别给予不同的安置政策，体现了对于不同人群差异化需求的回应。① 程序公平主要体现在选房的阶段，等面积换房、先到先得、抽签选房，这些原则都充分考虑了公平因素，让村民能够更有信心地参与到整治项目中。

在利益分配的份额方面，至少在最良村的案例当中，村民获得了绝大部分的收益，他们是这次整治最大的受益者，不仅仅在于资产的增长，还在于成为余姚城市的主人，这一身份的转变对他们而言是更为重要的收益。

（二）杭州市富阳里坞村项目

1. 整治背景

里坞村是在 2007 年 12 月，按照市委市政府的统一部署，由原里坞村、杨家村两村合并而成。位于胥口镇西部，距离胥口镇政府所在地 5 千米，距离富阳市区 43 千米，区域面积 12.57 平方千米，有七个村民小组，七个自然村。截至2011 年土地综合整治项目获批时，里坞村全村共有农户 392 户，总人口 1261人，全村耕地面积 1100 亩，山林面积 12600 亩，主要种植水稻、蚕桑、芦笋、苗木等粮食和经济作物。

里坞村进行农村居民点整治工作的初衷是为了改善部分自然村村民的居住条件，同时促进农村建设用地的节约集约利用。在开展土地综合整治项目之前，里坞村农村居民点占地面积为 23.18 公顷，人均占地面积为 183 平方米，超出国家标准规定的人均 150 平方米的上限，且一户多宅的情况普遍存在。另一方面，石塘、范家、青家 3 个自然村的部分建筑为传统土木结构，已经出现部分倾落和坍塌，不能满足居住要求，此外留下自然村距离矿山较近，给村民生产生活带来较大威胁。

2. 整治模式

里坞村的整治模式是典型的政府主导模式。里坞村的现实情况与宁波最良村有很大差异。首先，里坞村集体经济的发展水平不高，无法自行支撑整个项目的运作；其次，里坞村项目属于土地综合整治项目，在项目运作过程中更容

---

① 资料来源：余姚市梨洲街道最良村村民委员会. 最良村整村改造房屋拆迁补偿安置实施办法（内部资料）.

易得到上级政府的支持。富阳市政府建立了通过指标回购支持整治项目的模式，保证整治产生的复垦节余指标和耕地占补平衡指标能够以一定的价格被富阳市政府收购用于城市建设，而所获资金将全部用于农居点整治项目。在此基础上，市政府还将通过土地出让金返还、金融市场融资支持等方式来帮助资金筹措。里坞村村集体在整治过程中仅承担组织拆迁安置的工作。采取的模式同样是针对不同人群、不同不动产类型采取差异化补偿，这一点与最良村的模式较为一致，也是农居点整治模式中普遍采取的一种方式。

3. 资金来源

资金筹措方式主要来自各级人民政府的资金补贴和村集体自筹，其中前者是主要来源。根据 2012 年公布的《富阳市农村土地综合整治项目清单》，里坞村项目运作总共需要资金 1493 万元，而截至 2011 年底，已有 1100 万元得到落实，而另有 200 万元也在 2012 年完成划拨。可以说，通过政府的资金投入，里坞村项目已经能够基本实现预算平衡，政府的大力支持成就了项目的顺利开展。在 2012 年第 5 期《富阳市农村土地综合整治工作通报》中，里坞村所在的胥口镇被列为土地综合整治实施进度较快的乡镇之一。

4. 利益分配

农民之间的利益关系是里坞村农居点整治利益分配问题的主要方面，政府是资金的提供者，村集体只是起到一个信息传达和组织村民的作用。为了保障农民在整治中的合法权益，里坞村村委会制定了详细的补偿标准和安置模式。这一整套细致的补偿标准协调了不同人群之间的利益关系，从整体上加快了里坞村土地综合整治项目的实施进度。土地综合整治面临的一个问题是村民之间利益的协调，为了满足不同人群的利益诉求，就必须制定细致的补偿和奖励标准。里坞村村委会在制定补偿标准时充分考虑了不同人群的诉求，包括联排住宅和公寓化安置的不同需求，原地拆建和迁入殿山中心村的不同需求，不同年龄阶段对住宅的需求以及外来人口的合法权益。

补偿主要包括房屋和土地两项。房屋补偿标准分为主房、附房和砼地三类。为了制止一户多宅的情况，制定了差别化的标准。在一户一宅的情况下，泥木结构 150 元/平方米（2012 年之后增长为 230 元）；砖混结构 250 元/平方米（2012 年之后增加为 330 元）。而对于一户多宅的情况，只有一处按主房的价格予以赔偿，其余的宅基地按照附房 80 元/平方米（2012 年后增加为 130 元）的价格予以赔偿。砼地的补偿价格为 40 元/平方米。土地与青苗的补偿是一体的，在安置区块内。建设用地按 45 元/平方米计算，耕地按 20 元/平方米计算，未利用地按 15 元/平方米计算，均由村集体补偿给农户。需要安置的农户的宅基地在进行等面积置换后，超过部分由村集体按 45 元/平方米的标准补偿。在复垦区块内，建设用地按 45 元/平方米予以补偿，复垦之后的耕地承包经营权归村集体所有并由村集体统一流转，如果农户想要自己承包，则在复垦后获得等面积的耕地。复垦区内开发用的非建设用地只赔偿青苗款，待验收后将耕地等面积退还给农户。

农民安置模式一共有 5 种，分别针对不同的人群。第一，联立式住宅安置模式。此种模式采取两户联建的方式进行安置。3 人以上的农户可以享受两户联建住宅一幢，房屋的结构为三间两层半的楼房，基地面积 120 平方米，道路、绿化、公摊面积一共 270 平方米。采取此种安置方式的农民可在结清全部补偿款后以原有宅基地向村集体置换 120 平方米的新宅基地，超出和不足面积以 100 元/平方米补偿和收取，同时村集体向每人支付 1200 元过渡安置费。对于进入殿山农居点建房居住的农户，每户奖励 10000 元。第二，公寓化安置模式。在土地综合整治规划范围内的农户要求进公寓房安置的，以成本价向其提供公寓，并给予每人 15000 元的奖励。对没有经济能力造房和进行公寓化的农户，采用先租后用公寓的方式，即原赔偿全部算清后，付给房价的 50% 保证金即可入住，每年交纳 30 元/平方米房租，以后居住户在有能力付清房款时优先购置。第三，针对主动放弃宅基地的农民的安置模式。放弃村集体安置，到外地选址建房或购房的农民，在和村集体签订协议后，按建设用地总面积在原基础上补偿后再奖励 200 元/平方米，原建设用地使用权归集体所有。第四，针对老年人的安置模式。对选择入住敬老院享受晚年的五保户，除将其房产按价补偿外，由村集体再一次性补偿每户 10000 元。第五，针对在本村居住的非农业户口人群的安置模式。村籍以外的人员必须进公寓安置，除了公寓安置奖金为本村农户一半之外，其余补偿标准和本村村民一样享受。

综上所述，里坞村的农居点整治项目是由政府主导实施的农居点整治项目。通过政府对城镇化收益的调度来帮助村民改善生产生活条件，整治后的里坞村依然处于农村地区，没有进一步地融入城市，村民也很难更多地享受到城镇化的收益。尽管村民在项目资金中获得了绝大多数的份额，但问题在于，本身分配给他们的"城镇化蛋糕"份额较少，不足以弥补因规划管制对他们造成的损失。鉴于里坞村项目是如今浙江省农居点整治项目的典型，我们可以看到，利益分配的最主要问题包括两个：一是农村究竟应该获得多少份额的城镇化收益，二是这些收益如何进行合理的分配。

（三）嘉兴市港区"亭八"项目

1. 整治背景①

嘉兴港区坐落在杭州湾北岸的平湖市乍浦镇，属嘉兴市直管，是浙北重要的出海口岸，也是嘉兴市经济发展的新的增长点之一。这里水陆交通发达，河流水系密布，是名副其实的江南鱼米之乡。截至2012年，全区共辖11个行政村10个居委会，全区有居民17113户，总人口55442人，现有耕地29820亩，林地面积15.7万亩，是平湖市经济实力仅次于当湖街道的经济强镇，2011年的GDP收入为97亿元，占平湖市2010年GDP的25.35%。

"亭八"整治项目涉及的亭子桥村和八字村，分别位于嘉兴港区的东北角和西北角。由于地理位置过于偏僻，民众并没有享受到乍浦港区开发所带来的积极影响，农村产业发展停滞，集体经济力量薄弱。对于当地农户而言，在既无建设项目推动的条件下，想通过自身的力量改善生产生活条件极为困难。怎样才能使这两个地处边缘的行政村也能享受到乍浦大开发的成果，是乍浦镇党委、政府和嘉兴港区管委会一直考虑的问题。随着近年来发展海洋经济上升为国家战略，嘉兴港区作为海洋经济的主要战场和产业集聚示范区，正在积极实施海洋经济战略。滨海新城的加快建设、临港产业的加速集聚和港口建设的全面推进，使一大批重大建设项目落户港区。然而，经济高速发展的同时，也使面积只有54.4平方公里的嘉兴港区面临着土地资源的瓶颈。根据港区近年来的新增建设用地总量测算，未来几年内的计划用地指标及盘活存量土地所获得的指标难以满足建设用地需求。因受城乡建设用地总规模、基本农田布局等空间因素的制约，港区要想实现经济社会平稳快速发展，保障城市建设用地供给，必须通过围海造地、农村土地综合整治等方式来拓展发展空间。2009年以来，港区运用城乡建设用地增减挂钩试点政策，大力开展农村土地综合整治工作，取得了一定的成绩，"亭八"项目就是港区农村土地综合整治的成功典型。

2010年下半年，嘉兴港区党工委、管委会全面启动了以亭子桥（原亭桥）、八字村旧农居搬迁复垦为主要内容的农村土地综合治理项目，着力推进嘉兴港区的新农村、新社区建设。项目于2010年12月28日批准立项，立项认定项目区整治总面积9413.9亩，拆旧区搬迁农户1143户，规划土地开发整理复垦新增耕地1189.25亩，其中建设用地复垦新增耕地984.5亩、开发整理新增耕地

---

① 欧林，黄金其. 嘉兴港区土地综合整治项目全省率先通过地级市整体验收 [N]. 嘉兴日报，2011－11－29.

204.8亩。到2011年9月9日，整治项目区土地开发整理复垦工程竣工，并通过平湖市的初级验收。10月18日项目整体通过了嘉兴市级验收。经县、市两级验收认定，"亭八"项目区完成农户搬迁1098户，完成率为96.06%，建设用地复垦新增耕地946亩，完成率为96.09%，开发整理新增耕地176.9亩，完成率为86.37%，新增耕地质量符合土地开发整理复垦技术标准要求。

2. 整治模式

"亭八"整治项目运作的时机正好与嘉兴市港区发展的时机和背景相契合，因此在运作方面得到了嘉兴市各级政府的巨大支持，政策的优惠也让项目更加受到项目区农民的支持和欢迎。"亭八"土地综合整治项目之所以能够顺利实施，主要得益于整治模式中的三大特点：政府主导、规划先行和农民参与。

首先，政府主导是土地综合整治工作开展的重要原则。嘉兴港区管委会和乍浦镇政府对"亭八"项目给予高度重视。为了加强对农村土地综合整治工作的领导，港区专门成立了以管委会主任为组长，分管国土资源管理工作的副主任为常务副组长，国土分局、乍浦镇主要领导为副组长，其他相关部门主要负责人为成员的工作领导小组，并下设办公室专人处理农村土地综合整治的日常工作。在土地开发整理复垦过程中，乍浦镇分管镇长和土地整治项目工程指挥部的全体人员亲临现场，协调指挥各标段的施工。其次，土地利用总体规划是"亭八"土地综合整治项目工作实施的先导。在项目实施过程中，乍浦镇新一轮土地利用总体规划就起到了很好的先导作用。依照规划，"亭八"项目是乍浦镇新一轮土地利用总体规划确定的农村土地综合整治项目之一，通过规划公示的形式，给涉及搬迁的农户做了预告。规划预告的作用有两个：一是让涉及搬迁的农户在这个项目启动前就有了充分的思想准备，二是让项目组织方能够提前获得涉及搬迁农户的反馈信息，为政府决策提供正确的决策依据。再次，"亭八"项目的顺利实施是充分尊重民意、切实保障农民切身利益的重要成果。在项目实施前，嘉兴港区管委会、乍浦镇政府广泛征求了涉及农户的意见，制定了符合农民意愿的整治搬迁安置政策，制定出台了嘉兴港区农村土地综合整治农户搬迁安置补偿办法。安置补偿办法由于维护了农民的切身利益，因此得到了项目区农民的支持。在农民的积极参与下，"亭八"项目区的搬迁安置工作进展十分顺利。在不到半年的时间里，整治区内就有96%的居民完成了搬迁。

3. 资金来源

"亭八"项目的资金全部来源于政府投资，之所以如此，与亭八项目区的位置和嘉兴港区的发展规划有重要的关联。

对于政府而言，"亭八"项目的最大收益是实现了城乡土地利用布局的优化。除了通过安置小区的建设提高了居民的生活水平以外，"亭八"项目整治所得的建设用地指标保证了三个重大项目的落地，分别是年产120万吨PTA项目、年产10万吨顺丁橡胶项目和年产5万吨不锈钢制品生产线项目，这三个项目均位于浙江省级化工新材料集聚区内。这不仅有利于动迁人员的就业，维护社会的稳定，而且还给港区的经济发展带来了巨大的潜力。上述三个项目按设计建成投产后，每年可为港区新增129.6亿元产值和5.7亿元的税收。最后也是最为关键的一点是，"亭八"项目实现了农村土地综合的目标，即建设用地结构更趋于合理，土地的节约集约程度更高。

表4-7 投资项目基本情况

投资项目名称	年产80万吨PTA项目	年产10万吨顺丁橡胶项目	年产5万吨不锈钢制品生产线	合计
项目投资（万元）	100828	78648.5	15000	194476.5
挂钩面积（亩）	206.5	178.1	48	432.6
投资强度（万元/亩）	488.2	441.7	312.5	449.6
产出率（万元/亩）	4096.4	1684.7	3125	2995.9
年产值（万元）	845961	300000	150000	1295961
税收（万元）	37008	13124	6562	56694
科技含量	高	中	中	/

资料来源：国土资源报

出于经济激励，政府对于"亭八"项目的运行投入了巨大的资金支持。据统计，政府投入搬迁安置房建设的资金总额达到40818.5万元，占项目概算总投资的101.88%。其中，拆旧补助发放38929.5万元，生活保障资金发放11392.8万元，货币安置费发放1718.9万元，投入土地开发整治复垦资金1649.4万元，其他费用2732.3万元。

4. 利益分配

与其他两个项目的不同之处在于，"亭八"项目由于其特殊的地理位置和发展背景，是政府大力支持的项目。在项目运作过程中，政府，村集体和村民三方均获得了收益。政府通过整治获取了用于重大项目落地的土地指标，能够极大地提升当地的经济发展水平。村集体在整治过程中壮大了自身的经济实力，而农民的生产生活条件得到了很大的改善，还得到了融入城市的机会。公平地说，"亭八"项目的整治模式和利益分配方式都难以称作一种可供推广的模式，而是一种现象，只有在外部条件十分优越的情况下才能实现。在某些具有优越经济条件和政策支持的地区，"亭八"项目的经验是值得借鉴的。

三、浙江省农村居民点整理利益分配存在的问题

（一）土地指标区域统筹机制不畅

利益分配模块是土地综合整治中政府、企业和农民三方分享土地综合整治收益的机制。主要包括两个部分，一是政府如何配置土地指标；二是农民如何分享土地增值收益。土地指标配置的难点在于无法实现区域统筹，因为城乡建设用地增减挂钩的项目区不能够跨县设置。尽管浙江省开展了"山海协作"的指标流转平台，但是在全省整体土地资源紧张的大背景下依然无法满足城乡统筹发展的需求。这样一来，经济发达但土地资源紧张的沿海地区在城镇建设和工业化过程中缺乏土地指标，而土地资源丰富但经济社会发展相对滞后的地区则无法获取整治资金和经济发展的机会，区域统筹发展将受到一定程度的制约。

（二）农民的多样化利益诉求难以协调

农民在土地综合整治中的利益集中于三方面，即土地权属调整、住房安置和社会保障。存在的问题也集中在这三个方面：土地权属调整层面，土地整治后的新增耕地由村集体经济组织进行统一经营，但村集体对土地的经营能力较弱，无法获取村民的信任，而村民自身由于利益诉求的差异无法完成统一经营，由此面临两难的局面；住房安置方面，不同群体之间的安置模式难以实现公平，尤其是没有房屋所有权的外来人口无法获得妥善的安置，这个问题在城镇郊区"倒挂村"的土地整治中显露得更加明显；而在社会保障的置换方面，大多数地方由于资金紧张无法全额支付社保费用，这使得农民在社保基金融资方面面临着很大的经济压力。

（三）土地指标定价机制不完善

利益分配还存在一个关键的问题，那就是无法准确地度量土地指标的价值。

如果没有准确定价的标准，各方利益相关者将无法知晓自己应当获得的收益金额和比例，在此基础上的收益分配很难实现平衡。按照国务院发展研究中心的测算，在目前的收益分配机制下，农民仅仅能够获得土地增值收益的5%左右，而并没有获得土地使用权的开发商却通过房价的转嫁成功获取了土地增值收益的大头。这样的分配制度当然不合理，但在目前的政策体系下，由于土地指标的确权和定价机制不完善，农民并不知道自己在收益分配中处于如此弱势的地位，有可能在不知情的情况下廉价地出让自己的权利，这对于他们以后的发展而言是极为不利的。

（四）农居点整治项目自身造血能力不足

目前，农居点整治的利益来源主要依靠的是政府和村集体的筹资，这在具有发达村集体经济的地区是可行的模式。前文案例分析中的宁波市最良村案例就是一个典型，然而，在更多的农村集体经济欠发达的地区，这种模式的推广就比较艰难，从对嘉兴平湖的实地调研看，农居点整治的户均整治成本是20万元，且单纯依靠政府筹资，对国土部门产生了巨大的压力，甚至在一些试点项目中，也由于资金的不足而阻碍了项目的整体推进。而在项目整治中，村集体通过合理的经营获取利益的能力不足，换言之，村集体经济的能力太弱，无法自主参与城镇化进程，吸引社会资本进入整治项目。

四、浙江省农村居民点整理利益制度完善的政策建议

（一）建立全国范围内的土地指标流转

为了实现浙江省区域统筹发展，应当在制度设计层面着手在全国范围内建立土地指标交易市场，既可进行地区内部的交易，也可实现土地指标在地区间的流转。地区间资源禀赋和发展水平的差异是中国的基本国情，目前，东部地区有城镇化的需求却没有资源进行土地整治，可以视作缺乏土地指标的接收区，而东北和西部的情况则是，城镇化的土地需求较低，但土地整治的资源充足且意愿强烈，可以作为土地指标的发送区。如此若依然执着于地区内部的耕地占补平衡，必然导致土地指标市场供求的失衡，从而影响政策延续性。因此，在地区试点成熟、监控系统完善的前提下，应当允许土地指标交易市场的范围扩展到全国，实现资源的合理分配。

（二）改进经营模式，提高经济效益

利益分配问题的根源是土地综合整治缺乏成熟的盈利模式，导致整治所产

生的经济效益不足以支持现有的利益分配格局。因此，应当努力推进土地综合整治的产业化运作。首先，在土地权属调整之后，应积极推广农村经济合作社，并引入有实力的企业进行土地开发利用，增加土地产生的经济效益，同时应当在建新地块与房地产企业展开合作，通过土地出让获取更多的资金用于住房安置和社保基金的融资，保证土地综合整治的利益分配覆盖更多的群体。

（三）完善定价机制，保障农民权益

借鉴土地指标转移中的定价机制，可以通过房地产估价来确定土地指标的市场价值。定价机制的确定需要在政策设计中加入房地产估价的程序。为了确定土地指标的价格，应引入美国土地指标转移中的额外开发密度概念，给予耕地与城镇建设用地相同的开发密度，并允许这一密度随土地指标转移而附加到城镇建设用地上，实现额外的开发密度。由此，即可根据额外开发密度与成本的差额确定土地指标价值。在具体的流程中，首先政府应当在开展土地指标交易之前订立基准价格表，作为市场交易的参考，依据的应当是当地房地产开发的平均收益情况和农用地的平均价格；其次，在土地指标的个案交易中，农民和开发商也可以聘请专业的房地产估价人员进行土地指标评估，当然所依据的标准应当是开发商所从事房地产开发项目的预期收益情况和特定农用地的市场价值。

（四）明确土地指标的归属

尝试将土地指标作为一项法定的权利进行配置，提高耕地的产权稳定性。在全国土地指标交易市场建立之后，可以考虑借鉴美国的土地指标转移经验，将土地指标作为一项确定的权利配置于农用地，并通过与土地利用总体规划和城市规划的协调，使土地指标以额外开发密度的形式附加到城镇建设用地上。四川和重庆的地票交易制度已经提供了土地指标确权的可行方案。通过产权的明晰，增加土地产权的稳定性，农民对土地投资的积极性也将提高。

（五）合理安排土地指标的时空配置

土地指标是整治区农民的合法权益，一旦政府由于城镇化需要而将其从土地产权中剥离，就需要支付其价值。但是，在特定的时间和特定的区域内，城镇化能够消化的土地指标是有限的，换言之，一个区域在一段时间内的开发潜力有限，这就意味着由此产生的城镇化收益有限，如果不能合理进行土地指标的时序配置，就会出现供求失衡的情况，若供大于求，则农民的损失无法得到合理的补偿，政府财政面临更大压力；若供不应求，则土地指标价格过高，城镇化进程受到阻碍。此外，空间配置也极为重要，必须选择在未来一段时间内开发潜力最大的地区配置土地指标，才能达到城乡一体化协调发展的效果。

因此，在土地利用年度计划中应当加入空间配置的内容，说明未来一年土地指标配置的重点地区，明确发展重点，实现指标的定向交易，让指标流向开发潜力最大的地区，而让收益流向最需要支持的村庄。

（六）准确评估土地指标的价值

土地指标的定价具有重要的意义，其最重要原则就是市场化，这样做不仅能够让农民在利益分配中有一个参照的标准，使其利益获得更加充分的保障，还能够让政策更加透明，增加政府在农居点整治中的公信力。对于土地指标价值的评估应当交给专业的估价人员进行，结合当地房地产市场情况和未来发展潜力等因素综合分析。对于土地指标价值的评估应当在农居点整治项目开展之前进行，作为项目规划以及项目方案设计的依据。

（七）确定农居点整治收益的分配标准

现行的分配标准之所以不合理，主要原因就在于缺乏合理的标准。需要设计的标准主要有两个。一是土地指标的价值，这一点已经在上一项政策设计中得到了解决，根据当地房地产市场情况评估的土地指标价值能够很好地切合实际，确定各方所能够分享的蛋糕的大小。而另一方面需要确定的是应当参与分配的主体以及他们所应当分享的份额。首先，农民是分配的主体，经过利益分配至少应当使其生活水平有所提高。在条件允许的地区，则应当尽可能以实现城乡公共服务和社会保障均等化作为标准。而政府和村集体所获份额应当在保障农民利益的基础上实现，且其参与分配的意义在于为农村今后的发展积累资金和实力。

（八）制定多样化的利益分配形式

利益分配的多样化涉及两个方面。一是利益分配的形式要涉及民生的各个领域，让农民生活的各方面水准均有所提高，社保、医疗、就业培训、住房都应当包含在内，真正实现所谓个人的"发展权"的价值。二是应当针对不同的人群设置不同的分配措施。人群的划分应当尽可能细致，按照年龄、收入、整治意愿、户籍等因素进行划分，满足不同群体对利益的不同要求，避免一刀切情况的出现。

第四节　成渝地区农村居民点整理中的利益分配

一、成渝地区农村居民点整理概述

（一）成渝地区农村居民点整理背景及选取依据

2007 年 6 月国务院批准设立成都市和重庆市全国统筹城乡综合配套改革试验区，要求两市探索改变中国城乡二元经济结构，形成统筹城乡发展的体制机制，促进城乡经济社会协调发展，最终使农村居民、进城务工人员及其家属在各个方面，享有与城市居民一样平等的权利、均等化的公共服务和同质化的生活条件。基于此，两市开始借助改进和创新农村居民点整理模式实现试验区统筹城乡发展的宏伟目标。通过实施农村居民点整理节约建设用地指标，以指标交易为发动机推进新农村建设、实现城乡统筹。依据《重庆市农村土地交易所管理暂行办法》，重庆于 2008 年 12 月 4 日成立农村土地交易所，这标志着地票制度正式诞生。成都市为了在灾后重建特殊政策的基础上探索统筹城乡综合配套改革的办法，从改革现行的土地制度入手，2010 年 6 月成都地票制度应运而生，并于 2011 年 4 月做了调整和修改。

将成渝地区农村居民点整理作为一个整体进行研究有三个层面的依据。第一，在运作模式层面，现行的成渝农村居民点整理主要模式均为增减挂钩和地票，两者差异主要是指标在区县内/市域内流转。成都市将两者俗称"大挂钩"和"小挂钩"，前者指跨区县进行流转的地票模式，后者指区县内流转的挂钩模式。第二，在组织层面，针对出台的地票模式成渝分别成立了对应的组织机构，即成都的农村产权交易所和重庆的农村土地交易所，在交易所内开展建设用地指标交易活动。第三，在制度层面，成渝农村居民点整理模式在制度目标、制度本身、制度取得效果及存在问题上大体一致。基于以上三点，可以将成渝地区作为整体进行研究。

（二）成渝地区农村居民点整理概况

从整理区域和整理数量上来看，成渝地区农村居民点整理范围广、潜力大。

1. 从所处区域上看，成渝地区均处于西南丘陵山区，受基础设施条件、生产服务半径及历史形成的生活习惯等因素影响，农村自然村落的布局非常分散。以重庆市为例，全市人口规模在 200 人以下的自然村占村落总数的 31.5%，人口规模在 201～600 人的占总数的 49.9%，人口规模在 601～900 人的占总数的 14.6%，而人口规模在 1000 人以上的只占总数的 4%，农房布局非常分散并且土地集中程度低，即全市大范围内的农村建设用地都需要进行整理，以提高建设用地的集约度。

2. 从用地指标上看，由于农村人口的减少，农村居民点实际总用地面积呈逐年下降的趋势，而农村人均建设用地面积基数大，并且仍在持续增长，这反映了成渝地区农村居民点整理潜力巨大。以成都市 1997—2007 年的统计数据为例，一方面成都市农村人口由 670.69 万减少至 516.72 万，10 年间减少了 153.97 万人，年平均减少率为 2.5%。农村人口的减少使农村居民点用地出现了大量的闲置与空置。根据《成都市十一五规划纲要》，未来几年成都市的农村居民点面积还会减少，同时，也将有更多的农村人口成为城市居民，相应的农村居民点面积也会进一步减少。另一方面，成都市农村经济发展导致人均宅基地面积过大。这十年间的农村固定资产投资由 310 亿增加到 2394 亿，平均每年增加 22.91%。这极大地推动了农村经济的发展，提高了农民人均收入，农民对居住条件也相应地产生了改善的需求，由此，不仅农村居民点的环境得到改善，人均住房面积也由 1997 年的 27.1 平方米增加到 2007 年的 38.3 平方米，呈现院落布局分散、人均占地面积大的特点。重庆市人均建设用地标准是 100 平方米，但在农村，由于布局散乱，耕作、建设和居住用地都比较粗放，全国农村人均建设用地为 220 平方米，重庆却达到了 249 平方米，高出全国平均水平近 30 平方米，土地资源的集约度、集中度不高，存在一定程度的土地浪费。并且人均居民点用地面积增长十分迅速，宅基地闲置、低效利用情况普遍。调研时发现，随着城镇化进程的加快，农村闲置宅基地及房屋越来越多。1997—2011 年间，重庆市农村常住人口占总人口的比例由 69% 降至 45%，农村居民点用地从 3637 平方千米微减至 3596 平方千米，农村人均居民点用地增长 49.3%，快于同期城镇人均建设用地 32.7% 的增速。

3. 从整理的物理步骤来看，主要分为"集中—复垦—发展现代农业"三个阶段。第一阶段建设农民集中居住区，推进农民集中居住，并配套水、电、路、视、讯等基础设施和体育、休闲、文化、医疗、就业服务等公共服务设施，改善群众生活环境和生产条件，奠定城乡居民实现生活同质化的基础。第二阶段复垦农村零星、分散、闲置的建设用地为耕地，增加农村有效耕地面积，在留足农村发展用地后，节余的建设用地指标用于城镇规划区建设，减少建新占用耕地，促进建设用地节约集约利用。第三阶段利用土地整治后良好的耕作和排灌条件，发展现代农业，提高农业综合生产能力，增加农民收入。

4. 从整理的方式来看，整理内容不断拓展、内涵不断丰富。从推进农民集中居住、农民新村建设到土地综合整治，从单一的行政、技术和资金扶持到与用地支持和信贷支持相结合，两市农村居民点整理的内容不断拓展、内涵不断丰富。

5. 从整理的基本要求上看，成都市坚持"发展性、多样性、相融性、共享性"的"四性"要求。"发展性"强调了要立足当地实际，考虑长远发展，将现有产业和资源有机整合，突出当地经济发展的产业支撑；"多样性"抓住了以往农村建设风貌千篇一律的弊端，要求要结合地形地貌、民风民俗，塑造多样化的风貌特色；"相融性"指要在保护自然、保护环境、与当地自然环境相协调的基础上对生态环境进行优化和整治；"共享性"强调要以城市的标准对基础设施和公共服务设施进行配套设置，提高农民的生活质量，让农民享受现代文明。成都市坚持四性要求，通过规划建设农民集中居住区，发展现代农业，促进农民集中居住和农民增收，构建现代城市与现代农村和谐交融、现代文明与历史文化交相辉映的城乡一体化新格局，把整治项目区真正建成统筹城乡发展和新农村建设的示范区。

6. 从整理的政策依据上看，成都市制定了比较完善的配套政策，全面指导农村居民点整理工作，重庆市坚持体制创新和政策突破相结合。成都市人民政府和市国土资源局分别制定了《成都市人民政府办公厅转发市国土局等部门关于完善土地交易制度促进农村土地综合整治和农房建设工作实施意见（试行）的通知》（成办发〔2010〕59号，简称59号文件）和《成都市国土资源局关于完善建设用地指标交易制度促进农村土地综合整治的实施意见》（成国土资发〔2011〕80号，简称80号文件）。59号文件、80号文件及成都市人民政府相关职能部门出台的配套政策是成都市农村居民点整理的主要政策依据，文件要求确立农民的主体地位，引入市场竞争机制，严格项目实施监督，按照新农村建设"四性"的要求，实行"持证"准用制度。重庆市针对农村建设用地复垦，出台了《关于进一步规范农村建设用地复垦管理工作的通知》；针对复垦后的耕地，出台了促进土地流转和规模经营的政策性文件，通过放活流转形式、放宽承接土地经营对象，促进规模经营快速发展。针对退出宅基地农民的身份变化和相应补偿，相继出台了《重庆市户籍制度改革转户居民农村宅基地处置与利用管理实施暂行办法》《关于调整地票价款分配及拨付标准的通知》等文件，将农村居民点整理与户籍制度改革相结合，打破农业户口和非农业户口二元结构为核心的户籍制度改革，实行城乡户口一体化登记管理制度。

二、成都市农村居民点整理利益分配模式及案例分析

（一）成都市农村居民点整理运作模式和利益分配模式

从整理模式的运作来看，成都市农村居民点整理包括5·12地震后的"联建"模式，拆院并院模式、城乡建设用地增减挂钩模式及建设用地地票模式。

"联建"模式是在5·12地震后，地震重灾区出台的一项新的城乡住房重建政策，即由受灾村民提供自己的宅基地，同出资人联合完成农房修建，政府按照投资者和农户的建设约定分割办理土地使用证、房产证，保证双方权益的一个过程。"联建"政策开拓了一条农户与社会资本相结合建设灾后新农村的崭新通道。

拆院并院模式是指由成都市国土资源部批准的，城镇建设用地增加和农村建设用地减少相挂钩的项目。

城乡建设用地增减挂钩模式是指由国土资源部批准或四川省国土资源部批准的，城镇建设用地增加和农村建设用地减少相挂钩的项目。

拆院并院和城乡建设用地增减挂钩两者的本质都是增减挂钩，都是依据土地利用总体规划，将若干拟整理复垦为耕地的农村建设用地地块（即拆旧区）和拟用于城镇建设的地块（即建新区）等面积共同组成建新拆旧项目区（以下简称项目区）。通过建新拆旧和土地整理复垦等措施，在保证项目区内各类土地面积平衡的基础上，最终实现增加耕地有效面积、提高耕地质量、节约集约利用建设用地、城乡用地布局更合理的目标。两者的区别在于以下三点。①审批权限不一样，拆院并院由成都市国土资源部批准，挂钩项目由国土资源部批准和四川省国土资源厅批准。②使用范围不一样，拆院并院只能在项目整理区域本乡镇使用，即只能就地使用，挂钩项目可在本市范围内使用；依法就地使用集体建设用地是指在本乡（镇）、村范围内实施的集体建设用地整理集中使用项目，节余的建设用地面积，在符合规划、保留集体建设用地性质的前提下，可在本乡（镇）、村范围内，就地按集体建设用地流转的方式使用。③土地性质不同，拆院并院保留集体建设用地性质，挂钩项目可以将土地变性为国有建设住宅用地性质。建设用地地票模式包括产生、取得、交易、使用四个环节。

地票的实质是建设用地指标，指标产生于农村集体建设用地所有权人和使用权人经批准后将农村集体建设用地复垦为耕地。指标取得是在耕地经验收合格后，确定节余建设用地面积，核发建设用地票给实施整理的农民集体或农民

个人或其他经济组织；指标交易统一在农村产权交易所进行转让和公开挂牌。指标使用是指竞拍成功的地票持有人可在城市总体规划范围内有选择性地寻找地块，并向政府提出征收转用申请。经过征收转用后通过建设用地公开出让方式竞得土地使用权并以地票价款冲抵新增建设用地土地有偿使用费和耕地开垦费。地票模式开辟了一条以城带乡、以工促农、发达地区支持落后地区的新路径。

（二）成都市农村居民点整理利益分配模式

1. 从利益来源的角度，农村居民点整理项目的资金来源大致为三类：农户自筹、社会资金和政府平台公司借资。其余部分则由集体资产管理公司运用农村集体建设用地使用权向银行申请抵押贷款。

区（市）县国土资源管理部门为贷款银行办理农村集体建设用地使用权抵押登记或变更登记手续，借款用途为土地综合整治，还款来源为土地综合整治后项目节约的集体建设用地指标的出让收入或项目用地指标挂钩地块的出让收入等，区（市）县土地储备中心可根据银行需求，承诺按约定价格（不低于同区域集体建设用地最低保护价）收购集体建设用地指标。一般而言，土地综合整治项目的融资担保物有三类：农户流转集中给"集体资产管理公司"的集体建设用地使用权、节约出的建设用地指标和挂钩对应地块。第一类抵押物在项目拆旧区内，但农民新居建成入住后，原有宅基地将全部复垦为耕地，抵押物在形式上将消灭；第二类质押物是无形的指标，在拆旧区验收完成后可办理《建设用地指标证书》，但一旦对应挂钩地块落地并启动征地拆迁后，指标证书中的指标也就不再存在；第三类抵押物在建新区，原地块多为农用地，在征地、拆旧、平整、配套完成前，只是一块储备用地，无相应权属证书。因此，土地综合整治项目贷款的融资担保只能是多样化的担保方式，即同时采用上述担保物，在担保不足值的情况下辅之以专业担保公司担保。

2. 从利益相关方的角度，主要涉及利益主体、利益客体和利益媒介。

利益主体。农村居民点整理的利益主体是参与农村居民点整理的各级政府部门、实施农村居民点整理的村集体或者公司、拥有相关土地使有权的家庭或个人。

利益客体。利益客体是农村居民点整理完毕后对各利益主体产生的整理效益。首先从农民的角度，一是，改善居住条件。整理后实现了集中居住，配备了功能齐全的公共设施和基础设施，改善了生活环境和生态环境，提升了居住的舒适度。二是，拆旧区节约的建设成本。在项目启动时，政府会对拆旧区节约出的集体建设用地指标确定一个价格，由项目运作主体对节约指标进行收购。该价格通常在覆盖农民新居建设及耕地复垦成本的基础上有一定盈余空间，鼓励农户在实施拆旧区项目时节约成本，盈余部分归农民。三是，留存集体建设用地。土地综合整治项目验收后，节约出的集体建设用地指标按一定比例，通常为5%留存作为集体经济组织共有的集体建设用地，作为农民共同的收益，其余的则挂钩对应到建新区。其次，从实施农村居民点整理的村集体或者公司的角度，通过整理获得的大部分建设用地指标，可以拿到农村产权交易所拍卖。最后，从政府的层面，通过整理获得计划外的建设用地指标，破解城市发展的建设用地指标难题和农村发展中的资金制约难题。农村居民点整理工作逐步成为建设新农村和统筹城乡经济社会发展的重要基础工程。

利益媒介。利益媒介是农村居民点整理的各项工作，主要指的是前期规划、居民点拆旧复垦、农村居民点集中建新，完善基础设施和公共服务设施配套，实现农村社区化管理。

3. 从不同操作模式的角度，"联建"模式、拆院并院模式、城乡建设用地增减挂钩模式及建设用地票模式在利益分配上各不相同。

在灾后重建联建模式下，允许城市居民拥有宅基地使用权，以市场力量吸引大量社会资金参与到灾后重建中来。对于农民个人，一是联建方提供资金修建住房切实解决了灾后农户的住房问题。二是解决了联建农民的生产生活问题。在联建中，农户宅基地在扣除自住用地后，剩余的集体建设用地提供给联建方使用，而联建方按规划许可，可以利用剩余的集体建设用地兴建包括商业、旅游业、服务业等产业项目，而农户则可以在保持原来生产生活方式不变的情况下，通过项目务工、土地流转、房屋出租村集体经济组织股份分红等多种方式提高自己收入。三是保障了农民的发展权。在联建过程中，联建双方是否参与联建的影响因素是多方面的，其中联建面积及联建成本是重要的影响因素。联建通过农民与联建方进行协商，确定联建面积和价格，作为需求方——联建方的价格既受到联建项目本身收益的影响，也受社会资金参与灾后重建的力度的影响；作为供给方——农民的价格既有解决当前生产生活困难的需要，同时也将联建与今后的发展与增收紧密结合。同时，成都市在联建过程中，明确了联建方对宅基地的用途，即必须是进行产业发展，而不是单纯的住房修建。因此，联建从多个方面保障了农民的发展权问题，从目前成都灾后联建的总体情况看，联建实现了农民收入来源的增加、生存空间的扩大和生活方式的自由。对于社会整体，一是提高了宅基地利用效率。以大观镇茶坪村为例，与该村农村集体建设用地台账面积 385 亩相比，联建后节约了 267 亩建设用地。二是拉动了内需，促进了受灾地区经济发展。首先，联建中受灾农户住房的修建将拉动建材等多个行业的需求。其次，在联建过程中，联建方除了进行住房修建之外，还会进行相应的基础设施建设，如道路交通、电力、电信等，这既为相关产业发展带来了机会，同时也改善了受灾地区区位条件，为受灾地区经济发展带来了可持续发展动力。

　　拆院并院模式和增减挂钩的本质都是增减挂钩，利益来源于拆旧区损失的集体建设用地发展权。利益的分配包括两个阶段：第一阶段是建新区政府与拆旧区政府之间开展增减挂钩指标交易的初始利益分配；第二阶段是拆旧区政府在市、县、乡镇级政府，集体组织和农民之间的二次利益分配。

　　在地票模式下，地票交易统一在农村产权交易所内公开挂牌和转让。在利益分配上，市政府提取 10% 的基础设施与公共设施配套费，返还给指标来源地做农村基础设施配套建设。产权交易所收取 0.5% 的交易服务费，剩下的高于项目整理一成本的收益全部返还农村（如图 4 – 28 所示）。农民从中所获收益有以下三点。①改善居住条件。农民通过统规统建或统规自建后实现集中居住，集中居住区对水、电、气、道路全面整体配套，改善了居住条件，提升了居住的舒适度。②拆旧区节约的建设成本。在项目启动时，政府会对拆旧区节约出的集体建设用地指标确定一个价格，由项目运作主体对节约指标进行收购。该价格通常在覆盖农民新居建设及耕地复垦成本的基础上有一定盈余空间，鼓励农户在实施拆旧区项目时节约成本，盈余部分归农民。③留存集体建设用地。土地综合整治项目验收后，节约出的集体建设用地指标按一定比例，通常为 5% 留存作为集体经济组织共有的集体建设用地，作为农民共同的收益，其余的则挂钩对应到建新区。为更好地推动农村土地综合整治工作，充分保障各方参与者的利益，成都市政府还设立了农村土地综合整治基金。基金由市政府和区（市）县政府（中心城区除外）设立专户管理，专项用于农村土地综合整治和农村基础设施建设支出等（成国土资发〔2010〕221 号）。市级基金专户设在市土地储备中心。基金可用于建设用地指标的最低保护价收购、农村土地综合整治。2010年成都市建设用地指标的最低保护价为 15 万元/亩，2011 年为 18 万元/亩。交易完成后，凭《成交确认书》办理变更手续。主要运行程序如下图 4 – 28 所示。

　　（三）成都市农村居民点整理利益分配案例——柳街镇鹤鸣村

　　1. 柳街镇鹤鸣村土地利用基本情况

　　柳街镇鹤鸣村位于都江堰市以南，成青旅游快速通道以北，西距温江城区

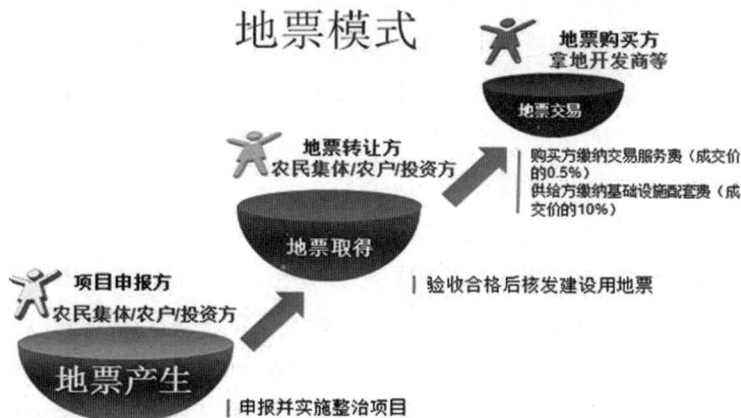

图4-28 地票"产生—取得—交易"运行程序

18公里，东至成都市区30公里。辖11个农业合作社（村民小组），面积3157.1亩（其中农用地2748.6亩，建设用地408.5亩，未利用地0亩），总人口1931人。

2. 柳街镇鹤鸣村流转地票情况

2008年3月该村进行了农村产权制度改革，完成了集体土地所有权、集体建设用地使用权（含宅基地）、房屋所有权、土地承包经营权、林权的确权颁证工作。之后，该村结合城乡建设用地增减挂钩政策，充分运用农村产权制度改革成果，深入实施农村土地综合整治和农房建设工作，并于2009年8月获挂钩项目和土地整理项目立项批文（川国土资函〔2009〕160、580号），通过实施农用地整理可新增耕地280亩，通过实施集体建设用地增减挂钩可获得"挂钩"周转指标252.65亩。

3. 柳街镇鹤鸣村流转地票利益分配情况

该试点统一采用统规自建方式，共建设17个组团和29栋独栋。通过农村建设用地整理腾出的建设用地指标流向分为大挂钩和小挂钩。大挂钩即是指地票，节省的200多亩宅基地以每亩35万的价格通过都江堰市国土局卖给成都市宏地公司，用于城镇建设用地区（地票模式）。其中5万给市政府作为小区红线外的设施建设。15万作为村集体小区内基础设施和风貌建设。15万用于对参与项目的农户，用于项目立项、规划设计、复垦以及建房补贴等。在具体的建房补贴分配中，以国土部门颁发的集体建设用地使用证面积为依据进行核算。以鹤鸣村人均建设用地面积0.2亩为基数，家庭成员人均建设用地达到134平方米的项目参与户发放建房补贴 1.8 万元，人均建设用地不足 134 平方米的每平方米少补助 100 元，人均建设用地超出 134 平方米的每平方米多补助 100 元。参加项目家庭在人均占地平方米建房面积的基础上，扣除建房实际面积后，节余的面积按每平方米 200 元进行奖励，为的是鼓励节约建设用地。

4. 柳街镇鹤鸣村流转地票方案制定过程

为促进鹤鸣村集体建设用地整理项目相关事项决策科学化和规范化，保证全体参与户在项目实施过程中的知情权、参与权、决策权，采取群众参与、群众评议、广泛共识的方式，让群众充分参与标准制定、安置点规划、产业发展、安置点管理、"两房"建设等各方面，有效地消除政府部门大包大揽带来的如权属调整、拆迁补偿、人员安置、集中居住区管理等环节产生的各种矛盾，同时加快了项目的推进。并经村议事会和全体项目参与户共同讨论，制定了鹤鸣村 8 组集体建设用地整理半月例会制、重大事项讨论制等民主议事制度。通过民事民议，详细制定"7 + 1"方案。鹤鸣村"7 + 1"方案主要包括 8 个方面的内容：群众意愿征集方案、规划设计方案、资金使用分配方案、房屋建设方案、土地权属调整方案、宅基地复垦方案、安置点小区管理方案和产业发展方案。以上方案经全体参与挂钩项目的农户表决通过，成为鹤鸣村土地综合整治的指导性方案，方案规定了操作细则和程序。其中，为方便以后小区农户农具存储、家畜饲养，经过全体参与户讨论制定"两房"建设方案，有效解决了农民集中居住后面临的生产、生活实际问题。

三、重庆市农村居民点整理利益分配模式及案例分析

（一）重庆市农村居民点整理运作模式和利益分配模式

从整理模式的运作来看，重庆市农村居民点整理包括村改居模式、增减挂钩和地票三种。

重庆市农村居民点整理"村改居"工作始于 2000 年的三峡工程，当时三峡的动工建设使重庆市承担了大量移民的搬迁安置工作，这是重庆"村改居"工作开展的重要历史机遇。"村改居"主要有三种类型：撤村建居型、撤村并居型、村居混居型。对行政村整体性拆迁安置，村民全部农转非的，在撤销行政村建制、实现村民农转非的同时，建立新的社区居委会进行管理；对在城乡地域区别不明显，行政村的村民大多为插花安置或散居在其他村（居）的，撤销村建制后，将农转非居民就近归并或挂靠到居住地社区进行管理；对由于历史、地域、债务等原因，村或村民小组暂时不宜撤销的，在村组规模调整过程中，

建立或合并为新的社区居委会，新社区既管理部分居民，又管理部分村民，成为村居混居型。截至 2005 年年底，全市共有 472 个村实施了"村改居"，其中，撤村建居 287 个，撤村并居 185 个。

增减挂钩的基本做法是在项目实施期内按照农民自愿原则把农村集体建设用地复垦为耕地，将新增耕地转化为挂钩指标，并在城镇增加等量建设用地，项目期结束后实现城乡建设用地总量平衡。根据挂钩试点的要求，拆旧和建新都必须限定在项目区和行政区范围内，不能进行跨县置换流转，但这样不能解决城市近郊区县和远郊区县，经济发达区县和欠发达区县之间级差地租相差较大的问题。在近郊区县和经济发达区县，土地级差地租较高，农民对土地增值预期也高，拆迁成本大；在远郊区县和经济欠发达区县，土地级差地租低，增减挂钩实现财务平衡的难度大。

在村改居和增减挂钩模式之后，重庆"地票"应运而生，在全市大范围内实施增减挂钩项目。作为一个交易平台，重庆农村土地交易所的主要交易品种包括"地票"交易和实物交易。"地票"指建设用地挂钩指标，特指包括农村宅基地、乡镇企业用地、农村公共设施和公益事业建设用地等农村集体建设用地，在规定程序批准复垦为耕地后，经过严格验收，可用于建设的用地指标。用地指标背后所体现的土地流转，需要通过在农村土地交易所交易来完成。"地票"交易制度设计突破了农村闲置土地向城镇建设用地流转的限制，以市场化方式对耕地指标实行跨区县占补平衡。地票制度体现了将分散用地转为集中用地以及集体建设用地的远距离大范围置换，是统筹城乡土地利用方面的重大创新。地票交易制度的突破在于，以前只能在某一个封闭的区县内流转的土地置换指标，现在可以跨区在全市范围内置换与流转——这对于土地紧缺的中心城区来说意义尤其重大，可以把边缘地区复垦多出来的指标，用来支持发达地区的建设。这让现实的用地制度多出了一条市场化的渠道。重庆国土部门也已下发文件，重庆主城区包括房地产开发在内的经营性用地，今后将不再下达国家计划指标，只能使用地票。国家批准的指标只用于工业、公共设施、教育卫生等事业性用地和扩大内需项目，重庆大流通的土地流转市场格局正在形成。应该注意到，通过土地整理腾出的农村集体建设用地指标不一定都要交易，有的要优先用于农村自身的建设，仍有一部分富余的，可以拿到农村土地交易所登记，进行指标交易。（见图 4 - 29）

（二）重庆市农村居民点整理利益分配模式

1. 从资金筹措的角度，主要采取的是市场主导和村集体自主两种方式。市

```
┌─────────────────────────────────────────────┐
│ 区县国土管理部门申请项目竣工验收抽查确认        │
└─────────────────────────────────────────────┘
              ↓
┌─────────────────────────────────────────────┐      不合格    ┌──────────────┐
│ 市国土房管局受理验收抽查确认申请资料           │ ─────────→   │ 资料退还申请人 │
└─────────────────────────────────────────────┘              └──────────────┘
              ↓                                                      ↑
┌─────────────────────────────────────────────┐      审查通过
│ 委托专业机构审查申请资料                       │      确认通过
└─────────────────────────────────────────────┘
              ↓
┌─────────────────────────────────────────────┐
│ 市国土房管局复核申请资料                       │
└─────────────────────────────────────────────┘
              ↓
┌─────────────────────────────────────────────┐
│ 市国土房管局会同市农业部门组织抽查确认          │
└─────────────────────────────────────────────┘
              ↓
┌─────────────────────────────────────────────┐
│ 填发《重庆市建设用地复垦合格证》               │
└─────────────────────────────────────────────┘
              ↓
┌─────────────────────────────────────────────┐
│ 区县国土管理部门办理土地利用或权属变更手续      │
└─────────────────────────────────────────────┘
```

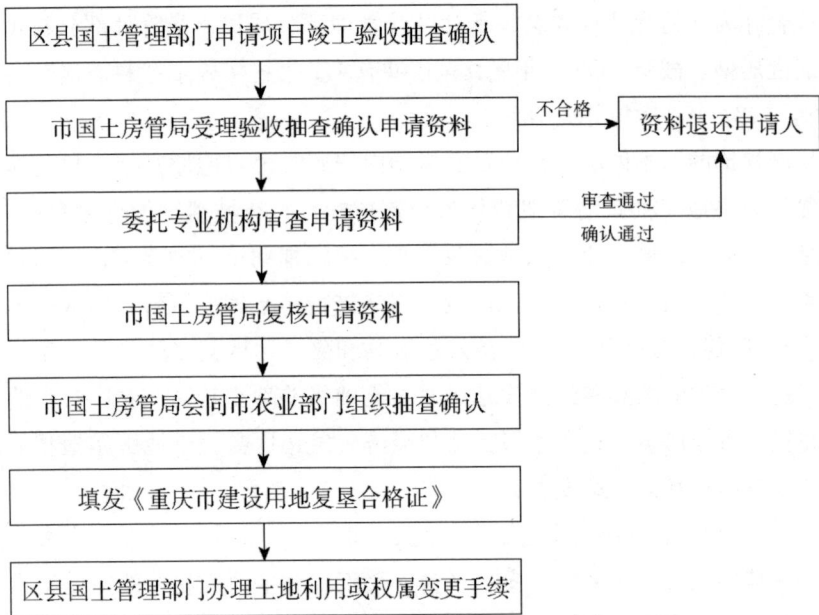

图 4 – 29　农村建设用地复垦验收抽查确认流程图

场主导型是指充分发挥建设用地指标要素在人口向城市迁移、城市的外部扩张以及城乡关系调整等方面的基础性和主导性作用，用市场化的方式，遵循市场的一般规则，实行农村建设用地指标市场定价，并将市场价格的大部分收益返还农村土地使用者。市场主导模式需要政府充分发挥领导、协调、组织、科学规划与提供政策保障和组织机制的作用。一方面，政府政策能够吸引企业和个人业主通过参与农村居民点整理、投入资金开发利用复垦地来获取市场化的建设用地指标。另一方面，农户可以通过复垦的宅基地入股形式参与农村居民点整理。这有助于在保证农民利益不受损害的前提下，推进居民点整理有序开展。村集体自主融资模式包括两种方式。一是村集体组织（农户）或多村联合投资农村土地整治项目的模式，村集体组织或多村联合体负责项目的融资和实施，并在其内部协商分配项目节余建设用地指标交易净收益；二是村集体组织（农户）或多村联合体委托投资者、政府土地整治专业机构实施农村土地整治项目，节余建设用地指标交易的净收益由双方协商分配。

2. 对于地票拍卖利益分配主要是两块，一是支付复垦项目成本，主要包括复垦项目工程成本、管理成本和融资成本。二是地票价款溢价分配。对于复垦农村宅基地及其附属设施用地，农户与农村集体经济组织应得价款按 85：15 比例分配。在渝国土房管发〔2010〕220号文件确定的农户9.6万元/亩、农村集体经济组织1.7万元/亩的最低保护价基础上，农户所得价款分配标准提高至12万元/亩、农村集体经济组织所得价款分配标准提高至2.1万元/亩。价款根据渝国土房管发〔2011〕162号文件的有关规定直拨至有关农户和农村集体经济组织。对于复垦农村公共设施、公益事业用地及经公示确认无具体农村建设用地使用权人用地，地票平均价款扣除复垦项目成本后，剩余价款全部归所在的农村集体经济组织所有。价款按14.1万元/亩直拨至有关农村集体经济组织。对于复垦乡镇企业用地，地票平均价款扣除复垦项目成本和农村建设用地使用权人应得价款后，剩余价款全部归所在的农村集体经济组织所有，农村集体经济组织所得价款不低于2.1万元/亩。价款按14.1万元/亩直拨至有关乡镇企业用地使用权人和农村集体经济组织。农村集体经济组织所得价款主要用于农村土地整治、农村土地整治项目后期管护利用、农民集中居住区基础设施配套建设等新农村建设。(见表4-8)

表4-8　重庆市地票价款分配构成表　　　　单位：万元/亩

类别			金额	备注
农村建设用地复垦项目成本(3.7万元/亩)	工程成本(1.5万元/亩)	工程施工费	1.2	实际工程成本低于1.5万元/亩的节余部分可转为区县(自治县)、乡镇及村社项目管理成本
		前期工程费	0.3	
		竣工验收费		
		工程监理费		
		安全配套费		
	管理成本(1.1万元/亩)	市农村土地整治中心项目管理成本	0.1	
		区县(自治县)、乡镇及村社项目管理成本	1	
	融资成本(1.1万元/亩)			实际融资成本低于1.1万元/亩的节余部分可转为区县(自治县)、乡镇及村社项目管理成本

类别			金额	备注
农村建设用地使用权人和所有权人所得净价款（不低于14.1万元/亩）	宅基地及其附属设施用地	农户所得价款	12	
		农村集体经济组织所得价款	2.1	
	农村公共设施、公益事业用地及经公示确认无具体农村建设用地使用权人的用地	农村集体经济组织所得价款	14.1	

表格来源：重庆市地票与统筹城乡改革实践概况（2008—2011），重庆农村土地交易所编

（三）重庆市农村居民点整理利益分配案例——铜梁区万桥等村

1. 铜梁区万桥等村复垦建设用地基本情况

项目区的土地利用现状均为农村居民点，共包含48个片块，65个复垦点，涉及农户76户，分为农村宅基地，占地面积为0.9849公顷，宅基地附属用地，占地面积2.4629公顷。通过农村建设用地复垦，拟实现节约利用土地的目的，本项目红线面积为4.5736公顷，减少农村建设用地面积3.4478公顷，土地复垦率为66.83%。新增耕地面积为2.9375公顷，新增耕地占实施规模的百分比为90.56%。

2. 铜梁区万桥等村复垦建设用地效益分析

本项目的实施在改善农村生态环境和农民生产、生活条件的同时，既适度地减少农村建设用地、整理复垦为耕地，又为地方争取到更多的建设用地指标，满足经济发展对城镇建设的合理用地需求。本项目的效益主要体现为五个方面。

（1）复垦新增耕地。结合项目区规划设计，新增耕地计算采用以下公式计算：新增耕地面积＝建设规模面积－转化为其他地类面积－新增工程占地面积。经量算，得出新增耕地面积为2.9375公顷，新增耕地率85.20%。

（2）经济效益分析。工程竣工后，将极大地改善项目区农业生产条件，增加项目区村民收入。项目预算总投资为68.6535万元，建设规模亩均投资（工程施工费）为0.9920万元/亩，新增耕地亩均投资（工程施工费）为1.1643万元/亩，由地方投资。项目区复垦后新增耕地2.9375公顷，项目区旱地作物主要为烤烟、玉米、马铃薯、蔬菜等，复种指数为1.6，本项目新增耕地年收益为

11.1587 万元。

（3）可提供地票交易指标。项目完成后经验收确认，其复垦实现的新增耕地提供交易，一是为农村的建设筹措资金，二是为农村和城镇建设提供用地，促进了共同发展。

（4）改善农村面貌。项目完善了生产道路，为项目区农户出行、生产管理提供了方便，一些危旧房的拆除也在一定程度上改变了村容村貌。

（5）为农户提供劳务就业增收。工程施工费 51.1388 万元，可为项目区农户参与宅基地复垦劳务提供机会，增加农户务工收入。

3. 铜梁区万桥等村复垦补偿标准

地票补偿。转户居民自愿退出能复垦产生地票的宅基地及其附属设施用地的，以房屋产权证、集体土地所有权证为合规性证明，以证载宅基地面积及其地坝面积为准。农户与农村集体经济组织应得价款按照 85∶15 比例分配。农户所得按 12 万元/亩预付价款；待复垦验收合格并交易后，按实际交易面积 12 万元/亩结算地票价款。农村集体经济组织所得按 2.1 万元/亩结算。农村集体经济组织所得价款主要用于农村土地综合整治、农村土地整治项目后期管护利用、农民集中居住区基础设施配套建设等新农村建设。

房屋补偿和宅基地使用权补偿。农村居民自愿退出宅基地及建（构）筑物的，对房屋及建（构）筑物试行一次性合并补偿，按退出时我县征地拆迁农村房屋补偿标准的 1.1 倍执行；房屋补偿后，由农户按退房协议约定时间自行拆除。宅基地使用权补偿费按 14000 元/亩的标准执行。购房补助按县城 5000 元/人、乡镇 4000/人、市内其他区域 2000 元/人的标准执行。今后征地时不再享有补偿权利。

四、成渝地区农村居民点整理利益分配存在的问题

现如今，地票模式作为成渝地区农村居民点整理的主要模式。成渝地票模式是在中国特有的二元土地管理制度背景下成渝地区作为城乡统筹配套改革实验区进行的土地制度创新，自 2008 年推出以来，在"盘活已有的建设用地存量、缓解城市建设用地紧张的局面"，"显化农村土地价值、构建城市反哺农村"，"引导土地集约利用、优化配置城乡用地"，"建立城乡统一的土地市场"方面取得了良好的成效。然而，地票利益分配中也出现了一系列的问题，如地票利益测算上基准价格测算缺乏理论依据问题、地票收益合理分配中农民利益容易受损问题、区域发展公平性问题等。

（一）利益测算——"基准价格"形成机制缺失

地票"基准价格"区别于地票成本价格。地票成本价格特指生产地票的成本。以重庆市为例，地票成本价格结构主要是指土地复垦的所有投资，包括工程成本、管理成本和融资成本。地票"基准价格"特指地票市场价格，即统一在重庆农村土地交易所内进行，通过"招拍挂"公开竞购实现的地票市场交易价格。

地票基准价格形成机制有政府主导定价和市场调节定价两种。其中，政府主导定价是指以社会福利最大化为目标，根据市场供求变化和竞争情况，以完善有效的政府宏观调控为手段，通过建立完整的成本核算框架、完备的市场交易体制，形成有利于地票可持续发展的价格指数，引导地票生产、流通和消费的制度安排。市场调节定价是指由地票需求者自主制定，通过市场竞争形成的价格。

《重庆市农村土地交易所管理暂行办法》虽然规定了由政府依据耕地开垦费、新增建设用地土地有偿使用费等制定全市统一的城乡建设用地挂钩指标基准交易价格，然而，该规定并未具体说明指标价格构成来源。地票现实交易中是由政府确定起始价，由市场交易所公开叫价、拍卖来确定交易价，即由政府管制和市场综合定价。综合定价方式使偏远地区的农民参与农用地市场化价值增长分配，享受房地产开发带来的价值增长，符合地票制度设计初衷。

重庆市地票交易前十一场数据统计如下表4-9所示。截至2010年4月2日，重庆农村土地交易所共进行了十一次地票交易，交易地票85宗，总计1.8万亩，成交金额18.65亿，成交均价10.3万元/亩。最高成交单价14.33万元/亩，最低成交单价8.02万元/亩。

表4-9 重庆地票交易前十一场数据统计表

	公告时间	成交时间	序号	指标面积（亩）	起始价（万元/亩）	平均单价
第一场（共两宗）	无公告	2008/12/5	8001	300		8.16
			8002	800		
第二场（共五宗）	2009/3/14	2009/3/17	9001	300	8.03	8.04
		2009/3/17	9002	300	8.03	
		2009/3/20	9003	300	8.03	
		2009/3/17	9004	200	8.03	
		2009/3/20	9005	200	8.03	

续表

	公告时间	成交时间	序号	指标面积（亩）	起始价（万元/亩）	平均单价
第三场（共四宗）	2009/5/7	2009/5/11	9006	100	8.05	8.17
			9007	200	8.05	
			9008	300	8.05	
			9009	500	8.05	
第四次	2009/6/20	2009/6/23	9010	1100	8.1	9.35
第五场	2009/8/17	2009/8/21	9011	1200	9.3	9.36
第六场	2009/10/26	2009/10/30	9012	2500	9.3、9.2	9.56
第七场	2009/11/28	2009/12/4	9013	4000	9.6	9.7
第八场	2009/12/21	2009/12/27	9014	1200	9.7	13.58
第九场	2009/1/27	2010/2/9	10001	2000	10.5、11	11.27
第十场	2010/3/24	2010/3/29	10002	1200	12	13.54
第十一场	2010/4/2	2010/4/30	1003	1500	13.5	14.04

数据来源：凤凰网房产——重庆农村土地交易所地票交易数据统计

（二）利益分配——分配机制缺失

地票收益分配缺乏可靠的理论依据，地方政府部门主导制定的分配结果缺乏依据和说服力。农民弱势群体身份，缺乏谈判权，其宅基地发展权（即农民自主处置其宅基地资产并获取收益的权利）未得到足够尊重，农民利益容易受损。一方面，地票收益分配体系的构建需要以地票"基准价格"测算为基础，即要基于地票本质和价值构成。没有完善的地票"基准价值"构成因素及其测算方法作基础，无法合理确立地票收益分配体系。另一方面，制度执行过程中，农民由于未能从根本上改变自身弱势群体的位置，因此在地票的产生、交易、和利益分配等多个环节都存在可能会损害农民利益的情况。

以重庆市长寿区为例，在收益分配层面一是进行拆旧补偿，二是规定地票市场交易价格高于地票生产流通成本（地票成本价格）形成的溢价收入，85%归属农户，15%归属农村集体经济组织（见下图4-30），未从地票本质上加以说明，无法科学地衡量收益分配是否合理。按照2011年9月发布的《重庆市国土局关于调整地票价款分配及拨付标准①的通知》（渝国土房管发〔2011〕170号）规定，农户所得地票价款分配标准由渝国土房管发〔2010〕220号文件确定的农户的最低保护价提高至180万元/公顷，与之前的数据相比收益提高了36万元/公顷。结合地票产生、取得、交易运行程序来看，该标准比较理性。然而当考虑地票的落地环节产生的收益溢价之后，由于地票落地产生的溢价远远大于地票交易的溢价，该标准严重偏低，即农民分享的收益仅限于地票交易环节，而非地票交易到落地的全过程。重庆2011年地票成本一般为100万元/公顷，成交均价约为200万元/公顷，而国有建设用地出让溢价为800万元/公顷。

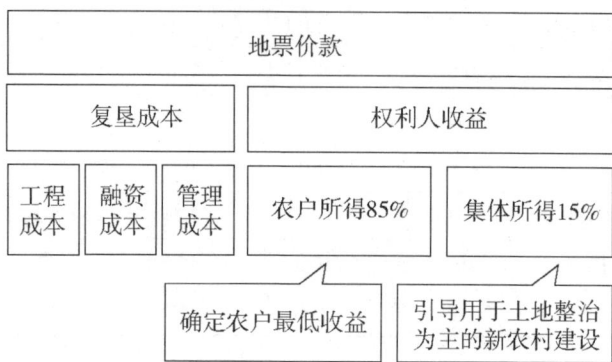

图4-30　重庆地票价款收益分配图

以成都市为例，在成都市地票交易过程中，竞购企业在农村产权交易所成功获得地票后，成交价款将直接作为市农村土地综合整治项目基金，使地票指标收益大部分都被政府掌控，农民所能获得的收益较少。最终，无法真正保障农民的合法权益。因此，应该基于地票本质为发展权的原理建立地票价值核算体系，明确地票收益分配主体构建合理的地票收益分配体系，从而指导地票收益分配。

（三）利益分配——区域发展公平性难以保证

不同复垦指标享受同一指标价格，未体现级差地租，越是偏远地区溢价收益越高，导致远郊区县地票热情远高于近郊县区，发送区缺乏本地发展规划，未留足本地发展用地指标，盲目推进易导致自身发展受限。

笔者认为上述问题的根源均在于我国权利体系中土地发展权的缺失：政府

---

① 该标准是根据一定时期内地票成交均价扣除复垦项目工程成本和融资成本后，按照溢价款的85%归农户所有、15%归所在农村集体经济组织的比例计算出来的。

并未从地票"土地发展权"的本质出发，将土地发展权配置和转移机制纳入"地票利益分配制度"设计。为及时回应现实问题，以土地发展权相关理论为研究基础，将土地发展权配置和转移思想引入地票制度，在此基础上开展地票交易基准价值形成机制、地票收益分配机制，从利益分配的角度优化地票制度，保障"地票模式"平稳、健康运行成为未来制度的走向。

五、成渝地区农村居民点整理利益分配制度完善的政策建议

在梳理成渝历年来农村居民点整理操作模式的基础上，重点以现行的成渝地票模式为例，对于农村居民点整理地票模式利益分配制度存在的问题和解决办法进行了详细的分析和论证。最后总结出以下两方面的制度建议。

在地票价格形成机制方面，地票基准价格应该是"地票产生—交易—落地"的发展权价格，而不仅是"地票产生—交易"的价格，意味着土地发展权真正的价值大小应该体现在地票交易市场和建设用地出让市场，而不仅仅在于前者。只有这样才能从土地发展权由"指标发送区"向"指标接收区"转移的角度合理解释地票（土地发展权）所创造的溢价大小。因此，构建基于土地发展权的地票价格形成机制为：

$$P'发展权 = 市地价 P_F — 地票成本价 P_M$$

（接收区农用地价格与发送区地票整理成本之和）

其中，①市地价以城市出让价格为准，出让价格由出让地块评估底价和现场交易共同决定。②土地质量价格包括土地质量价格和土地社会保障价格；土地质量价格按照最佳用途计算每亩土地年贡献产值。土地社会保障价格由养老保障价格、就业保障价格和医疗保障价格组成。③地票生产成本即工程、管理和融资成本之和，具体成本大小以实际发生费用为准。

在地票收益分配机制方面，以上述地票基准价格为基础，基于土地发展权的地票收益为 $P'发展权$，即 $P_F — P_M$。从土地发展权价值来源于政府进行城市扩张建设（需求制造方）和农民（地票供给方）放弃了将耕地转变为建设用地的权利的角度，认为地票收益分配应做到"公私兼顾"，由接收区政府和退出宅基地的农民分享地票溢价收益。具体分配比值依据"发送区"区位条件和"接收区"经济发展情况。发送区的区位条件越好，农民放弃的耕地价值越高，农民应该分享的比例越高；接收区经济发展情况越好，接收区政府创造的地票需求越多，接收区政府应该分享的地票收益越多。（见图 4 – 31）

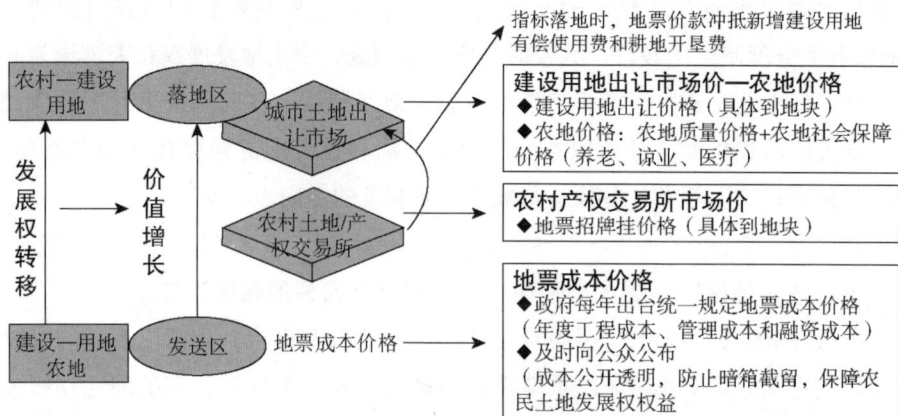

图4-31　发展权由"发送区"向"接收区"转移带来的价值增长

第五节　深圳市城中村改造中的利益分配

一、深圳市城中村改造概述

(一) 深圳市城市化背景

深圳是中国的第一个经济特区，经过三十年的发展，深圳从一个边陲小镇一跃成为经济领先全国的国际性大都市，创造了中国乃至世界城市发展的奇迹。深圳建市的历史很短，1979年1月，中央和广东省决定把宝安县改为深圳市（县级市）；同年2月，国务院发布38号文件，提出在若干年内把深圳建设成为相当水平的工农业结合的出口商品生产基地、吸引港澳游客的旅游区和新型的边境城市；同年11月，中共广东省委决定，将深圳市改为地区一级的省辖市，直属省领导；1980年8月，经中华人民共和国第五次全国人大常委会第15次会议讨论，通过了《广东省经济特区条例》，批准在深圳市境内划出327.5平方千米（补变更调查数据为395.992平方千米）地域设置经济特区，范围包括现在的罗湖区、福田区、南山区和盐田区。深圳特区位于深圳市南部，东起大鹏湾，西至珠江口，北靠梧桐山、羊台山脉，南邻香港，以深圳河为界。东西长49公里，南北宽7公里，实际可开发面积110平方公里。设有全长86公里的特区管理线。

建市之初深圳共辖深圳、南头、松岗、龙华、葵涌、龙岗 6 个区。1979 年 10 月，设立罗湖区。1980 年 7 月，分罗湖区，成立沙头角区。1981 年 10 月，恢复宝安县建制，辖特区外的 1577 平方千米土地。1983 年 9 月至 1984 年 8 月，特区内设立罗湖、上步、南头、沙头角、蛇口 5 个管理区。1990 年 1 月，撤销特区内管理区，设立福田、罗湖和南山 3 个区。1993 年 1 月，撤销宝安县，设立宝安、龙岗两区，并在特区内实施农村城市化的"农转非"计划。2005 年完成宝安区、龙岗区农村城市化转地①工作，至此，深圳全市城市化率达到 100%②。

由于"二线关"的存在，长期以来，深圳特区内外区分对待，关内和关外发展极不平衡。在经济发展方面，人为分割造成的城市二元结构，导致特区内过度开发而特区外又开发不足。在居民生活方面，关外的基础设施、公共服务设施建设远远落后于关内，带来了社会不安定因素。在法律制度方面，"一市两法"造成特区内外执法标准不一，给深圳的行政管理、司法以及公民权益保障带来诸多困扰。因此，从 2010 年 7 月 1 日开始，深圳特区范围延伸至全市，特区土地总面积扩容为 1952.84 平方千米。

（二）深圳市城市更新和城中村改造背景

1. 城市更新

改革开放以来，深圳作为我国第一个经济特区，经济飞速发展，被称为"深圳速度"。高速的经济增长带来了资本的快速积累，同时也伴随着城市规模急剧扩张、人口激增、土地紧缺等现象，城市建设发展陷入困境。虽然 2010 年的特区扩张增加了深圳可供开发的土地面积，但从长远角度看，存量土地的再开发和集约节约利用才是符合可持续发展的解决方法。始于 1980 年的征地拆迁工作在深圳特有的地理条件、经济基础和制度环境下逐步开展，历经 30 年，形成了深圳特色的城市更新模式。城市更新（urban renewal），是对城市中不适应的城市发展的部分加以改造的活动，不仅包括对建筑物、基础设施等硬件条件的改造，也包括结构布局、功能体系方面的完善，从而实现城市功能和活力再生，促进城市经济、社会与文化发展，提升城市竞争力等。城市更新的对象包括城中村、旧工业区、旧工商住混合区和旧居住区，因此城市更新不能完全等同于旧城改造，后者只是前者的一部分。由于国内对城市更新的研究起步较晚，

---

① "转地"将在下文详细解释。

② 这里的"城市化"仅是针对转地而言的深圳市政府宣布的名义上的城市化。

并且我国的实践表明许多城市更新的研究都是伴随着旧城改造进行的，因此2009年出台的《深圳市城市更新办法》在定义城市更新时，更偏向于旧城（村）改造，即"对特定城市建成区"（包括旧工业区、旧商业区、旧住宅区、城中村及旧屋村等）的"城市基础设施、公共服务设施亟需完善""环境恶劣或者存在重大安全隐患""现有土地用途、建筑物使用功能或者资源、能源利用明显不符合社会经济发展要求，影响城市规划实施"的区域，"进行综合整治、功能改变或者拆除重建的活动"。本调研的研究对象深圳城中村改造，是深圳城市更新的一种实践方式，属于城市更新理论的范畴。

2. 城中村改造

所谓"城中村"，是由于城市的大规模扩张，将原有的农村包围在城市建设用地范围内，没有或仅有少量农用地的村落。其最主要的特点是各项社会制度与城市脱节、土地和居民形式上保留农村的土地产权和户籍制度但实质上已经非农化。深圳市的城中村伴随经济特区的成立逐步演变，已经存在了将近30年，据深圳市公安局统计资料显示，截至2006年，深圳市共有437个城中村，其中福田区15个、罗湖区32个、南山区39个、盐田区21个、宝安区158个、龙岗区172个。共有建筑138036栋，其中113351栋为居民住宅；总人数约为4423084人，其中流动人口为3317313人，常住人口为1105771人；设有公共娱乐场所1098家，家庭作坊5650家，商铺82272家。① 另有一组数据显示，目前除宝安、龙岗外的传统意义上的特区共有173个以自然村为单位的城中村，约十万栋农民房，大部分高达5～8层，甚至超过10层，总建筑面积约1亿平方米，居住人口规模超过了500万。② 深圳城中村虽然被称为"村"，但已经不是传统意义上的农村了。城中村中的农民基本已经不从事农业生产，均以建造房屋出租收取租金为生。农民从身份上变成了城市居民，农村集体经济组织变成了股份公司，但是由于城中村的管理体系、社会经济组织仍有别于城市，并没有纳入城市规划中，因此存在明显的二元现象，引发了城中村景观规划、居民生活、自然环境、经济文化等各方面的矛盾。综合前人的研究，城中村产生的问题大致分为以下几类。

（1）城中村建设缺乏规划，居住条件普遍堪忧。城中村内村民为了获得更

---

① 深圳市人民政府办公厅. 深圳市人民政府办公厅转发市公安局关于解决城中村消防安全隐患问题的意见的通知.（深府办〔2006〕110号）2006-06-30.

② 深圳市城中村现状与旧改案例分析〔R〕. 京基水贝拆迁组—拆迁改造研讨会，2011-07-28.

多租金收入而进行大规模的违章建筑建设，建筑密度过大，容积率偏高，缺少绿地和开敞空间。大量的"握手楼""贴面楼"使得房屋的通风、采光等条件极差，道路狭窄，建筑物质量存在安全隐患，高层建筑没有电梯，无论是房屋本身还是建筑空间环境都不符合城市规划要求。这种乱搭乱建也破坏了城市景观，影响到深圳的城市形象。另外，公共设施和基础设施极度匮乏，对居民日常的衣食住行产生了许多负面影响。（见图4-32）

图4-32　楼房林立的深圳市城中村

（2）自然与治安环境相对恶劣。市政规划的空白导致自然环境的任意破坏，城中村内垃圾处理随意，环保意识偏低，尤其是夏天蚊蝇成群，容易滋生传染病。同时，由于房屋租金低廉，城中村吸引了大量外来人员，这类聚居人群流动性高，构成复杂，整体素质偏低，给治安管理带来了不便，城中村成为滋生各种违法乱纪行为的"温床"。

（3）土地收益大量流失，社会整体福利下降。一方面，随着城中村周边基础设施的完善和城市土地的开发，城中村土地随之升值。但由于城中村土地利用的过度粗放，并没有完全使土地的价值得到体现，社会整体的福利受到损失。另一方面，周边区域由于受到城中村的负面辐射，土地价值相对也会受到损失。另外，多数的城中村集体经济组织及其成员依然停留在以收租为主要收入来源的层面，其发展前景不容乐观。

（4）文化发展水平偏低，难以与城市相容。城中村的原村民依靠村集体分红和房屋的巨额租金，就能获得足够的生活来源，终日无所事事，游手好闲，容易养成好吃懒做的恶习，缺乏进一步在文化素质和专业知识技能上提高的动力。城中村的二元社会形态表现明显，少量、稳定、联系紧密的原村民与大量、流动、分散的外来人口在生活方式、思想状态等方面存在较大的差异甚至对立，使外来人口很难融入当地的生活中，更缺少参与共同管理城中村的渠道。这不利于深圳作为移民城市的发展。

为了解决上述问题，深圳从 20 世纪 90 年代开始积极进行城中村改造，积累了一定的经验，形成了较为成熟的改造模式。

深圳市的城中村改造大致经历了三个主要阶段。第一个阶段从深圳特区成立初期的 1988 年开始到 1993 年。由于特区建立不久，"城中村"问题并未凸显，这一时期的工作重点是征地拆迁，并且征地的方式由 1987 年前的直接征地模式转变为"统一征地、统一规划、统一开发、统一出让、统一管理"的土地统征方式，即以行政村为单位，除留给村民的原村集体自用土地（包括工商、居住、配套用地等）外，对其余土地实行一次性统一征收。随着城市的发展，特区内的村庄逐渐被城市包围，形成了城中村。为了推进城市化的进程，城中村改造的萌芽逐渐产生。1992 年颁布的《关于深圳经济特区农村城市化的暂行规定》中指出要将特区内（当时仅限罗湖、福田、南山三区）全部土地变为国有，围绕这一规定而开展了城中村（又称为旧城或旧村）改造，但涉及的范围并不广，总计约 100 万平方米。同时，在原村集体的基础上组建了 66 家股份公司和 100 个城市居委会。①

第二阶段从 1994 年起至 2005 年整个深圳市的农村集体土地国有化完成。在此期间，基于《土地管理法实施条例》第二条第五项规定"农村集体经济组织全体成员转为城镇居民的，原属于其成员集体所有的土地属于国家所有"，形成了深圳特有的"转地"模式，即先将农村居民户口转为城镇居民，则原集体所有的土地就变为国家所有。大规模的土地国有化使村集体和农民意识到了土地的巨大价值，因此农民私房违章建筑大量出现，城中村问题日益得到关注。深圳各区纷纷成立旧城（村）改造办公室以开展城中村改造工作，出现了许多典型的城中村改造案例，其中被称为"中国第一爆"的渔农村改造被誉为城中村改造的样板。渔农村改造的细节将在下文进行介绍。2005 年前后，深圳加快了城中村改造的脚步。2004 年深圳市出台了《深圳城中村（旧村）改造暂行规定》，2005 年又制定通过了《深圳城中村（旧村）改造总体规划纲要（2005—

---

① 股份公司的详细介绍见下文。

2010)》，为下一阶段的大规模改造奠定了法律基础。

2006 年至本课题调研期间，是深圳城中村改造的第三个阶段，也是大规模改造的阶段，主要是由深圳城市化过程中土地资源缺乏、土地利用方式不得不向集约利用方式转变所决定的。这一时期的特点是房屋拆迁量大、补偿标准高、逐步实现了法制化和标准化，最重要的是改造的主体向农民（股份公司成员）转换。从 2006 年到 2010 年，深圳市政府以"推倒重来、局部改造和综合治理"① 三种方式进行改造，其中有 40 个城中村被列入全面改造项目，73 个为综合整治项目，76 个为规划编制类项目。

（三）深圳市城中村模式

深圳的城中村改造模式按照不同划分标准，有多种不同的方式（如表 4 – 10）。按照改造区域的以及原特区内外城中村规模、建筑密度、容积率等特征的不同，原特区内采取"成片改造、分步实施"的方式对空间位置邻近、功能关联度较强的城中村进行整体改造；原特区外采取"中心—轴线带动、梯度推进"的方式分片改造。按照改造程度划分，可以分为全面改造和综合整治②。全面改造是指拆除重建现有建筑物，彻底改变空间形态、用地布局和景观面貌。这种方式主要针对问题比较突出的城中村。根据城市规划要求及城中村的具体情况，全面改造可以采取异地重建、整体拆建、局部拆建等模式。综合整治是指在不改变原有城中村空间形态的基础上，对其居住环境的优化和改善，适合建筑布局规整、居住环境较好的城中村，改造成本相对于全面改造低很多。按照改造主体划分，可以分为政府主导改造型，村集体经济组织（村民）自主改造型，政府、村集体（村民）与社会资金合作改造型。按照土地发展权配置方法划分，由于在上文中已将深圳城中村土地发展权的归属进行了分析，因此以土地发展权共享为前提，根据市场化程度的不同，深圳城中村改造可以归结为两种思路：一是政府主导型，即政府通过征收土地将土地发展权完全收归国有后，对村集体和村民进行一定的发展权返还，称为"征地模式"，类似于台湾的"区

---

① 陈文定. 未来没有城中村：一座先锋城市的拆迁造富神话［M］. 北京：中国民主法制出版社，2011：6 – 7.

② 深圳市城中村（旧村）改造总体规划纲要（2005—2010）［EB/OL］. 深圳市规划局网站，2005 – 10 – 16.

段征收"①；二是将土地发展权交由村集体和村民处置，改造后将部分体现公共利益的土地发展权交给政府，称为"自由改造模式"，类似于台湾地区的"市地重划"②。以上四种分类方式并不是独立的，由于本研究的重点是从土地发展权的视角研究深圳市城中村改造，因此着重以按照土地发展权配置划分方式分析案例。

表 4 - 10　深圳城中村改造模式分类

划分标准	改造区域		改造程度		改造主体			发展权配置	
改造模式	原特区内"成片改造、分步实施"	原特区外"中心—轴线带动、梯度推进"	全面改造	综合整治	政府主导型	村集体经济组织（村民）自主改造型	政府、村集体（村民）与社会资金合作改造型	征地模式	自由改造模式

二、深圳市城中村改造利益分配方式

（一）改造相关群体利益诉求

在论述相关群体利益诉求之前，有必要理解深圳城中村特有的几个名词。

首先是"股份公司"。深圳的股份公司由原来的农村集体经济组织演变而来。一般的城市管理体系表现为"市政府—区政府—街道办事处—居委会"的组织结构关系，在农村则为"市政府—区政府—乡镇政府—村委会"。而深圳由于在 1992 年将集体经济组织统一改造为股份公司，因此其城中村的社会组织结构在城市中比较特殊，形成了"市政府—区政府—股份公司—居委会"的结构。

虽然股份公司在成立之初是以经济活动为主，其初衷是成为一个自主经营、自负盈亏的经济实体，强调的是政企分开，城中村的城市管理职能理应交由居委会、街道办事处等机构，但在实践中村股份公司仍然无法避免政企合一的境地，重复了原村集体的老路。并且由于城中村的历史原因，其村民多为同一宗族、具有血缘关系的亲属，股份公司的另一个身份是具有宗族意义的家族管理

---

① 指政府为了特定事业的需要，依照法律和规划对一定范围内的私有土地进行征收，并加以规划整理，除保留公共设施用地和补偿原土地所有权人一部分土地外，其余的均可以出租或出售，所得收益归政府所有。

② 指依照规划将一定区域内零散土地整理为规整的各宗土地，并重新分配给原土地所有权人。

机构，掌握着全村人的股利分配，因此村民基于利益及血缘，对股份公司的认同远远高于街道办事处和居委会。在处理城中村的日常事务、对城中村的发展进行决策时，股份公司有着举足轻重的地位，城中村改造一旦通过其认可，过程相对会简单很多。另一方面，股份公司作为区政府的下级组织，理论上应该与区政府的目标保持一致。鉴于其特殊地位，股份公司在推进城中村改造及利益分配过程中将扮演重要角色。

目前，深圳绝大多数的城中村股份公司的主营项目是出租集体所有的厂房和商业用房，以收取租金为主要利润来源，涉及的产业较为单一，升值空间也比较小，亟待进行业务调整以适应深圳建成为国际化先锋城市的目标。

其次，"股民"的含义。股民顾名思义就是拥有股份公司股权的人，通常是原村集体经济组织的成员，也不排除非原村民、后加入者。尽管股民不完全等同于村民，但由于股份公司的封闭性，外来人口很难融入其中，因此本研究中提到的股民和村民拥有相同含义。

根据已有文献和深圳城中村改造主体的实际情况来看，本研究认为城中村改造涉及的相关利益群体共有五类：地方政府、股份公司（村集体）、股民（村民）、开发商、租住在城中村内的外来人口。但是，从土地发展权的角度看，由于上文已经明确将土地发展权归属判定为政府与土地权益人（此处指股份公司和股民）共享，因此在结合案例分析利益分配格局时仅针对这两个改造相关者，这是当前城中村改造利益分配问题中最需要解决的问题，也是区别于其他利益分配研究的地方。

对地方政府而言，其利益诉求是多元化的。首先，政府作为公共利益的代表，追求的是社会公共的整体利益，包括城市规划目标的达成、市容环境卫生状况的改善、社会治安的稳定、经济发展水平的提高、全社会整体福利的增加等。其次，地方政府也会考虑自身的经济利益和政治利益，城中村改造后带来的是城市形象的提升、城市土地的增值，对于吸引外来投资和经济发展都有极大的正面影响，这将导致地方政府财政收入的增加，是其政绩的直接体现。因此，地方政府有着强烈的改造意愿。

股份公司的角色比较复杂，它既是股民的代表，维护股民的集体利益，也是地方政府的下级，遵照上级指示推动城中村改造进程，同时也要考虑自身的利益——村办企业和大量集体所有的物业。另外，股份公司在做决策时通常是由少数代表执行的，他们在寻求集体经济利益的同时也要考虑其他方面的因素，如个人的经济利益、政治上的晋升、在村内的地位和集体中的血缘关系等。上文所分析的股份公司的特殊地位，是否得到其支持成为城中村改造能否顺利进行的关键。

股民的利益诉求比较简单——得到合理的补偿，但是当落实到每一个个人，对"合理"补偿的认识又不尽相同，而城中村改造得以顺利开展的前提是得到每一位股民的同意（至少法律规定如此），因此需要准备多套安置补偿方案。

对开发商而言，参与改造城中村是一种商业行为，追求的是利润最大化，而这种最大化的利润实质就是开发商参与改造的机会成本。但是城中村改造又不同于一般的房地产开发行为，它带有一定的公益性质，可以为开发商带来正面的声誉，因此不应该完全按照普通房地产开发的利润进行预期。由于开发商对城中村土地不拥有发展权，在本研究基于土地发展权的利益分配过程中不予考虑。

租户不直接参与改造，但其利益诉求仍然需要得到应有的关注——这是与他们基本的居住权相关联的。城中村中的房屋租金相对低廉，对于低收入人群而言是很有吸引力的。一旦经过改造，原地段房屋租金上涨，并带动周边房屋升值，这些租户将无力承担租金，甚至影响到他们的生存。虽然在研究利益分配时暂不考虑这类非改造主体，但他们的利益仍然不可忽略。

地方政府、股份公司、股民这三方城中村改造参与者，两两之间共有三种关系。

一是政府与股份公司之间的关系。股份公司代表股民与政府进行城中村改造的谈判工作，包括改造前后产权的确认、利益的分配等，同时也要协助政府推动城中村的改造，因此两者既是对立的也是统一的。如果股份公司与政府之间的合作关系大于对抗关系，那么就有可能加快城中村改造的进程。但是，如果两者之间关系过于紧密，达成统一的利益联盟，容易威胁到股民的利益。尤其是可能存在个别股份公司管理层人员追求个人利益而置集体于不顾的现象。

二是政府与股民的关系。虽然有股份公司充当"中间人"的角色，但是很多时候政府需要与股民之间面对面谈判。在访谈中笔者了解到，深圳市政府是一个相对"弱势"的政府，强调的是对私有财产的保护而非公权力为大，这一点可以从政府对待城中村违章建筑的容忍态度和改造的缓慢进程中看出。从以往经验出发，一旦政府和股民处于对立面，政府屈从妥协的可能性就比较大。

三是股份公司与股民的关系。尽管大部分时候股份公司是股民的代表，一定程度上可以代表股民的利益诉求，但毕竟股份公司的决策掌握在少数人手中，可能会因为这些人在整个集体中的宗族关系、个人素质等原因使得两者目标偏离。一旦发生这种情况，与政府、开发商直接接触机会较多、拥有更多信息和资源的股份公司往往处于强势地位，容易产生侵害其他股民权益的情况。

综上所述，城中村改造的参与方之间有着错综复杂的关系（如图 4 - 33 所示），往往"牵一发而动全身"。有时，其中的某些参与方还会因共同的利益结成联盟，对抗其余几方。

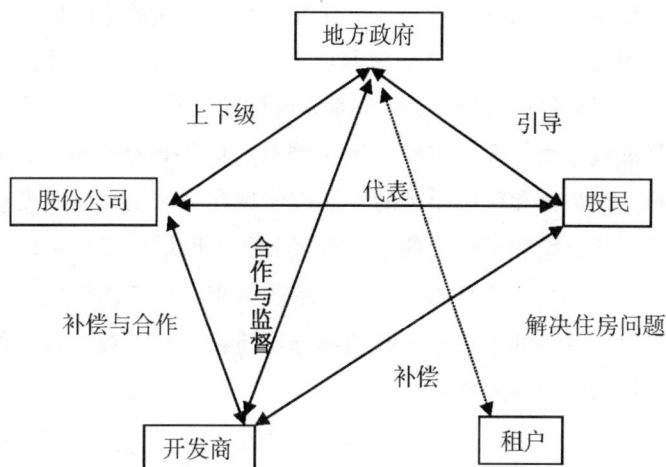

图 4 - 33 深圳城中村改造利益相关者关系图

（二）不同改造模式下的利益分配方式

1. 征地模式

"征地模式"分为两个方面。一是拆迁区的收购储备。政府按照规划要求对需要改造的城中村土地进行收购，在完成土地一级开发后储备，通过"招拍挂"形式出让土地，获得土地出让金。这与传统的征收土地类似。二是安置区的建设补偿。安置区建设的实施主体可以是通过政府招标行为获得资格的房地产开发企业，可以是股份公司自行决定与之合作的开发商，甚至可以是有改造实力的股份公司自身，这取决于股份公司的自主程度和经济实力，也与股份公司改造的意愿有关。无论哪个实施主体，通常都会进行统一规划建设，可以是就地安置，也可以是异地重建。特别地，广东省在进行征地时提出了"留用地制度"，是指政府在征收土地时，按照一定比例返还给原集体经济组织，用以发展其自身的产业、安置失地农民，实质是"一种有效征地补偿和安置方法"。对于留用地，农民可以在符合规划的情况下进行开发，相当于获得了留用地全部的土地发展权；政府无须另外给予安置补偿，只提供拆迁费用的补偿。事实上，留用地模式相对于传统的征地模式，给了农民更多的空间，并且只要协调好留用地规模和留用地使用年期之间的关系，就不容易产生不公平。

前文已经明确，解决利益分配的关键是对发展权进行合理配置。在"征地模式"中，土地发展权通过政府的收购储备行为首先归国家所有，如果用货币表示，则政府得到的当前土地增值收益DR_g＝拆迁区土地出让金－拆迁区土地一级开发成本。事实上，政府代表的是全社会的利益，改造后能促进土地节约集约利用，提高周边土地价值，增加税收收入，改善原城中村村民的生活条件，重塑城市形象，提升区域竞争力，这些都是隐性的收益。

在取得发展权之后，政府按照一定比例对村民进行补偿[1]，令村民也能够分享到发展权。村集体和村民得到的发展权体现在：一是将原本没有合理手续的私建房屋合法化，增加了村民的合法房屋面积，即增加了村民的合法财产性收入，可自用也可出租，并且由于整体环境的改善，住房的价值也有一定程度的提升；二是将所获得的土地增值收益部分返还给村民进行安置区的建设。计算村集体和村民得到的发展权：

$$DR_r = S \times P$$

其中DR_r为住宅用地的发展权，S为改造后住宅占地面积，P为改造后的土地价值。同理计算出商业用地的发展权DR_c和办公用地的发展权DR_o，则总的发展权为：

$$DR_f = DR_r + DR_c + DR_o + A$$

A为政府的额外补贴，通常用于市政基础设施和公共服务设施的建设。

以深圳市盐田区三村、四村和西山吓村整体搬迁项目（以下简称整体搬迁项目）为例，它是深圳首个异地搬迁的城中村改造工程，政府通过招标合格的房地产开发企业并补贴11亿，用于旧村搬迁和安置区重建。旧村现状为31万平方米的土地面积、47万平方米建筑面积的住房，容积率约为1.5，除少量自住外其余都为出租房屋。拆迁后该地块将作为产业用地，为实施"区港联动"和深圳东部现代港口物流业发展提供土地保障。安置区总用地面积约26.56万平方米，规划建筑面积约107.09万平方米，容积率约为4。安置区土地为国有，除补偿给村集体和村民的物业外，其余物业归开发企业所有可以进入市场。

安置补偿标准为：拆迁区土地和安置区土地采取等面积置换，对房屋进行

---

[1] 此处需要注意区分发展权配置和房屋补偿的概念，前者是对土地权益的分割，后者是对拆除房屋的补偿行为。由于目前研究城中村改造利益分配的大多数情况下将两种混为一谈或只讨论房屋补偿忽略土地权益，对政府和村民或多或少都是不公平的。

1:1补偿480平方米,不足480平方米差额部分面积购买价格不超过政府测算的成本价3270元/平方米。搬迁后,核发房屋所有权证和土地使用证。

本案例对发展权的分配大致思路如下图4-34所示。由于数据的有限性,本案例中村集体和村民获得的发展权仅进行粗略估算,容积率均采用4,改造后地价数据来自深圳市规划与国土资源委员会网站公布的2006年基准地价,则

$$DR_f = (48.71 \times 1168.5 + 4.08 \times 1651 + 2.88 \times 1621) \times 10^4 \div 4$$
$$\times 1.12 - 31 \times 10^4 \times 1168.5 + 11 \times 10^8 = 12.7(亿元)$$

$$DR_g = 23 - 11 = 12(亿元)$$

则村集体、村民与政府分配到的发展权比例约为1.06:1,即前者占51.4%,后者占48.6%。

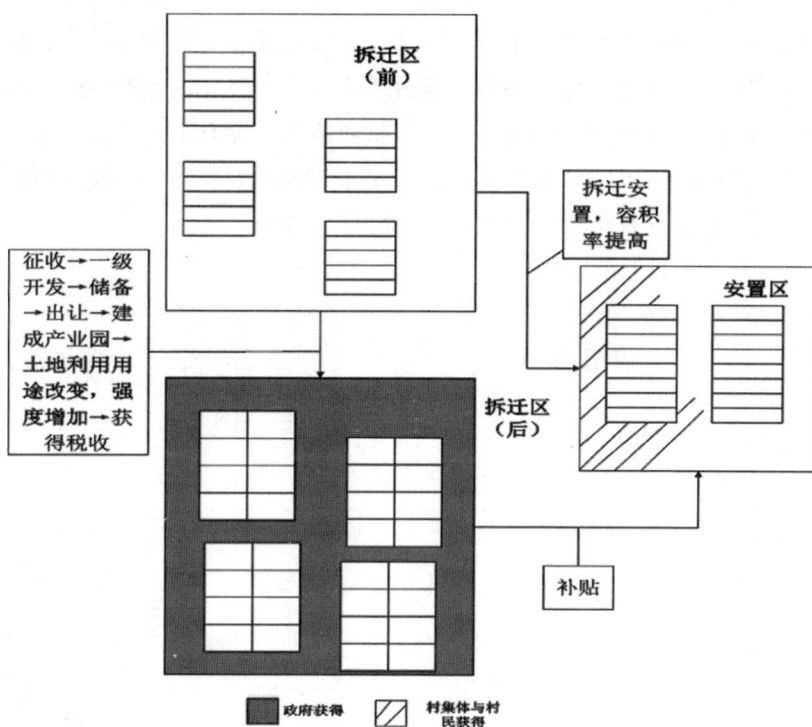

图4-34 "征地模式"土地发展权配置

2. 自由改造模式

"自由改造模式"指的是允许村集体经济组织和村民决定是否进行改造,如果改造,可以选择与开发商合作或完全由集体经济组织自身进行。改造后,除

市政基础设施和生活服务设施用地发展权归政府所有，其余发展权归集体和村民所有。

在这一模式中，由于土地未经过征收环节，因此村集体和村民获得的发展权 $DR_f = DR_r + DR_c + DR_o - C - DR_p$，其中 C 为改造成本，DR_p 为土地作为公益性用地产生的机会成本。政府得到了改造后的代表公共利益的土地，虽然这部分土地没有直接的经济收益，发展权体现得并不明显，但如果完全由政府投资改造并建设基础设施和公共服务设施，对其他领域的投资必然减少，因此这是政府投资的机会成本，因此 $DR_g = C$。另外，与"征地模式"类似，改造后的隐性收益更大。

该模式的典型案例是深圳福田区的水围村。水围村改造始于 2000 年，改造采取逐步推进、层层深入的方式，每次以某一片区域为重点改造对象，形成一个个房地产开发项目。村内的市政基础设施和公共服务设施由政府和水围村共同承担，其中政府承担 30% ~ 49%。这种模式的土地发展权首先归村集体和村民所有（至于集体和村民如何分配，可以依照改造前拥有土地比例划分，由于不在本研究讨论范围内，不再赘述），体现在村集体和村民财产性收入和租金收入的增加。"自由改造模式"的发展权配置过程如图 4 - 35 所示。

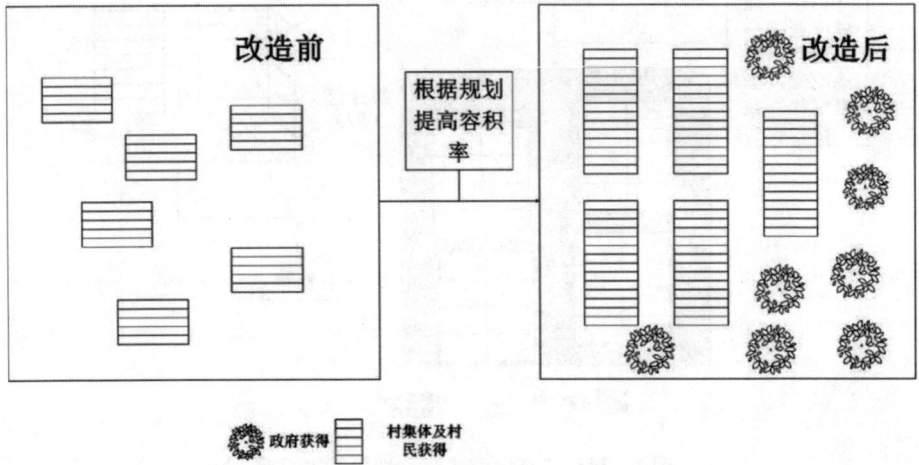

图 4 - 35   "自由改造模式"发展权配置

以水围村的"水围新家园"改造项目为例，该项目始于 2003 年，是由水围实业股份有限公司独立进行的旧房改造项目，占地面积 8207 平方米，容积率为

5.49。假设70%的土地全部开发为住宅，30%作为代表公共利益部分的土地（包括绿地、公共设施、道路等），改造成本为500万元①，土地价值仍用2006年基准地价，则 $DR_f = 2521 \times 70\% \times 8207 - 5 \times 10^6 \times 60\% - 2521 \times 30\% \times 8207 = 527.6$（万元），政府获得的土地发展权为 $DR_g = 5 \times 10^6 \times 60\% = 300$（万元），村集体、村民与政府分配的发展权为1.76∶1，前者占64%，后者占36%。

3. 两种配置方式的比较

由上述分析可知，"征地模式"由于是政府主导，政府干预性较强，市场化程度不高，"自由改造模式"的改造主体是城中村的农村集体经济组织和成员，政府干预少，市场化程度较高。两种模式的比较主要是成本和收益的比较。

（1）成本比较。由于"征地模式"需要经过征收土地再进行改造，需要政府、村集体经济组织、村民三者之间相互协调，而"自由改造模式"主要是集体与村民个人协商，只要符合规划，政府审批都不会有太大问题。由于城中村的历史原因，其村民多为同一宗族、具有血缘关系的亲属，集体经济组织相当于具有宗族意义的家族管理机构，掌握着全村人的股利分配，因此村民基于利益及血缘，对集体的认同远远高于政府。因此两者相比较而言，后者可以缩短谈判的时间，交易成本更小。其次，"征地模式"由于一次性改造所需资金较大，政府的财政负担也较重。"自由改造模式"采取的是渐进式的改造形式，可以依据集体经济组织的经济能力逐步改造，减轻了财力负担。另外，"征地模式"中政府依靠行政强制力占据主导地位，一旦有"钉子户"出现，容易引起社会矛盾甚至群体性事件。而"自由改造模式"中村民是主体，过程相对更加平稳，矛盾也仅限于村民与村民之间或村民与村集体之间，容易解决。

（2）收益比较。"征地模式"中政府通过征收土地掌握了土地的发展权，由于没有对土地发展权补偿的统一标准（事实上目前的法律体系中没有规定对土地进行补偿，只有对地上房屋的补偿），难免无法可依，造成对村民补偿不足的情况。"自由改造模式"首先满足村集体和村民的土地发展权，然后才是政府分享，可能产生滥用发展权的情况。（见表4-11）

---

① 水围村股份公司工作人员介绍。

表 4 – 11　两种改造模式比较

		征地模式	自由改造模式
改造主体		政府	城中村集体经济组织及其成员
发展权实际归属		国家	集体（村民）
改造成本	交易成本	较大	较小
	经济负担	较重	较轻
	社会成本	较大	较小
改造收益（村民：政府）		1.06：1 各占50%， 村民可能分享不足	1.76：1 村集体和村民占多数， 可能会滥用
市场化程度		较低	较高

三、深圳市城中村改造利益分配案例分析

对应"征地模式"和"自由改造模式"，分别选取渔农村改造项目、水围村改造项目作为代表，来分析城中村改造中的利益分配。

（一）深圳市渔农村改造利益分配

1. 渔农村改造背景

渔农村是深圳市第一个采取"政府主导、市场运作"方式，整体拆除重建的城中村，是"征地模式"就地安置的代表。

渔农村隶属福田区，占地面积约20000平方米，共有260多名户籍村民。它位于落马洲大桥以西，紧挨深圳河，紧邻皇岗口岸，是从香港地区进入深圳的门户地区之一，可以说地理位置十分优越。在整体改造前，由于历史原因，渔农村缺乏整体的规划，违章建筑杂乱无章，道路交通极其不畅，村内景观十分混乱，自然环境"脏、乱、差"，治安环境也令人担忧，严重影响了深圳的形象。

深圳市政府为了改善渔农村的居住条件、增强股份公司实力、提升口岸形象、促进口岸经济繁荣发展，于2004年启动了渔农村的整体改造工作。直至2008年10月，渔农村改造完成，改名为金地名津小区。（见图 4 – 36、4 – 37）

渔农村改造前共有123栋建筑物，总建筑面积达11.15万平方米，按照占地面积2万平方米计算，容积率高达约5.5。改造中共拆除108栋建筑物，共计11万平方米。改造后用地面积为2.95万平方米，总建筑面积19.91万平方米，容

图4-36　改造后的渔农村一

图4-37　改造后的渔农村二

积率为6.7。① 改造后的9栋高层楼宇，底层为商业，其余的是住宅物业。改造

---

① 由此可见，城中村改造的容积率要比《深圳市城市规划标准与准则》中规定的最高容
积率高得多。

后的渔农村立足口岸经济,以居住为主,同时发展商业等综合功能。

　　2. 渔农村改造中利益分配方式

　　从房屋补偿看,渔农村的补偿方式为货币补偿与产权置换补偿相结合的方式,补偿标准可以概括为"9982"政策。第一个"9"实际是1:0.9,指的是拆除赔付比(简称拆赔比),即拆除1平方米、补偿0.9平方米,这在城中村改造中首次将拆赔比降到了1:1以下;第二个"9"针对的是违章抢建房的拆赔比,即8层以上(含8层)的违章建筑拆赔比为1:0.9;"8"同样是针对违章建筑,指7层以下(含7层)的违章建筑拆赔比为1:0.8;"2"指改造期间,开发商对村民进行的过渡时期补偿,为每月每平方米房租20元。对于股民补偿得到的住宅物业,将对其办理房产证,股民对其拥有完整的所有权,可以在市场上自由交易;对于底层的商业物业,属于裕亨股份公司所有,股民对其拥有股权;开发商拥有其中4栋楼的住宅物业。

　　从土地发展权的角度看,改造后的城中村土地应该真正转变为国有土地,但我们并没有看到政府征收土地的过程,更没有进行征地补偿,这是因为政府已经默认城中村土地(其实是整个深圳市的土地)为国有土地了,或者说在1992年和2004年的城市化运动中已经有过相应补偿①。这又回到了上文对城中村土地权属关系的争论上。由于本研究认为城中村土地属于集体所有,因此目前对城中村进行的拆迁补偿仅仅针对的是房屋及其他地上附着物,而对土地本身的补偿并不到位甚至为零。也许很多人认为对渔农村260多位村民的补偿已经够多了,是否对土地进行补偿已经显得不那么重要,但是,目前高额的拆迁补偿是建立在大量违章抢建房的基础上的,如果政府不过于弱势,抢建房屋没有那么猖獗,对房屋的补偿应该是在合理水平的。反倒是对土地发展权的补偿一片空白,说明政府、股民、股份公司对土地的价值没有清晰的认识,这是需要其他未改造城中村注意的。这个问题在后文还将详细论述。

　　改造后的渔农村将凭借临近口岸的区位优势成为口岸经济的重要载体,为深圳市带来GDP的增长。自2007年交付后,这一特点就已经显现出来:在金田路与裕亨路连接处,2007年7月中旬交付使用的福田口岸联检楼日日人流如织,不少人经常从这里往返香港,直接拉升了渔农村的租金。这里的单房和一室一厅月租金为3000元至3500元,二室三室可以租到4500元至5000元,而改造前

_____

　　① 可以想象,当时的补偿肯定未能满足村民的需求,否则之后不会出现对城中村土地所有权混乱的争论,这也是由当时不彻底、不合法律程序的城市化造成的。

一室一厅租金仅为 800 元，涨了 3 倍。另外，渔农村与福田保税区毗邻，保税区已有 33 家世界五百强企业进驻，创造了大量的税收。据官方统计，渔农村改造完成后创造 5 亿余元税收效益，今后每年产生税收 3000 万元以上①。

对于股民来说，一是自身的生活环境质量得到了提升，杜绝了一系列消防、交通、社会治安的安全隐患，二是随着租金的整体提升，收入较改造前也增加了许多②。另外，由于补偿得到的房产可以合法流通，且其价值也在改造过程中得到提升，因此买卖多余的房地产③也成为一条致富捷径，这就是所谓的"旧楼倒下去，富豪站起来"。除了经济上得利，股民在改造后不仅在名义上而且在实质上成为"城镇居民"，可以享受与市民同样的社会福利和社会保障，真正融入了城市生活。此外，股份公司的集体房产同样升值，其所拥有的商业物业的盈利能力也因为周边环境的改善得到了提高。在对城中村进行管理方面，由于改造后的社区趋于有序稳定，股份公司的压力也减少了很多。

（二）深圳市水围村改造利益分配

1. 水围村改造背景

深圳福田区水围村改造项目是"自由改造模式"的典型代表。水围村位于深圳河以北、金田路以西、福民路以南，毗邻皇岗口岸和广深高速公路、深圳地铁福民站，交通比较便利。水围村占地面积仅 0.66 平方公里，户籍人口有 1300 多人，暂住人口有 30000 多人。

1992 年，在水围村村民委员会的基础上成立了水围实业股份有限公司，同深圳其他城中村一样，由于外来人口的大量涌入，原村民从"种地"转变为"种房"，开始了大规模违章抢建，致使村内环境越来越恶劣，居民生活也受到了很大的负面影响。为了制止这种情况进一步恶化，水围村于 2000 年开始进行自主式的城中村改造，截至调研时，水围村还存在若干片区未改造，大量村民自建房与周边改造过的高层楼宇形成了鲜明对比。这样做，虽然会使改造进程延续很长时间，但可以减轻改造主体——水围股份公司的经济负担，同时也能

---

① 陈文定. 未来没有城中村：一座先锋城市的拆迁造富神话［M］. 北京：中国民主法制出版社，2011：187–188.

② 当然也存在因租金提升，需要租赁的物业需求也会减少，从而使总收入反而降低的可能。但是从长远来看，更加有序的社区、更加理想的居住条件比未改造前显然更具有发展潜力。租金合法化也是一个不可忽视的优势。

③ 深圳城中村村民每户拥有的房屋大多在两层以上，面积超过 200 平方米，如此多房产的原因将在下文分析抢建问题时详细论述。

减轻村民的抵触情绪，使改造工作更容易展开。下表4－12罗列了近年来水围股份公司独立或与房地产开发企业合作实施的重大改造项目。

表4－12　水围股份公司历年重大改造项目

年代	名称	类别	建筑面积（平方米）	特　征	投资（万元）
1998年	银装大厦	商住混用	35000	高25层，1～3层为裙楼，建筑面积1.4万平方米。每年收益700多万元	18000
1999年	嘉意台	商住混用	26000	3座15层塔楼，1～2层裙楼建筑面积6500平方米。每年收益300多万元	6800
2003年	水围新家园	住宅	45000	作为赔偿给村民的拆迁用房，4座16～20层不等的塔楼	11000
2003年	金港豪庭	商住混用	100000	6栋32层塔楼，1～3层裙楼建筑面积8000平方米，每年收益800多万元	22000
2004年	金怡华庭	商住混用	48000	4栋32层塔楼，1～3层裙楼建筑面积1.5万平方米，每年收益600万元	8900

改造后，水围股份公司收入大幅增加，有数据显示，截至2005年，公司每年的集体经济收入达4600万元；股民每年人均分红2万元，平均每户住房面积达800平方米，除了自住用，其余的都可以合法入市进行买卖或出租，按照2009年福田区商品住宅二级市场平均交易价23216元/平方米①计算，若假设200平方米用于自住，其余600平方米卖出，则可获利1200多万元。

2. 水围村改造利益分配方式

由于水围村改造主体是股份公司，政府在改造过程中充当的角色并不像在渔农村改造中那么具有主动性，仅是提供了一部分公共配套设施和基础设施，补贴率为30%～49%，其余大部分由股份公司承担。尽管政府参与的工作较少，

① 数据来源：《深圳市2010年统计年鉴》。

但并不妨碍取得利益——与渔农村类似，水围村的改造为政府带来了城市景观的改善、社区稳定的加强、大量的税收收益等，同时，由于水围村基本能够自给自足、自负盈亏，为政府减轻了财政负担。

对于股民而言，得到的是1∶1的产权置换补偿（也可选择等价值的货币补偿），获得了巨大的经济利益和社会保障利益，因与渔农村类似，不再赘述。

除补偿给股民的住宅物业，剩余的住宅和商业物业在股份公司和房地产开发企业之间进行分配，分配原则是"谁改造谁获利"，即如果与开发商合作改造，则住宅物业归开发商所有，商业物业归股份公司所有，可进行出租或自行经营；如果股份公司自行改造，则都归其所有。水围股份公司依靠租金收入或经营收入积累了大量财富，由于其在改造过程中占主导地位，收益大部分也归其所有，即公司盈利51%为集体所有，49%为股民分红。

基于土地发展权，本案例中将发展权配置给了股份公司和股民，因此并没有经过政府征收土地这一环节。土地发展权可以自由流转，这种"自由"并不是无规划的混乱和无序，而是在法定图则红线内，按照一定的规划进行的改造，发展权交易价格可以完全交由市场定夺：按照供给需求定价机制。这样做，即使水围村高楼林立，32层的楼宇随处可见，但仍能看到大片的绿地、开阔的广场、井然有序的道路，这是市场经济"看不见的手"的神奇之处。

四、深圳市城中村改造利益分配中存在的问题

（一）违法抢建房屋补偿问题

深圳城中村的违章抢建建筑实际上就是"小产权房"，其产生的原因主要有三个：对廉价住房的高度需求、合法与非法界定困难、政府在监管中的节节退让。深圳的高速发展吸引了大量的"淘金者"涌入，截至2010年5月18日，深圳市累计登记的流动人口为1200.55万人，占总人口的82%[①]。人口增加带来的直接影响就是对住房的需求增加，违章私房就是在这种环境下产生的。实际上这是一个"双赢"的结果：对外来人口来说，他们普遍收入不高，希望能租到价格较低的住房，因此城中村条件稍差而价格便宜的住房就成为他们的首选；城中村村民的建房成本与出租收益相比，因出租面积大而显得微不足道，并且在拆迁补偿时往往会认为拥有房屋面积越大，补偿越多，因此在巨大的利

---

① 深圳登记流动人口已达1200.55万人，占总人口82%［EB/OL］. 搜狐网，2010 - 05 - 23.

益诱惑下，他们不惜冒着违法风险抢建。对于自建的房屋，村民都有一种"归自己所有"的认识，很少有办理房屋登记，这为鉴定是否为合法建筑造成了困难。另外，由于政府在制止抢建行为时不够坚决，一次次让步：1989年实行土地统征时引发了抢建热潮，但政府无原则地退让终止了旧村改造项目，并撤销了旧村改造办公室；1993年第一次城市化又带来了一次抢建风潮，原来每户100平方米宅基地、最高不超过3层半的规定已变为一纸空文，政府承认了每户不超过480平方米的私房为合法建筑；后又出台过法规，变相默许1999年之前的违法建房。种种表现使得村民形成"谁不抢建谁吃亏""法不责众"的观念。这些都导致违章建筑抢建屡禁不止。这种现象在农村尤其是接近市区的城乡接合部具有普遍性，这类近郊的农村由于地理位置的优越，吸引了很多附近工作的外来低收入人群，同时这类地区在城市化进程中是最有机会优先进行改造的地区，多建私房就意味着多得到收益。以渔农村为例，仅在2004年的"五一"长假期间，渔农村村民自行拆除了52栋私宅，开始合并抢建了37栋违法私房，房屋高度均在15层以上。至抢建完全制止时，抢建面积达67200平方米。

（二）土地权益与房屋补偿混为一谈

传统的城中村改造利益分配通常着眼于对房屋的补偿，忽略土地的价值，导致对原土地权益人的补偿不足，引起了许多社会矛盾。事实上，发展权体现在土地上而非房屋本身，既然明确了土地发展权共享，政府就不应该剥夺原土地权益人即股份公司、股民所应得的发展权。并且过多地关注房屋本身，还会引发抢建风潮，加剧改造的难度。

（三）模式的推广性有待检验

深圳经济特区的地位使其拥有很多制度方面的特权，在城中村改造和农村城市化方面均走在前列，由于其特殊的经济、政策、法律环境，国内其他地区想要完全模仿它的做法并没有那么简单，甚至会适得其反。首先，深圳是个较为自由的城市，政府在干预城中村改造时能做的并不多，很多时候都会向民众妥协；其次，深圳的经济发展水平较高，能够承担长时间谈判带来的损失，而很多地区并没有这样的经济实力；最后，深圳在城中村改造方面有着较长时间的探索，法律法规也较完善，形成了一套改造体系，制定了一系列改造规划，比其他地区无序的拆迁改造更加成熟规范。另外，深圳城中村改造存在市场化大于计划的倾向，即其他地区的农村居民点整理通常第一步是征收土地，而深圳可以跳过这一步直接由股份公司改造后入市，这是深圳经济"特区"最特殊的地方。这一切，都使得深圳模式在推广过程中需要更慎重细致地对待。

五、深圳市城中村改造利益分配制度完善的政策建议

（一）关注土地权益补偿

将补偿注意力逐渐由单一房屋补偿转移到土地权益分割上来，以合理发展权作为补偿标准，使村集体经济组织和村民都能享受到土地发展权。

（二）坚决制止违法抢建行为

尽管对于小产权房，学界要求其合法化进入市场的呼声很高，但笔者认为，深圳的城中村违章住房面积过大，远远超过了合理的范围，已经属于对土地发展权的滥用，因此除保留必要的居住面积可以合法入市外，其余的都应该列为违章建筑。至于"合理面积"的计算，可以参考上文对合理土地面积的计算方法。在对待抢建房的态度上，也许渔农村的做法可以借鉴：对这些违章建筑补偿较低，其他合法建筑因为违章建筑的存在在补偿时也会有所折扣。同时，应该出台相应法律法规填补这一空白，使政府相关部门在制止时有法可依，并严格依法行事，对抢建行为坚决制止，尤其是要在建房之前行动，一旦房屋建成，将增加整治难度。

（三）辩证看待深圳改造模式

在政府主导改造的地区，可以借鉴"征地模式"；在尝试改革、政府干预较少的地区，可以借鉴"自由改造模式"。但借鉴不等于照搬，应该因地制宜地进行借鉴。

（四）逐步设立土地发展权转移制度

按照目前土地管理改革的发展方向，更倾向于在市场机制配置土地资源的基础上，政府提供一定的政策、法律支持，城中村改造中"自由改造模式"将成为主流，这就迫切需要在我国建立土地发展权制度和土地发展权转移制度，使市场"看不见的手"发挥更大的作用。

（五）积极借鉴"留用地模式"

当前，尤其是在土地制度比较保守的地区，"征地模式"仍占据主导地位，为了确保农民分享到土地增值收益，可以借鉴"留用地模式"。这可以节省政府的资源，也可以保障农民应得的利益不被侵犯。

第六节 山东省农村居民点整理中的利益分配

一、山东省农村居民点整理概述

（一）山东省农村居民点整理建设现状

山东省农村居民点人均面积大，建设用地增长迅速。根据《2000—2008年山东省村镇建设统计年报》，截至2008年，山东省人均村庄建设用地面积近204平方米/人，远大于规定的150平方米/人的人均村庄建设用地指标。同时，2000—2008年，山东省村庄总人口减少了615.548万人，但村庄现状用地面积却增加了14.78万公顷，人均用地由159.56平方米/人增加到203.98平方米/人。人均面积远超国家规定标准，建设用地增速很大（见表4-13）。

表4-13 2000—2008年山东省村庄现状用地面积、总人口和人均用地面积

年份	2000	2001	2002	2003	2004	2005	2006	2007	2008
村庄现状用地面积（万公顷）	101.29	105.29	109.46	121.02	121.77	121.27	106.90	114.59	116.15
村庄总人口（万人）	6309.97	6239.97	6226.04	6112.62	5997.33	5970.42	5215.57	5884.30	5694.42
人均用地面积（平方米/人）	160.53	168.73	175.82	197.98	203.03	203.11	204.97	194.73	203.98

资料来源：《2000—2008年山东省村镇建设统计年报》

根据目前农村建设用地利用现状，山东省农村居民点建设主要存在着以下几方面问题。

1. 农村建设用地规模大、人均用地多。根据统计和土地利用现状变更调查资料，2008年山东省人均村庄建设用地面积近204平方米/人，远大于150平方米/人的人均村庄建设用地指标。以泰安市为例，泰安市共有3597个村，117.99万农村住户，农业人口372.7万人。农村建设用地规模大，其中农村居民点用地面积达60640.55公顷，占全市土地总面积的7.8%。全市农村户均、人均用

地面积较大，户均占地 513.95 平方米，人均占用居民点面积 162.7 平方米，普遍高于国家《村镇规划标准》规定的人均居民点用地上限 150 平方米。

2. 农村居民点用地占建设用地比重大。农村居民点用地占农村建设用地的比重较大，一方面侵占了大量的耕地和建设用地，降低了土地利用率和使用效益；另一方面居民点用地挤占了农村公益性公共设施用地和经营性用地，缺乏用地保障使得农村基础设施建设水平难以提高，影响了农村人口生活条件的改善，限制了整体新农村建设和城市化进程。

3. 农村居民点分布散乱，土地利用率低。农村居民点规模大小不一，而且由于缺乏总体布局规划，绝大多数居民点都是历史形成的自然村，在市域范围内分布散乱。大部分村庄内部缺乏规划，宅基地审批管理不力，出现宅基地乱占乱建、一户两宅甚至多宅等问题，再加之"空心村"、迁居外地仍保留宅基地、孤寡老人居住分散等现象普遍存在，造成村庄内部布局结构混乱、土地闲置面广量大。村庄及村内布局散乱，一方面把农用土地分割得支离破碎，不能规模经营；另一方面又使非农建设用地不能集聚成片，不利于产业集聚效益的发挥，更不利于产业结构和经济结构的调整和发展；同时，造成了村庄土地闲置，土地利用率低，大量土地资源被浪费，村内的公共设施无法合理布局等问题，还限制了村庄基础设施和公共设施的配套建设，严重影响了农村居住环境的改善和居住条件的提高。

4. 农村居民点受矿区塌陷占压影响大。山东省具有丰富的矿产资源，许多城市是矿产资源大市，煤炭等地下矿产资源丰富，这些矿产资源的开采，导致地面塌陷及环境污染，严重影响了当地村庄建设和村民的生产生活。目前，采煤塌陷、占压土地面积较大的市（县）如泰安市、肥城市、邹城市等，存在塌陷、占压土地闲置时间长，地形、地力破坏严重，复垦成本高、难度大等问题。

（二）山东省农村居民点整理概况

2006 年，国土资源部部署了城乡建设用地增减挂钩试点工作，山东省被国土资源部批准为开展城镇建设用地增加与农村建设用地减少相挂钩试点工作的五大省份之一。据统计数字显示，截至 2008 年 10 月，山东省已拆旧复垦面积 2.05 万亩，安置人口 2.5 万多人，建成安置房 137 万平方米，已建在建新农村 99 个，安排各类项目 202 个，"归还"挂钩周转指标 1.98 万亩。① 山东作为"增

---

① 季楠，张军民. 城乡建设用地增减挂钩政策背景下村庄整合研究 [D]. 济南：山东建筑大学硕士学位论文.

减挂"工作的首批试点省份之一，在挂钩工作上积累了丰富的实践经验。同时，随着挂钩政策的不断推进，一些问题也显露出来，农村居民点整理过程中的利益分配问题成为重中之重。鉴于利益分配问题的特殊性与重要性，山东省各级政府及国土部门将其视为重点和难点，各地学者将利益分配模式的探索作为现阶段农村居民点整理与挂钩政策研究的热点。

根据 2020 年的农村人口预测，村庄建设用地的理论值为 58.8 万公顷，可节余 57.35 万公顷，由此可见，农村集体土地的合理再开发和集约节约利用才是符合可持续发展原则的有效方法①。因此，山东省建立起城乡建设用地增减挂钩政策试点，并做出一系列政策、制度改革，以解决农村居民点建设问题，实现农村集体土地的再开发与集约节约利用。2006 年开始，山东省先后制定了《山东省建设社会主义新农村总体规划（2006—2020）》《山东省人民政府关于进一步规范城乡建设用地增减挂钩试点加强农村土地综合整治工作的意见》《山东省开展城镇建设用地增加与农村建设用地减少相挂钩试点工作的实施意见》等一系列文件，从管理制度、规划计划、补偿资金、农民权益及组织监督等宏观层面进行严格管理和规范。同时，德州、济宁、肥城等市（县）推出符合地方特点、因地制宜的农村居民点整理政策，保证农村居民点整理在山东省各地有序、高效地开展。

具体实践上，山东省于 2010 年发布《山东省国土资源厅关于确定城乡建设用地增减挂钩试点示范县的通知》（鲁国土资字〔2010〕122 号），确定平阴县、桓台县、寿光市、汶上县、肥城市、莒县、河东区、单县八县（市、区）作为全省城乡建设用地增减挂钩试点示范县，要求各挂钩试点示范县要在科学编制挂钩规划、制定相关政策、建立管理制度、探索融资渠道等六个方面进行探索，积累经验，全面推进山东省城乡建设用地增减挂钩工作的开展。

1. 科学编制城乡建设用地增减挂钩规划，密切协调好与新一轮土地利用总体规划、村镇体系规划、农村住房建设和危房改造规划、社区和村庄建设规划等规划之间的衔接关系；在确保耕地和基本农田面积不减少、质量有提高、城乡建设用地总量不增加的前提下，实行挂钩专项规划的动态管理。

2. 深入研究并制定增减挂钩试点有关政策，制定具有本地特色的政策措施。根据山区、丘陵、平原及经济发展状况等不同区域、不同经济条件的增减挂钩

---

① 山东省国土资源厅. 山东省土地利用总体规划（2006—2020）［EB/OL］. 山东省自然资源厅网站，2012 - 03 - 21.

区域，制定符合实际的挂钩政策。积极探索土地产权及利益机制调整政策，保护农民的合法权益。研究制定农村建设用地集约利用和留地政策，鼓励村庄向中心镇和中心社区集中。

3. 建立规范的增减挂钩工作管理制度，根据增减挂钩工作的实践，制定并建立规范的管理制度。按照土地利用总体规划和城乡建设用地增减挂钩规划，制定项目区规划、项目区实施管理、项目区资金管理、项目区验收等管理制度。建立保障农民知情权和参与权、公众参与和监督、安置补偿公示及工作年度考核报告等制度，以保障增减挂钩工作规范有序顺利进行。

4. 探索拓宽增减挂钩融资渠道，积极探索建立城乡发展利益共享机制，形成政府主导下的多元化投资格局，统筹各部门涉农扶持资金集中使用。使用挂钩周转指标产生的土地级差收益，应全部用于挂钩项目。引导企业参与旧村改造工作，拓宽企业用地空间。资金必须单设财政专户、专款专用。

5. 探索社会主义新农村建设模式。挂钩拆旧区选点以居民点整体搬迁、集中连片整理为主，以挂钩专项规划为指导，形成乡村建设的地域特色和时代特色。确定合理的社区规模，制定社区基础配套设施建设标准，引导企业优先安置增减挂钩项目区村民就业，合理布局医疗、卫生、教育、文化、农资网点。

6. 探索农村集体建设用地使用权流转办法。探索合村并点村庄集体建设用地按区位折价流转、农用地交换等模式；开展农村社区配套超市、农资门头、饭店等经营性用地有偿使用试点。

二、山东省农村居民点整理利益分配案例分析

根据山东省农村居民点整理示范计划，"挂钩"政策推行的重点在于包括新增耕地、用地指标及增值收益分配等在内的利益分配模式，有效协调城乡之间、集体与个人之间及个人与个人之间的利益，成为农村居民点整理顺利推行的关键。本研究选取山东德州市齐河县、济宁市汶上县及济南市市中区陡沟街道办事处的三个具有典型性的社区整理项目为代表，详细阐述并分析利益分配模式及相关协调机制。

（一）德州市齐河县晏城镇李官社区项目

2008 年开始，齐河县着手推动"挂钩"政策，全县 1014 个行政村合并成 173 个并建社区，正在建设的整村迁建型社区 86 个，配套建设各类农村产业园区 349 个，居住社区和产业园区"两区同建"。2009 年以来，齐河县按照上级部署和要求，先后上报 7 个增减挂钩项目和 1 个土地综合整治项目，总规模 16571

亩，涉及83个村庄和4个砖瓦窑厂。其中安置区面积6715亩，建新区面积9916亩。

就李官项目区而言，该社区由李官、刘安、鲍官等7个行政村合并而成，涉及农户1007户，4027人。社区规划建设二层别墅式住宅1200栋，多层住宅18栋，并配备卫生室、学校、老年公寓等公共服务设施，总建筑面积25万平方米。目前，按照"先安置，后拆迁；先复垦，后使用"的原则，通过"迁村并点"的形式，实现李官村占地492亩的拆迁整治，形成120亩安置区，净增耕地372亩。（见图4-38、4-39）

图4-38　李官村拆旧区与安置区规划图

图4-39　李官村复垦区与安置区建设图

1. 整理模式

李官项目坚持政府主导。具体而言，齐河县首先把整治出的农村建设用地复垦为耕地，在优先满足农村基础设施和公益事业项目用地的基础上，以不低于15%的增减挂钩节余指标预留农民生产生活和农村社区长远发展用地，进而将富余指标调剂到城镇使用，产生的土地级差收益及时全部返还并用于新农村建设。同时，在县财政部门设立挂钩项目专项资金账户，纳入使用挂钩指标的单位缴纳的耕地开垦费、新增建设用地有偿使用费、耕地占用税以及使用挂钩指标产生的土地级差收益等，并在项目建设期内，按项目实施进度拨付相应比例的补助资金，即安置区主体建设完成后拨付50%的补助资金，拆旧区完成拆旧任务后拨付30%的补助资金，项目完成验收合格后拨付剩余20%补助资金。

在李官项目运作过程中，主要由政府负责复垦与安置工作，同时齐河县也在探索新的融资平台吸引社会资金，在"谁投资，谁受益"的原则下，实现项目资金筹集及挂钩指标使用的有效结合。

2. 利益来源

李官村增减挂钩项目产生的利益总体可分为经济利益与社会利益。

（1）经济利益主要来源于用地指标收益与土地增值收益。在李官村的整治项目中，共新增372亩挂钩指标，由划拨用地收益、工业用地收益、商业用地、住宅用地收益平均权重计算得到平均每亩挂钩指标价值为10万元。项目实施后拆旧区农民所获得的经济利益则主要表现为：拆旧区的拆迁补偿，复垦区获得的新增耕地面积及建新区土地增值收益，即新增挂钩指标的转让价值。（见图4-40）

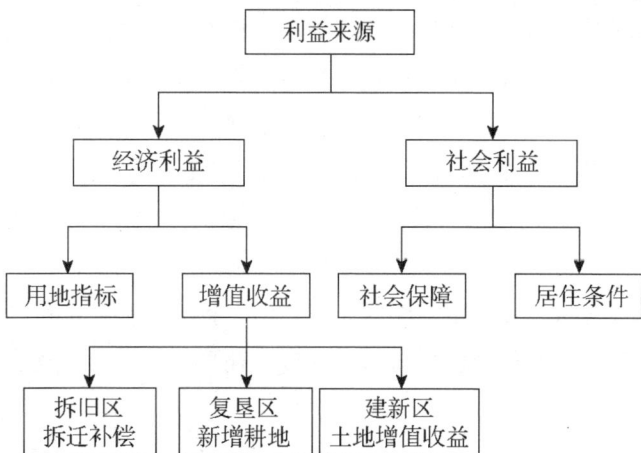

图4-40　李官社区农村居民点整理主要利益来源分类

（2）社会价值则主要体现在居住条件改善、社会保障制度完善等带来的收益上。由于农村居民点整理项目的开展，村民原有的居住环境及基础设施条件得到根本性改善。新建安置社区住房主要为二层联排别墅，另建老年公寓供特殊群体居住，由政府统一组织建设公共服务配套设施，实现了居住条件的整体提高。但由于社会利益难以进行定量分析，因此在利益分配中将不对其进行深入探讨。

3. 利益主体

李官社区农村居民点整理过程牵涉多方利益主体，具体而言，主要包括政府、农村集体经济组织及农民个人三类①。

（1）政府。广义上说，政府包括中央及地方等各级政府机构。在李官社区农村居民点整理项目中，挂钩用地指标等利益分配由齐河县政府及德州市政府负责调配。在"挂钩"政策推行中，政府要发挥项目顺利开展及逐步推进的主导角色。在征求村民意见的前提下，负责委托专业设计单位进行规划设计、建设安置新区，并进行拆迁补偿、引导村民顺利搬迁，在搬迁完成后统筹旧村拆迁改造及复垦区土地复垦工作。通过整理项目，政府可以从中获得建设用地周转指标使用、建新区土地增值收益等经济收益。

（2）农村集体经济组织。农村集体经济组织（以下简称村集体）是代表村民与政府进行协商、进行旧村改造、还建区建设及土地复垦的重要主体之一。在李官社区项目中，共涉及李官、刘安、鲍官等共7个行政村的拆迁、合并工作，其中各村集体之间的利益协调是整个项目利益分配的重要环节。具体而言，村集体需负责项目前期征集村民意见、推动项目开展等宣传工作，旧村搬迁改造过程中拆迁补偿的协调与发放工作，还建区建成后公共基础设施建设与维护工作，以及土地复垦的统一组织工作及新增耕地分配等。同时，村集体应与政府协商，解决失地农民的生活保障问题。整个项目过程中，村集体可以获得新增耕地等经济效益，及通过完善的建新区规划建设带来的社会效益。

（3）农民。农民是居民点整理过程中最基层的一级主体，也是受"挂钩"政策影响最直接的人群。在项目运行初期，政府及村集体需充分征求村民意见，协商处理好拆迁过程中可能涉及的诸如还建区安置、拆迁补偿及失地后生活保障等一系列问题，充分保障农民权益。除拆迁补偿、新增耕地及建新区增值收

---

① 在李官项目区开展过程中，政府是主导力量，虽然在安置区建设等环节引入了开发商协助进行开发，但并未涉及挂钩项目本身的利益分配，因此不将其作为利益分配主体进行探讨。

益等经济收益外，村民通过"挂钩"政策，实现居住环境的改善，从中获取一定的社会效益。

4. 利益分配

（1）地区间利益分配。李官项目中的地区间利益分配主要涉及县级和市级政府之间有关新增挂钩指标的分配。李官社区按照"先安置，后拆迁；先复垦，后使用"的原则，逐村搬迁。采取"迁村并点"的形式，集中周边村庄，建设"多层立体型"新村，改变村庄"布局零散、占地面积大"的现状。最终实现李官村拆旧 493 亩，建设安置区 120 亩，产生周转指标 373 亩。根据齐河政策规定，首先要保证预留不低于 15% 的挂钩指标用于本地长远发展，富余指标调剂到城镇使用，即整理出的新增挂钩指标主要由县级及市级两级政府负责调配，分配比例由实际情况决定，同时规定由县级政府按规定标准收取使用挂钩指标建设项目用地的费用，收费标准为 10 万元/亩。

（2）城乡间利益分配。依据齐河县增减挂钩政策，土地增值收益全额返还农村，用于新农村建设，以保障农民利益和后续项目开展。具体标准制定上，规定节地指标 10 万元/亩的补偿标准，按比例用于拆旧房屋补偿、土地复垦、安置区及基础设施建设等。

（3）农村集体经济组织利益分配。农村集体经济组织的利益分配主要涉及集体内部补偿标准制定及新增耕地使用等方面。

首先，拆迁补偿方面，李官项目主要采取"补旧"与"补新"相结合的方式对拆旧区农民进行补偿。"补旧"即通过货币补偿村民原有住房，具体操作上，由政府采用成本法对村民原有住房进行评估，给予相应现金补偿，村民以此为基础购买安置区新房。"补新"即只考虑安置区新房的面积及价格，由政府承担购买安置区新房的 50% 房款，并忽略村民原有住房的情况。安置区新房价格则统一按成本价 600 元/平方米计算，提供给村民。

其次，新增耕地使用方面，复垦区共产生新增耕地 373 亩①。复垦区使用方面，由村集体统一安排，村民可以选择保留原有同等面积的复垦区耕地自己经营，也可以选择承包大户经营，村集体收取经营收益并按比例分配，有利于土地规模效益的实现。

（二）济宁市汶上县康驿镇康达社区项目

2009 年起，济宁市汶上县的农村居民点整理工作计划利用 3 年时间，将全

---

① 挂钩周转指标＝拆旧区复垦出的耕地面积。

县占地面积 16 万亩的 493 个行政村，通过迁村并点和城乡建设用地增减挂钩，建成 102 个新型社区，节约土地 8 万亩。

济宁市汶上县康驿镇全镇主要有康达、康兴、卅里三个安置社区，已建成社区服务中心 3 处。其中康达社区作为国家和省批准实施的城乡建设用地增减挂钩试点项目区之一，已完成一期 5 万平方米的 9 栋农民公寓楼、4000 平方米的社区服务中心已完成主体工程，二期 7 万平方米的农民公寓楼和社区超市、幼儿园等已开工建设，规划设计较为完善。

在现有规划建设条件下，康达社区按照"一心、一纵两横、两环、四组团"的总体结构形式①，结合道路走向、日照间距要求、环形水系等因素设计住宅组群。社区公共服务设施则涵盖商业及综合服务、社区中心、物业管理等多个方面，布置力求兼顾社会效益和经济效益。建成后社区用地平衡表如下：

表 4-14　康达社区用地平衡表

用　　地		面积（公顷）	所占比例（%）	人均面积（平方米/人）
一、居住区用地（R）		16.14	100	33.95
1	住宅用地（R01）	6.9	42.75	14.52
2	公建用地（R02）	1.09	6.75	2.29
3	道路用地（R03）	4.90	27.33	11.42
4	公共绿地（R04）	3.38	18.85	7.88
二、其他用地		0	0	0
居住区规划总用地		17.93	—	—

1. 整理模式

康达项目区坚持政府主导、市场运作的原则，采取了争取上级资金、吸引民间资本、积聚社会投资的方式，多渠道筹集项目资金。首先，政府先期拿出 1000 万元启动资金及配套公共设施的投入，主要用于社区道路、景观工程、供排水管网等基础设施的投入。其次，工程开工后，开发商先期垫付部分资金，在施工过程中，按照完成工程量的比例多少由镇政府给付工程款，工程完工后

---

① 一心：规划在中心位置布置幼儿园、社区中心，在社区中心配套建设各项社会事业。一纵两横：社区级主干路，一纵位于政府西侧，两横分别位于地块中心和地块南侧。两环：组团级道路相互连通形成环路；结合排水与滨河的陆地建设形成社区的水系环。四组团：一横一纵的社区级道路与周边的城镇道路共同形成四个相对独立的居住组团。

延期付款一定资金用作工程质量保证金。同时，纳入全省土地增减挂钩试点，集中争取上级各项配套资金。另外，按照补贴政策①，每户群众宅基地平均可置换100平方米左右安置区住宅，而安置社区住宅楼主要户型为120平方米，群众每户按最低价还需再交1万余元补齐差价。

在康达项目区运作过程中，广泛引入了政府、开发商等多渠道筹集资金，同时，农民个人投入一定资金以获得安置区住房，相对减轻了政府的财政负担，又利于项目的顺利开展。

2. 利益来源

作为山东地区典型的农村居民点整理项目，康达社区项目与李官社区项目的利益来源类似，主要包括经济利益与社会利益两类。其中，经济利益主要来源于政府财政资金、用地指标收益与土地增值收益。

首先，政府补贴方面，通过纳入全省土地增减挂钩试点，康达社区按照每置换一亩省补贴5万元、县补贴5万元的标准，争取资金6000万元。此外还争取危房改造、新农村建设、引水安全等各项扶持资金近1000万元。其次，用地指标收益与土地增值收益方面，康达项目规划占地255亩，建筑面积14万平方米，将康北、周庄、黄庄等3个村的千余户群众全部集中到社区居住，共节约土地600亩，并按平均每亩挂钩指标价值10万元使用。项目实施后拆旧区农民所获得的经济利益则主要表现为：拆旧区的拆迁补偿，复垦区获得的新增耕地面积及建新区土地增值收益，即新增挂钩指标的转让价值。社会价值则主要体现在由于农村居民点整理项目的开展，村民原有的居住环境及基础设施条件得到根本性改善，从而为农民带来一定的社会收益。

3. 利益主体

与李官社区类似，康达社区农村居民点整理主要牵涉政府、农村集体经济组织及农民三大利益主体。

（1）政府。在康达社区农村居民点整理项目中，直接参与到利益分配的主要是康驿镇政府、汶上县政府及德州市政府三级，主要分享建设用地周转指标使用及其带来的建新区土地增值收益等经济收益。

（2）农村集体经济组织。康达社区依托康北旧村开展农村居民点整理项目，各村集体负责各项协商工作，并从中获得经济收益及社会效益。

---

① 现有居住户的补偿结合当前市场形势，按照主房一折一，配房二折一，空余院落四折一折算回迁面积，回迁住宅平均价格660元/平方米。

（3）农民个人。通过挂钩项目，村民主要获得拆旧区拆迁补偿、复垦区新增耕地及安置区新建住房等经济收益，以及居住环境改善等带来的社会效益。

4. 利益分配

（1）地区间利益分配。地区间利益分配主要涉及新增挂钩指标分配。康达社区以"迁村并点，小村集并"的方式，集中周边村庄，以节约更多土地。社区规划占地255亩，建筑面积14万平方米，将康北、周庄、黄庄3个村集中到社区居住，并节约土地600亩。根据汶上县增减挂钩政策，首先要保证预留至少15%的挂钩指标用于本地长远发展，富余指标调剂到城镇使用，同时规定由县级政府按规定标准收取使用挂钩指标建设项目用地的费用，即10万元/亩。

（2）城乡间利益分配。城乡间利益分配主要涉及建新区土地增值收益的分配。具体而言，政策规定与齐河县类似，挂钩项目产生的新增指标价值为10万元/亩，同时规定富余指标用于城镇建设后产生的土地级差收益全部返还于新农村建设。

（3）农村集体经济组织内部利益分配。首先，拆旧区拆迁补偿方面，按照主房一折一，配房二折一，空余院落四折一折算回迁面积。在回迁安置时，回迁住宅平均价格660元/平方米。给予住房安置的被拆迁居民，其房屋拆迁的各项补偿款拆迁时暂不支付，待安置住房钥匙交付时再据实结算差价。被拆迁户拆迁后的过渡期暂定为12个月，由镇政府一次性支付给被拆迁户200元/月的临时过渡费。居民房屋拆迁后，不再要求回迁安置的，可以选择货币补偿，按折算后的面积以660元/平方米的回迁价格给予一次性补偿。

其次，复垦区新增耕地方面，扣除新增安置区建设面积外，复垦区共产生新增耕地600余亩，承包大户经营，实现土地规模效益。

（三）济南市市中区陡沟街道办事处董庄项目区

2010年，济南市申请了济阳县崔寨前街—历城唐冶项目区等7乡26个村项目区、商河县郑路镇乔李石村等4乡镇5个村项目区、章丘市白云湖镇高桥村等5乡镇9个村项目区、市中区陡沟街道办事处董庄项目区等共9个项目区作为2010年度第一批城乡建设用地增减挂钩试点项目区。其中，市中区都沟街道办事处董庄项目区所在地土地利用总体规划确定的规划建设用地指标和土地利用年度计划指标与实际用地需求矛盾突出，农村建设用地调整复垦潜力较大，作为试点项目区具有较强代表性。

市中区陡沟街道办事处位于济南市西南部，总面积4776公顷，其中农用地面积为3283公顷，建设用地为1073公顷，未利用地420公顷。建设用地中城乡建设用地面积811公顷，其中城市用地370公顷，农村居民点用地228公顷。随着人口的增长与经济建设的快速发展，各行业对土地需求越来越大，人地矛盾逐步尖锐，一方面经济建设需要大量建设用地，另一方面又需要保护耕地、保障粮食安全，因此亟须城乡建设用地增减挂钩政策提供一条解决人地矛盾的新途径。

2010年6月，董庄项目区开始实施，项目区拆旧涉及村民242户，总人口801人，拆旧土地总面积16.8954公顷，其中工矿用地0.3958公顷，农村居民点16.4996公顷，项目区土地利用现状如下表4-15。

表4-15 董庄项目区土地利用现状表① 单位：公顷

			陡沟街道办事处董庄村		
			拆旧区		安置区
			复垦前	复垦后	
农用地	耕地	水浇地		16.33	6.0000
	其他农用地	农村道路		0.42	
		农田水利用地		0.14	
建设用地	居民点及独立工矿用地	农村居民点	16.50		
		独立工矿用地	0.40		
总计			16.90	16.90	6.0000
新增耕地面积			10.33		
挂钩周转指标			16.33		
城建挂钩指标			10.33		

1. 整理模式

董庄项目区在政府主导的前提下，推行政府补助与自筹资金相结合的方式，推动项目开展。首先，政府补助主要来源于耕地占用税、耕地开垦费及新增建设用地有偿使用费等。具体而言，按照5万元/亩的标准提取使用挂钩指标产生的土地级差纯收益，用于拆旧区复垦、安置区建设及农户补助；拆旧区开垦为

---

① （1）项目区新增耕地面积＝拆旧区复垦后耕地面积－安置区占用耕地面积；（2）挂钩周转指标＝拆旧区复垦后耕地面积；（3）城建挂钩指标＝拆旧区复垦后耕地面积－安置区占用农用地面积＝挂钩周转指标－安置区使用挂钩指标。

耕地，扣除安置地块后，新增一亩耕地给予 5 万元的补助。其次，由村集体负责自筹 20% 的资金，保障安置区标准住宅建设的资金来源。同时，项目资金按照 3：5：2 的比例分批分期进行拨付，其中挂钩项目已经上级批准、旧宅基地腾空复垦协议书签订后拨付 30%，旧宅基地腾空拨付 50%，复垦地块复垦验收合格后付 20%。

董庄项目区的运行模式引入了政府与农民共同参与的形式，保证了利益分配资金来源，有利于挂钩项目的顺利开展。

2. 利益来源

作为山东地区典型的农村居民点整理项目，董庄项目区与前两者类似，利益主要来源于经济利益与社会利益。其中，经济利益主要包括用地指标收益与土地增值收益。董庄项目共产生新增耕地 10.3275 公顷，即产生新增城建挂钩指标 10.3275 公顷，并按照 5 万元/亩的标准提取使用挂钩指标产生的土地级差纯收益。项目实施后拆旧区农民所获得的经济利益则主要表现为：拆旧区的拆迁补偿，平均每户补助 1 万元，复垦区获得的新增耕地及建新区土地增值收益，即新增挂钩指标的转让价值。社会价值则主要体现在农村居民点整理项目的开展带来的村民原有居住环境及基础设施条件的根本性改善。

3. 利益主体

同之前的案例相似，董庄项目区的农村居民点整理主要牵涉政府、农村集体经济组织及农民三大利益主体。

（1）政府。陡沟街道办事处、市中区政府及济南市政府直接参与到利益分配，主要分享建设用地周转指标使用、建新区土地增值收益等经济收益。

（2）农村集体经济组织。董庄村集体通过协商居民点整理的各项工作，从中获得新增耕地等经济效益，及完善建新区规划建设带来的社会效益。

（3）农民。通过农村居民点整理，村民获得了拆迁补偿、新增耕地及建新区增值收益等经济收益，及居住环境改善等社会效益。

4. 利益分配

（1）地区间利益分配。挂钩项目中新增挂钩指标的分配主要涉及地区间利益的分配。董庄项目区拆除旧有村庄，建设紧凑型标准院落式住宅，拆旧土地总面积 16.8954 公顷，其中工矿用地 0.3958 公顷，农村居民点 16.4996 公顷，最终产生挂钩周转指标 16.3275 公顷，其中扣除安置区面积后，共产生新增城建挂钩指标 10.3275 公顷。根据政策规定，在保证预留本地长远发展所用指标后，富余指标调剂到本县外（非工业项目）使用，按照 5 万元/亩的标准提取收益。

（2）城乡间利益分配。城乡间的利益分配主要是指建新区土地增值收益的分配。挂钩指标除安置地块及本县建新区使用外，还可用于本县外项目，建新区使用挂钩周转指标不收取新增建设用地有偿使用费和占补平衡费，国家收取的耕地占用税及耕地开垦费也部分返还，同时按照5万元/亩的标准提取土地级差收益。

（3）农村集体经济组织利益分配。首先，拆旧区拆迁补偿方面，主要用于对拆迁户原有住房的补助，平均每户补助1万元。安置区标准住宅建设每套10万元，其中政府补助75%，农户自筹25%。其次，复垦区新增耕地方面，扣除新增安置区建设面积后，新增耕地10余公顷。由政府负责投资土地复垦。同时，每新增一亩耕地给予5万元的补助。新增耕地由承包大户经营，实现土地规模效益。

三、山东省农村居民点整理利益分配存在的问题

通过上述分析，山东省农村居民点整理已经形成了一套较为完整的利益分配体系，以保障各利益主体在居民点整理过程中的各项利益，从而使整个项目顺利推进。但在实际操作过程中，由于规划设计、资金筹集、补偿标准制定、周转指标利用等方面制度设计的欠缺，导致利益分配可持续性不足、利益分配资金支持力度不够、补偿标准不合理、周转指标利用不充分等一系列问题亟待解决。

（一）利益分配不平衡

利益分配不平衡主要体现在各主体间与地区之间的利益分配差异。

首先，主体间利益分配的不平衡主要体现在个人补偿方式的单一性。山东各地现有的补偿方式均为"补新""补旧"或者二者相结合的模式，但实际在项目拆旧区内，存在着由于家庭人口较多但原有住房面积小而导致的安置补偿面积不足的现象，从而导致部分农民对拆迁安置积极性不高，阻碍项目区的整体开展。

其次，主体间利益分配的不平衡主要体现在个人补偿标准的偏低性。实际上，在"挂钩"政策推行中，地方政府由于受利益驱动，土地收益分配往往更多地偏向城镇建设，给农村集体和农民的补偿相对偏低且往往"一刀切"，未能真正做到"土地增值的纯收益全额返还农村"。例如在山东的三个调研地区，农民需要出资购买安置区新房，而在居民点整理搬迁过程中获得的一次性旧房补

偿不足，前期新房购置成本以及后期居住成本均大幅提高，部分农民在经济上难以负担拆迁、安置及后续生活成本，进而出现一系列社会矛盾和问题，并影响农民积极性，阻碍"挂钩"政策的进一步开展。

最后，主体间利益分配的不平衡主要体现在地区返还力度的差异性。根据上述分析，各地普遍制定了挂钩指标利用的使用价值，而各地存在着不同幅度的差异。如在齐河县的挂钩项目中，规定新增挂钩指标使用按10万元/亩的标准支付，但在其他地方如肥城，则制定了15万元/亩的标准。在实际操作中，缺乏对挂钩指标价值进行科学合理计算的统一标准，导致地区间在利益分配上出现了一定的不平衡与差异性。

（二）利益分配过于模式化，缺乏退出机制

利益分配的模式化主要体现在对个人补偿方式的局限性上。目前山东省农村居民点整理项目中，对农民个人的补偿方式主要包括"补旧"与"补新"两种模式，具体定义及特点如下表4-16所示：

表4-16 补偿方式及主要特点

补偿类型	补 旧	补 新
方式	采用成本法对原有住房进行估价，给予现金补偿	新房以成本价出售，政府与村民各承担50%房款
特点	以原有住房为基础，村民以拆迁补偿购买新房	忽略村民原有住房状况，只考虑新房的面积及价格
本质	"按面积补钱"	"按需补面积"

实际上，随着经济的不断发展，农村外出务工人员逐渐增多，更多的农村家庭逐步迁移到城镇居住，对安置区新建住房需求不高。但就项目区现状而言，现金补偿力度普遍不高，补偿价值更多以安置区新房价值体现，外出务工者只能选择以住房补偿的性质保护自身利益，这实质上也是对安置区资源的浪费。

（三）挂钩指标交易范围受限

由于国家明确规定集体土地不能上市流转，山东省"挂钩"政策背景下的农村居民点整理制度明确规定，周转指标只能在区县级周转，拆旧地块面积大于建新地块面积的，剩余部分不得作为建设占用农用地指标在项目区外使用。这样的政策虽然有利于政府微观管理建设用地周转指标，但仍存在很大缺陷。第一，从宏观政策角度而言，国家以各省区耕地保护数量为依据确定建设用地供应总量，难以准确把握指标供需状态，上级规划新增建设用地指标时缺乏对地方工业化、城市化发展需求、区域经济发展差异及人口转移等因素的考量。第二，逐级分解建设用地指标的过程没有体现经济建设的边际效应差异，导致高需求地区建设用地指标相对不足，而低需求地区整理出的建设用地指标相对富裕，整理过程中指标不得跨区域流转的规定导致指标利用效率低下。在山东，鲁西南、鲁西北等较贫困地区农业发达，在农村居民点整理过程中能产生较多的"挂钩"周转指标，同时经济发展对建设用地需求较少；反之，经济发达地区对建设用地需求量大，且难以在现有基础上开发出更多可供利用的指标。地区之间指标的无法交换，使得"挂钩"政策下的指标利用不充分。

（四）利益返还缺乏明确标准，返还方式难以操作

根据山东省的实际调研，各地普遍制定了挂钩指标利用的使用价值，同时又存在着不同幅度的差异。如在齐河县的挂钩项目中，规定新增挂钩指标使用按10万元/亩的标准支付，但在其他地方如肥城，则制定了15万元/亩的标准。在实际操作中，缺乏对挂钩指标价值科学计算的统一标准和合理依据。同时，各地政策均有明确规定，土地增值收益需全额返还，用于新农村建设。但在实际操作中，对土地增值收益的衡量存在着现实操作困难、难以测定全额返还的明确标准等问题，进而导致具体的返还方式难以界定和操作。

（五）用地指标利用缺乏合理规划和利用计划

目前项目区内对规划布局模式的现实考量存在一定不足。由于山东省在规划布局模式上，对农村居民点整理主要采取整体规划、集中布局的形式，即采取"迁村并点、小村集并、合村并建"的形式，建设"多层立体型"新村，虽然有"减少占地面积，提高容积率"等明显优势，但同时整体规划的模式也存在着可持续性欠缺的问题。同时，政策中虽规定允许预留15%的建设用地指标用于本地未来发展建设，但实际在操作上没有相应的规划及利用计划出台，各地在对整体项目区尤其是安置区与建新区建设方面缺乏长远性的考虑，忽视了对渐进式城市发展因素的考量。在对安置区规划中，往往存在只注重当前需求量的多少，缺乏对整体及长远发展的考虑，造成资源和土地整理指标的浪费。

四、山东省农村居民点整理利益制度完善的政策建议

在后续的农村居民点整理工作中，除了通过新的制度设计使利益分配机制更加完善外，山东省还应在政策制定、绩效考核、生态建设等方面发挥政府优

势，使整个农村居民点整理工作得以在山东顺利展开。

（一）完善增减挂钩利益分配操作的配套性文件

根据前文分析，山东省目前普遍缺乏一套统一的、具有较强操作性的挂钩政策利益分配配套管理办法。因此，山东省应尽快出台相应的配套文件，建立专项管理基金，从而规范和指导各地增减挂钩利益分配实践。进而要求各地在利益分配实践中公开挂钩成本、收益来源及利益去向，使过程与结果公开透明，保证整个挂钩政策推行中的公平性和利益分配合理性。

（二）合理选择项目范围，促进土地集约利用

在项目运行前期，各地方政府及相关部门应充分做好前提调研与可行性研究，结合当地经济水平、农民意愿等因素，实际考察项目推行的客观因素，合理划定项目区范围。

同时，对复垦区、还建区建设进行合理规划，在保证农民生产生活、公共环境与基础设施充分建设的基础上，合理管控还建区房屋建筑设计与建设规模，实现土地的节约集约利用。

（三）规范确权登记，保护农民权益

村庄拆并与农民集中居住，涉及农村土地承包关系、农民的宅基地权利等财产权利关系，但目前，山东省农村居民点整理工作中普遍存在产权办理缺乏具体操作程序的问题。山东省政府曾发文规定必须切实保障农民住房财产权。对农村住房，由县级人民政府负责根据土地性质，依法核发土地使用证和房产证，进行权属确认，维护农民合法权益。但目前没有具体的细则出台，在实际工作中缺乏对农民宅基地权利的保护，挂钩工作中对各类土地权属变更不够重视，存在引发各类权属纠纷的风险。

农民分配到新增耕地后，地方政府应当向其颁发土地承包经营权证，并登记造册，确认其30年的土地承包经营权。对于农民还建的宅基地，地方政府应在确认面积后对其宅基地使用权登记并颁发证书，依法保护宅基地使用权人的合法权益。

（四）逐级扩大挂钩指标交易范围

如前文所述，仅在县域范围内进行挂钩指标流转，会造成指标利用不充分、经济效益低下等问题，因此打破县域行政区划限制，扩大指标流转范围具有很重要的意义。山东省应出台跨县域城市范围，甚至跨市域范围的挂钩指标流转配套政策与实施细则，加强对逐级扩大指标交易范围的探索，争取在更大范围

内利用挂钩指标，使经济效益得以全面提升。但同时，需要制定更加完善的政策与制度来合理规范指标交易过程中产生的利益分配与共享机制，切实实现多方利益的合理配置与平衡。

多方面制度与运行机制的完善，使山东逐步建立起全面的、具有示范效应的农村居民点整理利益分配机制，有效引导山东乃至全国的农村居民点整理工作。

第七节　天津市农村居民点整理中的利益分配

一、天津市农村居民点整理"宅基地换房"模式概述

（一）天津市农村居民点整理"宅基地换房"模式背景

天津市农村居民点整理以"宅基地换房"为模式推动。2005年10月，国土资源部印发《关于规范城镇建设用地增加与农村建设用地减少相挂钩试点工作的意见》，确定天津、江苏、山东、湖北、四川五省市为试点单位。天津市以此为契机，首先以滨海新区的重要城镇——华明示范镇等"两镇三村"为一期试点，在小城镇建设中实施"以宅基地换房"制度，推动农村宅基地和其他村庄建设用地流转制度改革创新。以华明示范小城镇为例，华明镇12个自然村13268户村民，在"承包责任制不变，可耕种土地不减，尊重农民意愿，以宅基地换房"四项原则下，将每户村民拥有的集体宅基地使用权和村集体所有的村庄公共设施和公益事业建设用地合计12071亩予以复耕，在总共占地8427亩的新建小城镇中为每户村民置换约100平方米拥有房屋所有权和国有土地使用权的商品住房，以及全体村民共同拥有的配套齐全的公共设施使用权，仅占用了城镇建设用地3476亩，相当于小城镇总面积的41%。其余节约出来的4951亩城镇建设用地按照小城镇整体规划要求，公开上市交易，出让这些土地所取得的收益，用以平衡小城镇建设成本和维护费用。此外，还有4000余亩农村建设用地指标可以调剂使用，为农村集体经济的发展预留了广大空间。

2006年5月，《国务院推进天津滨海新区开发开放有关问题的意见》（国发〔2006〕20号）文件指出："支持天津滨海新区进行土地管理改革。……开展农村集体建设用地流转及土地收益分配，增强政府土地供应调控能力等方面的改革试验。"在该文件的支持及"两镇三村"一期试点成功的基础上，天津市政府

又分别批准了"九镇三村"二期试点和"六镇三组团"三期试点。天津"宅基地换房"制度吸引了国内大批官员、学者的关注,并作为全国唯一以农村城市化为题材的展示案例参加了 2010 年上海世博会的展出,在理论界和实践界都拥有相当的影响力。①

(二)天津市农村居民点整理"宅基地换房"模式分析

1. "宅基地换房"模式内涵

宅基地换房,即在国家现行政策框架内,坚持承包责任制不变、可耕种土地只增不减、本着农民自愿的原则,高水平地规划、设计和建设一批有特色、适于产业聚集和生态宜居的新型小城镇。农民以其宅基地,按照规定的置换标准无偿换取小城镇中的一套住宅,迁入小城镇居住。农民原有的宅基地统一组织整理复耕,不但可以实现耕地占补平衡,还可达到增加耕地目的。在规划新的小城镇时,除了规划农民还迁住宅外,还要规划一块可供市场开发出让的土地,通过土地出让获得的收入,平衡小城镇的建设资金和农村宅基地的整理复耕资金。

2. "宅基地换房"模式的特点

采取"宅基地换房"模式的耕地整理项目特点主要有以下方面。

(1)整理范围大、整体性强。项目区一般以乡镇为单位,以耕地整理为目标、以村庄搬迁复垦为重点,实现农田基础设施建设与小城镇建设整体规划、综合布局,实现城乡一体化的整体规划设计。

(2)增加耕地面积显著。"宅基地换房"模式真正意义上实现了田、水、路、林、村综合整理。通过综合整理,大大降低了耕地的破碎度,减少了基础设施占地、提高了用地效率,从而提高了增地率。通过众多低效利用农村居民点向小城镇集中,实现高度集约建设,村庄整体搬迁、复垦,可以大量增加耕地面积。

(3)工程标准高。实施"宅基地换房"模式的土地整理项目,一般位于大城市郊区或发达的东中部城镇连绵区,农业现代化要求较高,为了适应耕地规模化、园区化、机械化、集约化、社会化的农业现代化要求,必然要求采用较高的工程建设标准。而此种模式,通过置换也为高标准整理提供了资金支持。可以广泛采取主路硬化、灌溉管网化、防护树种园林化、地块规模大型化、方

---

① 本部分摘自调研资料:张晓娜. 宅基地换房与集体建设用地流转制度的创新 [C]. 以宅基地换房法律基础研究,天津四方君汇律师事务所,2008:27–28.

田化的建设标准。

（4）村庄复垦与农田整理结合进行。传统的整理模式往往是村庄复垦工程与农田整理工程分开进行的。由于"宅基地换房"模式采取的是整体搬迁，村庄搬迁后的废弃地全部复垦，复垦后的土地要与周边耕地形成规格一致、质量相同、基础设施配套的适于现代农业生产的格局，必须要求村庄复垦与农田整理结合进行。

3. "宅基地换房"实施步骤

"宅基地换房"可以分为九个步骤：一是区政府编制总体规划报市政府审批；二是组建投融资机构负责新村（符合规划村庄所在地）建设；三是市政府国土管理部门下达土地挂钩周转指标；四是村民提出宅基地换房申请并与村民委员会签订换房协议；五是村民委员会与镇政府签订换房协议；六是镇政府与新村投融资机构签订总体换房协议；七是新村农民住宅建成后由村民委员会按照全体村民通过的分房办法进行分配；八是农民搬迁后对原宅基地整理复耕，整理后增加的耕地部分用于归还新村建设占用的土地挂钩周转指标；九是挂钩剩余增加耕地指标进入新增耕地储备库。

4. "宅基地换房"模式评价

从实践上，"宅基地换房"模式实质上是土地利用规模化、集约化的实现途径。通过该模式，实现农村土地利用三集中，即农村居民点向小城镇或中心村集中，乡村工业向工业园集中、耕地向农业园集中。将村庄复垦、农田整理、新村建设、小城镇发展等结合起来，达到综合整治、推动城镇建设、提高村庄用地效率、增加耕地面积、提高耕地质量、改善生产条件的目的。最终实现耕地占补平衡的目标。从现实意义上来看，"宅基地换房"也可以称之"用住房换耕地"。所换耕地用于占补平衡和建设用地指标折抵。

从理论上，"宅基地换房"模式实质上是土地发展权的转移。土地发展权是将原土地用途变更为建设用地等更佳用途时的权利，是一种可以与土地所有权分割而单独处分的产权，它既可以由拥有土地所有权的土地拥有者支配，也可以由不拥有土地所有权只拥有土地发展权者支配，它是土地处分权中重要的一项权利。"宅基地换房"模式虽然有诸如农民实际利益能否保障、农民居住方式能否与生产方式相适应等问题，但是从日益受到重视的土地发展权角度来看，无疑是目前农村居民点最合理的整理方式。采取这种方式，可以通过制定科学合理的置换方法，既照顾部分农民的既得利益，保障真实合理的宅基地需求，又能保护耕地，为村庄复垦、农田整理创造土地条件。这种方式的意义已经远远超出了传统理论方法，它不再以挖潜宅基地数量为主要目标，而是彻底改变人们对土地发展权理论的认识和实践能力，对于更公平、更和谐地利用土地有重大意义。

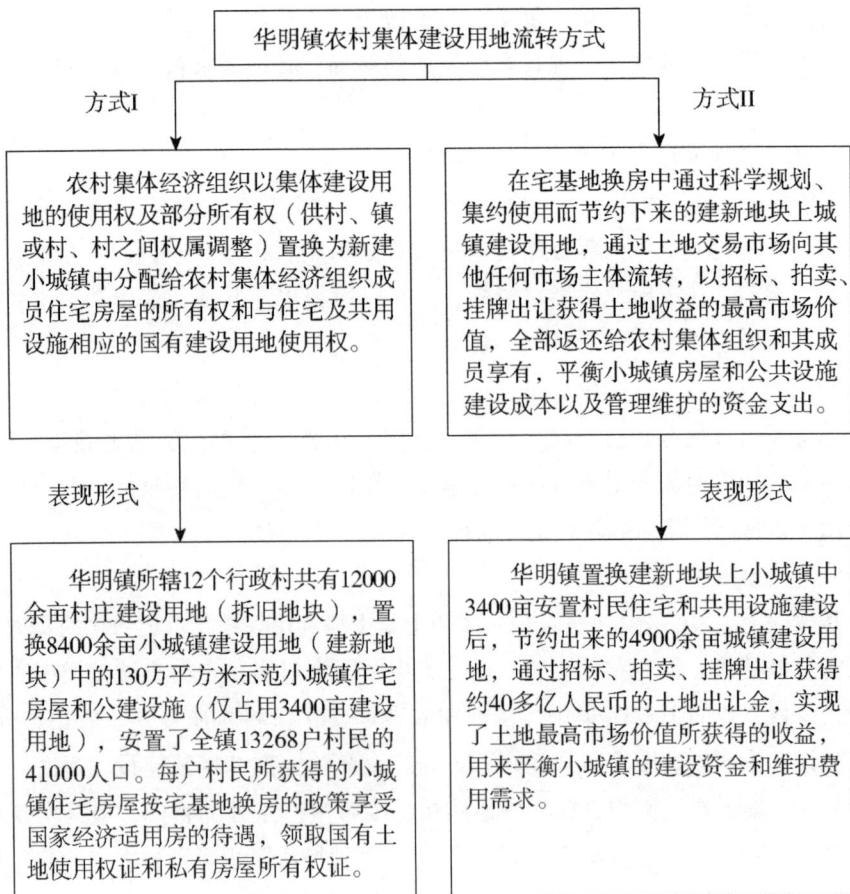

```
        ┌──────────────────────────────┐
        │  华明镇农村集体建设用地流转方式  │
        └──────────────────────────────┘
    方式I                              方式II
```

农村集体经济组织以集体建设用地的使用权及部分所有权（供村、镇或村、村之间权属调整）置换为新建小城镇中分配给农村集体经济组织成员住宅房屋的所有权和与住宅及共用设施相应的国有建设用地使用权。	在宅基地换房中通过科学规划、集约使用而节约下来的建新地块上城镇建设用地，通过土地交易市场向其他任何市场主体流转，以招标、拍卖、挂牌出让获得土地收益的最高市场价值，全部返还给农村集体组织及其成员享有，平衡小城镇房屋和公共设施建设成本以及管理维护的资金支出。

表现形式　　　　　　　　　　　　　表现形式

华明镇所辖12个行政村共有12000余亩村庄建设用地（拆旧地块），置换8400余亩小城镇建设用地（建新地块）中的130万平方米示范小城镇住宅房屋和公建设施（仅占用3400亩建设用地），安置了全镇13268户村民的41000人口。每户村民所获得的小城镇住宅房屋按宅基地换房的政策享受国家经济适用房的待遇，领取国有土地使用权证和私有房屋所有权证。	华明镇置换建新地块上小城镇中3400亩安置村民住宅和共用设施建设后，节约出来的4900余亩城镇建设用地，通过招标、拍卖、挂牌出让获得约40多亿人民币的土地出让金，实现了土地最高市场价值所获得的收益，用来平衡小城镇的建设资金和维护费用需求。

图4-41　天津市华明镇"宅基地换房"中的农村集体建设用地流转

注：该图所示内容及数据根据以下调研资料整理所得：张晓娜. 宅基地换房与集体建设用地流转制度的创新［C］. 以宅基地换房法律基础研究，天津四方君汇律师事务所，2008：28-29.

二、天津市农村居民点整理"宅基地换房"模式利益分配案例分析

天津市华明镇是天津市被批准为首批城乡建设用地增减挂钩试点省市后的一期项目。华明示范镇总体规划占地面积约13.1平方千米（其中示范镇居住区

及商务区 5.618 平方千米；华明经济功能区 7.5 平方千米）。规划分区除了安置居住区和商品住宅区，还有经济功能区和商务功能区。华明示范镇地理位置优越，交通便捷畅达，周边环境良好。该区域距天津市中心区 10 千米、天津新港 30 千米、天津滨海国际机场 3 千米。完备的交通设施使之成为连接天津市区与滨海新区、国际机场、首都北京的重要枢纽。

（一）华明镇"宅基地换房"具体做法

华明镇的宅基地换房，即在国家现行政策框架内，坚持承包责任制不变、可耕种土地只增不减以及农民自愿的原则，高水平地规划、设计和建设一批有特色、适于产业聚集和生态宜居的新型小城镇。农民以其宅基地、按照规定的置换标准无偿换取小城镇中的一套住宅，迁入小城镇居住。农民原有的宅基地统一组织整理复耕，不但可以实现耕地占补平衡，还可达到增加耕地的目的。在规划新的小城镇时，除了规划农民还迁住宅外，还要规划一块可供市场开发出让的土地，通过土地出让获得的收入，平衡小城镇的建设资金和农村宅基地的整理复耕资金。

天津市东丽区华明镇的"宅基地换房"政策实际上采用了"以房换房"或"以建筑面积换建筑面积"的做法，而不是严格意义的"以宅基地换房"。华明镇的基本做法如下。

1. 由镇政府统一组织丈量农民房屋面积，根据房屋分布与质量好坏，将房屋分为正房、附房。正房按照 1∶1 的比例，即 1 平方米的正房建筑面积可置换 1 平方米商品房建筑面积，而附房则是按照 2∶1 的比例，即每 2 平方米的附房面积可置换 1 平方米商品房建筑面积。丈量好农民居住房屋的建筑面积后，通过这两个比例进行核算，农民根据计算后所得面积数值获得一套新建的商品房住宅（基本上为 4～9 层的多层或中高层建筑）。

2. 在具体的实施过程中，根据我国"十一五"规划在住房方面城镇人均住房面积争取达到 30 平方米的相关规定，华明镇政府承诺在换房的过程中保证每名村民人均住房面积不会低于 30 平方米，但不足的住房面积需由农民按照 600 元/平方米的价格进行购买（政府许诺置换过程中按照低于市场的价格对房屋建筑面积进行出售，每平方米 1000 元，并补贴 400 元，两者差额为 600 元，即不足部分的每平方米价格）。

3. 每户均需负担所谓的"门口钱"。政府许诺每户住宅的居民可以多申请 8 平方米的建筑面积，并按照优惠价格 16400 元出售给农民。这 8 平方米的建筑面积可以理解为公摊面积，并带有权属界定的性质，因此虽规定农民"可以"申请，但实际上每户农民必须承担这 16400 元的公摊费用。

4. 如村民希望置换更大面积的住宅，则需要从政府或其他村民手中购买置换面积指标。

通过对换房办法总结可以得出，在实际的置换过程中，农户往往需要花费一定数量的资金才能获得房屋（如每户规定需交纳的 16400 元门口钱），而并不是像政府最开始承诺的那样："不让农民花一分钱"。

此外，需要指出的是，根据对农户的调查，镇政府在同村民进行谈判时曾承诺不仅满足每名农户 30 平方米的基本住房要求，还承诺每人能够按照 15 平方米的标准另申请一套"小户型"的住宅。这些"小户型"住宅旨在为那些子女成人后需要结婚成家的家庭另提供一套住房。例如，三口之家能够依据 15 平方米的标准向政府申请一套 45 平方米的小户型住宅。但通过实地访问农户我们发现，政府并没有落实人均 15 平方米"小户型"的政策。在采访政府相关工作人员时，他们大都以"小户型正在建设"为借口进行推诿，然而在走访小区的过程中，我们发现各小区建设基本完工，在建的几栋房屋均为至少 60 平方米的大户型，并没有发现正在建设的小户型房屋。

（二）华明镇"宅基地换房"创新之处

1. 农村土地流转制度的创新。"宅基地换房"整理模式不仅仅是把农民户口转变为城镇户口，而是由农业型社会向城市型社会转变，主动适应形势的变化，大力推进制度和政策创新。"宅基地换房"的实质是农村集体经济组织成员将各自拥有的宅基地使用权统一交还给农村集体经济组织后，农村集体经济组织作为一方物权主体，用整个村庄建设用地的使用权及部分所有权，与另一方物权主体小城镇项目投资建设方的新建小城镇住宅房屋和公共配套设施进行等价交换，完成了平等民事主体之间协议交换物权的合法过程。在流转过程中，先由市土地行政主管部门供给小城镇建设用地周转指标，然后进行村民原有宅基地的复垦还田，实现占补平衡，保证耕地不减少。除安排农民居住用的用地外，还规划出较大比例的商品房用地，以其土地出让收入平衡城镇建设资金。

2. 建设投融资方式的创新。"宅基地换房"是整理动作最大、所需资金量很大的一种整理模式，其工程资金量是政府财力、农民自身财力远不能及的。华明示范镇推行以宅基地换房为手段的"以地生财、以城养城"的做法是一种大胆尝试，有效地解决了建设资金问题，在投融资模式方面开创了国家开发性金融与小城镇建设结合的先例。利用市场手段，通过招标、拍卖、挂牌等方式出让规划的经营性用地，以此收益偿还贷款，达到项目资金平衡。

3. 小城镇管理体制、管理方式及执法体制的创新。农村人口迁居城镇以后，社会形态由农业型社会向城镇型社会转变，华明镇根据形势需要，创新了城镇管理体制。在管理体制构建上，改变原来以村为主的管理体制，成立了华明示范镇管委会，负责日常行政管理。在管理方式上，做到政事、政企分开，管、干分离，对各项养护管理、清扫保洁等采取市场运作方式，通过社会招标选定相关单位。

4. 农村集体经济组织形式的创新。保留农民集体经济组织成员身份，进行农村集体经济组织产权制度改革，成立新型组织。把农民的土地承包权和剩余资产变成股权，让资产流动、组合，规模化经营，比如把农民的耕地承包权统一上收后由村集体或镇成立的相关公司负责统一发包给河北省、山东省等种粮大户，给农民相应的股金。同时，成立若干新型经济实体，比如有机蔬菜大棚等，实现农民的劳动联合与资本联合。

5. 社会保障制度的创新。农民是宅基地换房的受益者之一，宅基地换房以后，多数农民住上了楼房，不但改变了生活方式，还实现了家庭财产的增值。理论上看，普通家庭置换一套住宅后其价值较原有宅基地和房屋价值增值 10~20 倍。社区成立了专门组织机构，拓宽换房后农民的就业渠道，包括物业服务、保安保洁、环卫清洁及治安协管等就业岗位。同时，对部分农民进行免费培训，提高其就业技能，满足空港物流加工区和华明经济功能区的用工要求。

三、天津市农村居民点整理"宅基地换房"模式利益分配存在的问题

（一）换房政策落实过程中收益的分配存在不公

土地的投资、转卖等因素会导致土地增值，而农民往往没有参与这个让土地增值的过程。但由于农民享有土地的使用权，他们的确应该从土地增值的过程中获得收益，否则就会造成利益分配的不均衡，最终导致政策推行困难，阻力增加。

有学者对华明镇贯庄村一位农民采访信息如下：该村共有宅基地 2142 亩，1910 户，平均每户 749 平方米（含村办企业、道路、办公楼等公共建设用地），"一户平均才有 75 平方米的有效置换面积。即使按照宅基地换房通常的做法，政府、开发商和村民各占 1/3 来计算，每户实际也应该得到 249.3 平方米"。实践中，户均 75 平方米，仅为原村落建设用地户均 749 平方米的 1/10。从市场估价来看，75 平方米的楼房按照每平方米 4000 元的均价，价值总额近 30 万元；

而 749 平方米的宅基地，折合 1.12 亩，贯庄周边的土地挂牌出让价格为 300 万元到 400 万元，农民自己将一亩宅基地出售给市场，至少将获得 300 万元收益，是宅基地换房收益的 10 倍。虽然国家规定宅基地不得进行转让与买卖，但实际上政府从农民手中取得土地后，将土地进行出让，依然能够以市场价格获得收益，而所获得价款往往是补偿款的十几倍，农民并未从中获得应有的补偿。

有观点认为农民没有任何花费而得到了一套价值很高的房屋。但如果考虑经济收益，农民实际上没有得到任何好处。农民得到的房屋确实比原来在农村得到的房屋价值高很多，但农民对于住房往往都是基本的使用需求而不是投资需求，也就是说农民得到了价值百万的房屋，但为了满足基本的居住需要，农民是不会将房屋在市场上出售的，因此农民并没有在上楼后因为房屋而获得更高的经济收益。

（二）土地增减挂钩政策落实状况打折扣

根据华明镇政府提供的官方数据，华明镇共有宅基地 12071 亩，新市镇建设用地 8400 亩，在耕地周转指标方面，于 2010 年完全归还了占地指标，并盈余 3600 余亩土地作为土地储备用于土地出让，达到了耕地与建设用地占补平衡的要求，并遵循了国家"可耕种土地不减"的原则。在实际操作中，镇政府在政策允许的范围内采用了"先占地后复垦"的方法，并且将新建成的农业园区面积同样算作复垦耕地的面积，以此作为平衡用地的周转指标。通过与政府工作人员座谈我们发现，赤土村尚有 30 到 40 户未进行搬迁，原因是小城镇目前所能提供的住房数量不足，房屋仍在建设阶段。在能够储备 3600 亩土地用于出让的情况下，三四十户的居民无新居可住，这就暴露了在换房过程中用于村民安置用地数量不足的问题，并且也从侧面反映了华明镇以出让为目的的土地数量过多，侵占了居民安置用地，当然不排除在村民分配住房的过程中有的家庭采取"分户"等策略，导致原先设定的安置性住房不够用的局面。这违背了土地整理中利益衡平的急需利益优先满足原则。

（三）政策落实过程中房屋置换标准与相关补偿界定模糊

关于房屋的置换标准，农民与官方给出的解读不同。根据国家的相关政策规定，地方政府有权根据自身情况制定相应的换房标准，华明镇"正房 1∶1 ＋附房 2∶1"的换房标准并没有违背相关法律法规的规定，但由于地方政府在政策落实前并没有做好充分的宣传工作来取得广大农民的理解与支持，并且在政策落实过程中没有履行"不让农民花钱"与"小户型"的承诺，使该项政策缺乏公信力与可操作性。

此外，耕地的补偿程度低，不足以维持农民生计。由于农村的市场化、城市化水平较低，补偿金额往往由地方政府主观决定，而不是综合考虑房屋的建设成本、土地将来的增值收益等因素。补偿方式基本为一次性支付，在政策推行的过程中，政府向农民支付的补偿金额往往是一次性的。农民暂时得到了比较可观的收益，但伴随着经济的发展所带来的物价上涨等问题，一次性的支付使农民的购买力在长期内受到了损害。并且由于农民在一定程度上存在非理性消费的行为，其未来的生活中普遍存在着补偿款不足以负担生活成本的问题。

（四）农民换房后生活成本提高与社会保障缺失

在就业方面，换房政策使许多农民失去了原有的依靠出卖农副产品取得收入的方式，转而作为工业或第三产业劳动力参与市场的资源配置。换房前，18%的受访者月收入在500元以下，68%的受访者月收入在500到1500元之间，占受访者的绝大多数。换房后，24%的受访者继续原来的工作，25%的受访者找到了新工作，而51%的受访者在家待业；33%的受访者月收入在500元以下，53%的受访者月收入在500到1500元之间。统计数据表明，换房政策使得农民的收入水平下降，甚至出现了失业、待业的情况。7成多的受访者认为政府应当提供更多的就业岗位，4成受访者认为政府应当组织必要的职业技能培训，表明农民需要政府切实做好就业帮扶工作。农民上楼后，最大的问题就是失去了赖以生存的土地。虽然目前许多农民都改变了牢守田园的生存方式，选择了外出打工，但很多年龄偏大的农民仍然依靠耕地收入维持生计。由于知识技能水平的欠缺，许多农民并不能像城镇居民一样找到合适的工作，绝大多数情况下其收入水平甚至不及在农村从事农业生产的收入。

在社会保障方面，农民进入城镇后，子女得到了更多的教育机会，并且所接受教育的水平有了很大的提高。有65%受访者家里有适龄学生在华明镇幼儿园、小学、初中上学，说明搬入新区后，居民的确获得了教育方面的实惠，能够让自己的子女接受更高水平的教育，争取更多的受教育机会。但认为学费适当的仅占受访者的四成，很多居民表示进入城镇后在教育方面缴纳的费用更高了，使他们感受到了更大的压力。在医疗方面，村集体利用上级政府的拨款每月帮助适龄居民缴纳60元的医疗保险费用，并且不包括药物的报销，许多年老村民表示用于购买药物的费用较高，医疗保障水平同城镇居民的医疗保障程度相比仍然存在相当大的差距。

在生活成本方面，农民迁入城镇后，生活成本大量增加。统计数据显示，换房前家庭平均月消费902元，换房后该数额增加至1795元，有95%的受访者认为换房后家庭支出大量增加，而生活费用的增加主要是由于农民失去从事农业生产的机会后不得不在市场购买各类农副产品，此外交通、医疗、卫生方面也增加了支出。换房前75%的受访者表示完全能够维持基本生活，22%的受访者表示勉强可以，只有3%的受访者表示在农村不能维持自己的基本生活，需要通过亲友资助等方式维持生计，换房后仅有10%的受访者表示完全能够维持基本生活，53%的受访者表示勉强可以，表示不能维持自己基本生活的受访者比例竟高达37%。迁入城镇后，农民不能保持原有自给自足的生活方式，食品均需要在市场购买，这是构成农民生活成本增加的最主要因素。此外，农民还需要负担因基础设施状况改善而增加的生活成本，如水电费、物业管理费，导致农民的生活费用大量增加。原本在农村的生活条件不如城市，但由于农副产品多为自给自足，仍能够满足基本的生活需要。搬入新居后，居住环境变好了，医疗、教育等方面获得了更高水平的服务，但生活成本的大量增加却是这些方面的优势无法弥补的大问题。

在换房政策的落实过程中，必须做好居民的安置工作，保证他们在换房后依然能够维持生计。为此，与换房政策相配套的就业帮扶、社会保障、户籍制度与物业管理方面的政策亟待完善。

四、天津市农村居民点整理"宅基地换房"模式利益分配制度完善建议

因地制宜地确定补偿标准，提高补偿程度，长期发放补偿款，用绝对数为标准进行补偿。应当综合考虑各地的经济发展水平、消费水平、城镇居民生活水平等诸多因素，以此制定一定比例的补偿额，来弥补搬迁给农民带来的损失。同时应考虑采取多次少补的方式，帮助农民合理理财。对于具有特殊困难的农民，应当予以特殊的照顾。

大力开展就业帮扶工作，对农民进行生活补贴，在医疗、教育、养老等方面切实保障农民利益。首先，农民上楼后最大的问题就是无法充分再就业。失去了赖以生存的土地，农民必须同广大城镇居民竞争来获得新的工作机会。由于农民知识技能水平较低，无法适应劳动力市场上的激烈竞争，因此政府应当进行有效的就业帮扶，采取职业技能培训、提供就业信息等方式解决农民再就业困难的问题。其次，应当给予农民一些补贴来减少搬入城镇后生活成本的提高对农民生活水平的负面影响。除此之外，也应当按照城镇居民的标准向农民

提供相应的保障，包括养老与医疗保险以及农民子女的教育保障，切实保障农民生活。

采取相应措施解决因房屋置换或土地增值问题给农民利益带来的损失。应当做好估价工作，综合考虑农民农用地与宅基地未来的用途，真实体现农民房屋与农用地价值。应当在测算现实利益的基础上，考虑农民的机会成本和潜在收益。应当明确农民对土地与地上附着物的产权，在维护国家与集体对土地所有权的基础上充分保障农民的使用权。

第八节　农村居民点整理中的利益分配实证分析总结

一、各地农村居民点整理利益分配的共性与特性

（一）各地农村居民点整理利益分配的共性

农村居民点整理作为土地整理的一项重要内容，在城乡建设用地增减挂钩政策的推动下，成为实现城乡统筹，推动新型城镇化进程的工具和平台。目前，国内各地的农村居民点整理都是以城乡建设用地增减挂钩的形式推进，这与农村居民点整理需要大量的资金投入和现状条件下整理资金来源较少有关。通过城乡建设用地增减挂钩的形式，农村居民点退出其部分土地的建设形态发展权，并将其转移到城市周围的土地上，从而显化农村居民点土地发展权的价值，为农村居民点整理工作提供资金支撑。成都和重庆地区的农村居民点整理，推行地票制度，虽然挂钩的范围突破了县域的控制，但在本质上仍是城乡建设用地增减挂钩的形式。综合上文对陕西省、湖北省、天津市等8个省（市）的农村居民点整理利益分配实证分析，可以得出其在农村居民点整理利益分配方面存在以下的共性。

1. 在整理背景和模式上，农村居民点整理是经济社会发展到一定阶段后，国家为了破解城乡建设用地利用困境和耕地保护难题而做出的必然选择。这是因为随着经济的迅速发展，工业化的快速推进，一方面城市产业、城市建设等需要大量的劳动力，另一方面农业机械化水平提高，农村产生大量的剩余劳动力。农村剩余劳动力转移到城市，既造成大量农村宅基地闲置，空心村随处可见的现象，又给城市扩张区域范围承载更多的人口带来挑战。同时，中国城乡二元土地制度以及农村集体土地权利的弱势地位，使农村宅基地的退出和流转

困难重重。加之我国实行最严格的耕地保护制度，对城市土地扩张有严格的限制，使得城市发展缺少指标，这样就形成农村土地闲置和浪费，而城市建设缺少土地的困境。农村居民点整理在这种背景下，成为通过发展权指标转移的方式进行城乡建设用地流转的间接渠道，这是全国推动和开展农村居民点整理的共同背景，也是农村居民点整理利益分配的共同背景。在这种共同的背景下，农村居民点整理的利益分配一方面被赋予城乡统筹的内涵，另一方面也表现出随农村居民点整理项目不同而变化的特征。

农民受中国传统风俗文化的影响，多具有安土重迁的特性。加上农村居民点整理需要大量的资金投入，农民自身推动农村居民点整理的积极性不高，所以目前的农村居民点整理多是政府主导型。成都、重庆推行的地票制度，虽然使农民拥有更多的农村居民点整理项目支配权，但在项目初期，还是需要政府在融资、规划设计等方面给予引导。农村居民点整理在推动的模式上具有政府参与的共性，这种共性对农村居民点整理利益来源、参与主体和分配方面具有直接影响。

2. 在利益来源方面，农村居民点整理是一项系统工程，拆旧、建新、复垦耕地等需要大量的资金投入。农村居民点整理以城乡建设用地增减挂钩的形式推进，决定了居民点整理利益来源的本质是农村居民点节余建设用地指标的流转收入。这种利益来源的共性可能有不同的体现形式，无论是成渝地区的地票、天津的宅基地换房，还是浙江省推行的两分两换，本质上都是土地发展权转移的指标收入。对于经济利益外的社会利益、生态利益，也都是来源于农村居民点整理项目本身，具体体现为农民生活环境的改善，生产条件的提高和对社会满意度的提升。

3. 在利益主体方面，农村居民点整理涉及各级参与政府、村集体、村民以及规划、设计、测量等中介机构，这些利益主体都或多或少地参与了农村居民点整理的利益分配。政府为了破解城乡建设用地困境，具有推动农村居民点整理的动力，而且农村居民点整理大多也需要政府投入先期启动资金，政府成为农村居民点整理利益分配的重要一级。村集体和村民是农村居民点整理直接面向的对象，在此过程中失去了农村居民点用地作为建设用地的发展权，或者失去对耕作土地的所有权或使用权，因此也是农村居民点整理的重要利益主体。中介机构为农村居民点整理工作提供了技术支撑和服务，在此过程中获得服务费用。考虑这些参与到农村居民点整理工作中的利益主体的目标异质性，在多元利益主体之间进行合理分配的理念，是农村居民点整理利益分配方面存在的共性。

4. 在利益分配方面，各地农村居民点整理中的利益分配是一个复杂的问题，事实上农村居民点整理各种问题的核心就是利益分配问题。一方面，公平合理分配各方利益可以有效解决以往农村居民点整治缺乏资金的问题，有力推进增减挂钩项目进程，为经济发展和社会财富增加做出贡献，另一方面，如果利益分配不公平合理，农民权益受到侵害，社会各方矛盾将被激化，甚至产生群体事件，严重阻碍项目进程，最终导致增减挂钩项目产生的总利益下降。截至调研期间，关于农村居民点整理利益分配，国土资源部尚未出台可具操作性的增减挂钩利益分配实施细则，各试点省份都还处于摸索和创新阶段，各地的利益分配方式不尽相同。但具有共性的是，所有增减挂钩项目利益的最终来源都是位于城市近郊的建新区农用地通过征收转为建设用地形成的土地增值，增减挂钩利益分配实质上是建新区土地增值收益的分配。而增减挂钩建新区的土地增值收益实质上是建新区超额土地发展权的价值，因此，增减挂钩项目中的利益分配实质上是建新区超额土地发展权价值的分配。

关于建新区超额土地发展权价值，当前国家层面的政策规定，应全部由拆旧区农民获得。《国务院关于严格规范城乡建设用地增减挂钩试点切实做好农村土地整治工作的通知》（国发〔2010〕47 号）第四条明确规定："确保所获土地增值收益及时全部返还农村，用于支持农业农村发展和改善农民生产生活条件。"这种将建新区超额土地发展权价值完全给予拆旧区农民的利益分配方式并不合理，因为良好的区位条件是决定建新区超额土地发展权行使的必要条件，而建新区良好的区位条件是国家决策和全民投资的共同结果，"这种全社会贡献值无法量化到具体的组织部门和公民个人身上"①。事实上，各地在实施增减挂钩政策时，也并没有采用国土资源部规定的这种利益分配方式。由于地方政府进行城市基础设施建设需要大量资金，地方政府不可能将所有的建新区土地增值收益都返还给拆旧区，在各地试点过程中，地方政府都通过各种方式或多或少获得了部分建新区超额土地发展权的价值，成为利益主体并参与了利益分配。如重庆地票制度的利益分配过程中，建新区超额土地发展权价值包括建新区土地出让金和地票收益两部分，拆旧区农民个人与农民集体按照 85∶15 的比例分配地票收益，而建新区土地出让金则全部由地方政府获得。这种增减挂钩利益分配方式有其合理之处，也有其不合理和不规范之处，这是全国范围内农村居

---

① 王万茂，臧俊梅. 试析农用地发展权的归属问题［J］. 国土资源科技管理，2006（3）：8－11.

民点整理利益分配过程中普遍存在的问题。

（二）各地农村居民点整理利益分配的特性

就像著名哲学家莱布尼茨（Leibniz）所言，世界上不存在完全相同的两片叶子。农村居民点整理在利益分配方面既存在着一定的共性，也因各地情况的不同表现出差异性。我国的农村居民点整理，虽然主要以城乡建设用地增减挂钩的形式推进，但受区域经济发展水平、待整地块现状条件、地方政府管理思路等因素影响，具体表现为不同的整理模式。张远索认为不同的农村居民点整理模式，催生了不同的利益分配格局。① 在利益来源、利益主体、利益分配等方面的具体表现也因此而不同。结合上文对各地农村居民点整理的具体分析，其在利益分配方面的特性具体表现在以下几个方面。

1. 整理模式上，虽然目前的农村居民点整理在本质上都是通过城乡建设用地增减挂钩的方式推进，但因我国的农村居民点类型复杂多样，各地的情况千差万别，所以农村居民点整理的具体表现形式因地而异。按照不同的分类标准，农村居民点整理有不同分类结果。综合来讲，常见的分类标准有整理前后农村居民点形态变化、整理行为实施主体、整理过程中融资主体等。其分类结果依次分别包括：农村城镇化型、自然村缩并型、中心村内调型、异地迁移型；政府主导型、企业主导型、村集体自主型、村民自发型；政府融资型、企业融资型、村集体融资型、村民个人融资型。也有根据在整理过程中是否发生农民上楼现象，粗分为两大类模式。另外也有很多模式冠之地名用以体现其地方特色，比如天津模式、深圳模式等。

这种因地而异的农村居民点整理模式，是各地的农村居民点整理特性，同时也是其利益分配的特性。

2. 利益来源上，农村居民点整理利益来源本质上是节余指标的出让收入，但来源方式存在不同。以城乡建设用地增减挂钩的形式推进，利益的大小取决于挂钩用途的类型。一般用于工业用地的农村居民点整理项目，虽然指标的出让收入较低，但可以提供后续的就业等社会保障。市场主导型的项目，多由相应企业出资整理农村居民点，并将相应的节余指标进行房地产开发等。对于国家城乡统筹试点区成渝，增减挂钩的指标范围超过了县域的限制，很多农村居民点属于村民自主型。农村通过融资先行整理出建设用地指标，形成地票，进

① 张远索，张占录. 农村居民点整理中二维多元利益格局优化 [J]. 中国土地科学，2013，27（6）：58 – 65.

而进入土地交易市场流转取得收益。

3. 利益主体上，不同的农村居民点整理项目，虽然均涉及政府、中介方、村集体和村民等利益主体，但不同利益主体参与的程度不同，在利益分配中的地位也有较大差异。成渝地区农村居民点整理，村集体和农民的参与度较高，政府在其中承担监督、管理的角色，得到的农村居民点整理中收益分配就较少。政府主导型的农村居民点整理，因为相关拆迁、建新、规划等工程需要政府的牵头，政府的参与度较高，占农村居民点整理中的分配比例也较大，而且容易发生寻租等行为。

4. 利益分配上，不同整理模式下，利益分配也不同。利益分配问题是农村居民点整理各项社会问题的根源。综合上文对陕西、浙江、湖北、成渝、天津等地农村居民点利益分配的分析可以看出，成渝地区农村居民点整理农民充分参与，获得的收益比例较大。而陕西、山东等地政府主导农村居民点整理，农民参与度不高，其所占收益比例较小。而各地具备条件，实行企业主导型的农村居民点整理，农民村集体和村民与企业博弈的结果是其在农村居民点整理收益分配所占的比例相对居中。

依据农村居民点整理中，农民是否上楼，对农村居民点整理收益分配的特性总结如表 4 - 17 所示。

表 4 - 17　农村居民点整理不同形式下利益分配特性分析

分类标准	模式名称	利益分配现状
依据整理后农民是否上楼、是否用宅基地换房等	农民上楼	利益来源：商品房收入、商业收入等经济收益，可能产生的建设用地指标、新增耕地面积，社会效益、居住环境效益等
		利益主体：政府、开发企业、村集体、农民个人
		利益分配：政府占有除居住环境效益之外的各种利益的一部分，开发企业获取商品房收入及可能的建设用地指标，村集体及农民得到部分经济收益及社会效益与居住环境利益
	农民不上楼	利益来源：可能产生的建设用地指标、新增耕地面积，可能的社会效益、环境效益
		利益主体：政府、开发企业、村集体、农民个人
		利益分配：政府主要占有社会效益及部分可能的经济效益，开发商获取政府拨款和可能的建设用地指标，村集体及农民得到部分可能的经济收益及社会效益与居住环境利益

二、各地农村居民点整理利益分配的优点与不足

（一）各地农村居民点整理利益分配的优点

虽然各地的农村居民点整理有不同的模式和利益分配形态，但当前的农村居民点整理利益分配对农村、农民、农业带来了变化。主要体现在以下方面。

1. 增加农村剩余劳动力就业，提高农民收入

我国农村人口比例大，随着现代农业的推进，农村存在着许多失业和隐性失业的剩余劳动力。农村居民点整理可以带动农村剩余劳动力就业。主要表现在：首先，农村居民点土地整理项目整理出大量耕地，在这些耕地进行现代农业生产，扩大农村剩余劳动力就业；其次，由于农村居民点土地整理是一项投入量大、建设期长的项目，需要大量的劳动力，因此农村居民点整理项目在一定程度上可以缓解农村就业难的问题。

2. 增加耕地面积，提高农产品总产量

由于农村居民点土地整理的首要目标是整理出耕地，缓解了耕地日益减少的趋势，保障粮食安全。但是整理出的耕地可以用于不同的农业项目，导致农产品的总产量提升。

3. 促进新农村建设和农村经济发展

我国农村居民点分散，不利于城乡之间的交通发展、信息沟通以及生产与生活等方面的交流，其成为城乡之间协同发展、缩小差别的重大障碍。并且在一定程度上阻碍了第三产业的发展以及工业化对农村剩余劳动力的吸纳作用。通过对农村居民点用地的整理，缩小城乡差别，促进农村城镇化发展。完善农村基础设施和公共设施，转变农村的生活方式，实现城乡统筹发展。村庄经过统一规划，统一设计的农村住宅，新村庄、新集镇，改善了农村生活环境，提高了农民的生活质量，有利于农村精神文明建设和农民物质生活水平的提高，有利于农村社会的长期稳定和全面发展。

4. 农村生态环境改善，农民享受环境收益

农村缺乏合理的规划，功能分区没有合理规划安排，养殖以家庭圈养为主、污染企业与居住区没有明显的隔离带，基础设施不完善。通过整理改变现状，一方面，按照居民点的环境设计标准进行规划，实行功能分区建设，建设乡镇企业园区，改变了原来乡镇企业用地分散、选址随意的局面，减少了对居住区的污染；另一方面，通过基础设施的建设，完善给排水设施，修建排水管线，减少了污水对环境、地下水体、土壤的污染，维护了农村生态环境。

（二）各地农村居民点整理利益分配的不足

农村居民点利益分配的不足主要体现为其在利益分配方面存在的问题。各地农村居民点整理存在的问题在对其进行利益分配分析时已经做了相应的阐述，这里从土地发展权的视角进行归纳。

1. 对拆旧区农民退出的发展权补偿不足

以城乡建设用地增减挂钩推动的农村居民点整理充分体现了土地发展权转移的理念：拆旧区的农村居民点被复垦为农用地，实质上是农民已行使的基本土地发展权退出，退出的发展权转移到建新区，建新区的农用地获得超额发展权，转用为城市建设用地。增减挂钩的拆旧区可视为土地发展权的发送区，发展权转移后拆旧区被保留为农用地，开发受限，土地所有权仍属于拆旧区农民集体。增减挂钩建新区可视为土地发展权的接收区，发展权转移后建新区获得了发展的机会。

在实际的增减挂钩项目中，周转指标价值反映投资主体愿意为在拆旧区产生周转指标而支付的成本，可用来反映拆旧区农民退出的基本土地发展权价值。理论上说，在增减挂钩项目利益分配过程中，拆旧区农民获得的利益应不低于该项目的周转指标收益。但由于信息不对称，拆旧区农民对整个项目的运行机制不了解，对其应得利益的需求往往较低，地方政府或开发企业在满足拆旧区农民需求的情况下，不会进一步增加在还建区和建新区的投资强度，这样就造成了对拆旧区农民所退出发展权补偿不足的问题。发展权补偿不足意味着拆旧区农民利益未得到充分保障，当补偿严重不足时，增减挂钩项目将侵害农民利益，导致地方政府或投资企业与农民之间产生纠纷和冲突。

对拆旧区农民发展权价值补偿不足的问题是我国农村居民点整治中最普遍和最严重的问题，拆旧区农民权益被侵害在我国许多地区都造成了恶劣的社会影响。产生这一问题的主要原因在于企业有自己的盈利目标，地方政府也想方设法从建新区土地增值收益中获得更多的城市基础设施建设资金，企业和地方政府为了自身利益，往往挤占了部分拆旧区农民应获得的发展权价值。农村集体和农民没有太多平等谈判的权利，往往只能被动接受地方政府在拆迁、复垦和还建方面的安排。当前我国尚未出台统一的增减挂钩利益分配实施细则，国家层面政策对增减挂钩中利益分配的规定分布在国务院和国土资源部的各项通知中，琐细而散乱，并且不具有可操作性。这些规定仅仅对拆旧区农民的利益保护提出了原则性的严格要求，而并未对利益如何在地方政府、开发企业和拆旧区农民之间的分配进行指导性的说明，这样难以对地方政府和投资企业的行为进行统一和规范。

2. 农户之间利益分配不公平、不合理

我国增减挂钩项目中农户之间利益分配的重要依据是农民宅基地的现状面积，现状面积越大的农户获得的拆旧补偿往往越多。然而，当前我国对农村宅基地数量和面积的管理都较为粗放，"一户多宅"的现象较为普遍，并且大量宅基地面积超标，各地人均农村居民点面积一般均超过国家规定的人均用地150平方米的最高标准。以宅基地现状面积作为拆旧区农户之间利益分配的主要依据，使得违规建房、乱搭乱建的农户获得了更多的货币或房屋补偿，而那些依法依规建房的农户却只能获得较少的利益，这样的利益分配方式很不公平。在农民自主型的增减挂钩项目中，农户获得的指标价款同样与其宅基地现状面积成正比，这在一定程度上默许了农户滥用土地发展权违规超标建房的行为，是不合理的。

造成增减挂钩项目中农户之间利益分配不公平合理的根本原因是我国在农村宅基地管理方面的相关规定和规划滞后，法律法规不完善，宅基地管理难度大。其直接原因是增减挂钩项目中制定的拆旧补偿方案不科学合理，未对各类情况全面考虑，补偿方式过于简单。

3. 建新区农民被排除在利益分配机制之外

这一问题在我国所有征地过程中都普遍存在，但由于绝大多数增减挂钩项目并非"国家为了公共利益的需要"而设置，项目中建新区的征地行为属于"非公共利益性质"，因此该问题在增减挂钩的利益分配过程中更为突出。通过上文分析可以看出，增减挂钩项目中，建新区被征地农民只能获得对农用地的补偿而无法参与建新区超额土地发展权价值的分配，在增减挂钩项目中，拆旧区农民参与了利益分配，甚至有的开发企业都能分配到部分建新区超额发展权价值，但建新区被征地农民作为土地所有者，却无法参与利益分配，只能通过各种途径的诉求甚至抗争，来争取到比农用地价值略高的补偿，分享到极少部分的超额发展权价值。将建新区农民排除在利益分配机制之外，在一定程度上加剧了社会财富分配不公，拉大了城乡发展的差距，导致了诸多社会问题的产生，是不合理的。

我国增减挂钩项目中建新区额外土地发展权价值的形成过程中包含了国家、拆旧区农民和建新区被征地农民的共同努力，建新区超额土地发展权价值理应在各主体之间按其贡献大小进行合理的分配。建新区土地超额发展权的价值形成包括"劳作增值""规划增值"和"转移增值"三部分：规划增值是国家和政府制定政策和修改规划所带来的增值部分；转移增值是拆旧区农民退出并转移其基本发展权所带来的增值部分；劳作增值是建新区被征地农民长期对其土地投入资金和劳动所产生的增值部分。可见，建新区土地超额发展权的价值形成也包括建新区被征地农民在其土地上辛勤劳作而累积的价值增加，因此，建新区被征地农民理应被纳入利益分配机制之内，作为利益主体分配到部分超额发展权价值。

第五章

农村居民点整理的利益分配制度与政策设计

以城乡建设用地增减挂钩为主要方式推动的农村居民点整理实质上是挂钩区的土地退出土地发展权,变建设用地为耕地或其他低级别的土地利用形态,从而将其土地发展权转移到其他地区的发展权转移形式。土地发展权转移的过程中涉及相关方的利益调整和再分配,合理的土地发展权制度和政策可以优化利益分配格局,实现利益主体之间的博弈均衡。我国农村居民点整理工作中,既因地区不同呈现出利益分配问题的差异性,又因农村居民点整理工作本质呈现出问题的共性。针对这些问题,引入土地发展权这一工具,对我国农村居民点整理的利益分配制度与政策进行设计,从而实现利益分配格局的优化。

第一节 农村居民点整理的利益分配制度设计

农村居民点整理的发展权转移既有制度性配置的成分,也有技术性配置的成分。由于土地位置的固定性,加之我国目前对农村居民点用地使用的限制,农村建设用地不能直接流转到城市,而是通过指标的形式进行间接流转,在这个过程中既有拆旧区农村建设用地的发展权退出,又有建新区耕地等的土地发展权实现。此外,因为土地发展权并没有明确写入国家的相关政策文件,对土地发展权的讨论也是基于相关的发展权形式。目前,我国实施土地发展权的形式以实物配置为主。而且,由于目前土地发展权并未量化,土地发展权的单位价格也无从界定,所以对于土地发展权的归属现状及相关主体的合理分配比例仍无法确定。通过土地发展权这一工具的引入,实现农村居民点整理中利益分配的优化,既需要引入发展权制度本身,还需要相关的配套制度以保证土地发展权均衡利益分配作用的实现。

一、农村居民点整理中土地发展权配置

（一）土地发展权总配置

很多学者在研究发展权配置的时候，将其研究重点放于归属研究上。事实上，发展权的归属界定只是发展权配置的初始条件，发展权归属明确不能等同于土地发展权的配置。当发展权归国家所有时，每块土地天然具有发展权利，这种发展诉求的实现必须依靠国家运用法律和行政手段赋予（或是以合法的形式承认）其发展权。在这一过程中，针对发展权的广泛性与普遍性，若是国家委托中央政府实现对所有土地发展权的赋予，成本、信息等问题会造成其赋予的不合理性和不可实现性，因此需要通过分层配置来实现发展权配置。

1. 发展权宏观配置：从国家层面进行配置

国家作为土地发展权的归属主体，对土地发展权的配置体现在规模与布局两个方面：一是根据社会经济发展状况、城市化进程、环境保护与生态建设等总量要求，配置全国土地发展权数量，以及发展权配置与转让比率；二是划定土地发展权可转让区域和限定区域（如基本农田保护区、国家森林保护区等），即土地发展权布局问题。宏观配置是站在全局性角度进行的战略性配置，对全国土地利用及经济发展起到宏观调控的作用。

2. 发展权中观配置：区域再分配

国家负责全国性层面的发展权配置，各级地方政府进行发展权再分配。当国家通过指令将发展权配置到各个省级政府之后，省级政府对于省内的配置相对更为自由，只要在总量一定、符合国家相关规定的前提下进行配置即可。

3. 发展权微观配置：具体地块的设定

根据土地利用规划，对土地利用类型、建筑密度、容积率、使用强度等进行限定。正如美国的实践，为每一个地块限定可发展的密度上限，允许两种选择，一是达到密度上限的开发程度，二是保持现有开发程度，将多余的密度转移，即土地发展权转移。

与我国目前的土地利用规划体系一致，可以按行政区域将土地发展权的层级配置分为全国、省（区）、市、县和乡（镇）五个层次。市场机制对土地利用决策和资源配置都起到了十分积极的作用，所以，土地发展权不仅仅是对某个地块如何配置做出具体安排，还应当对土地利用起到调控作用。由于每一层级对土地发展权配置的要求不同、目的不同，所涉及的配置内容等也都不相同。（见图 5 - 1）根据我国土地利用总体规划的层次，设定土地发展权的层级配置，

具体如下。

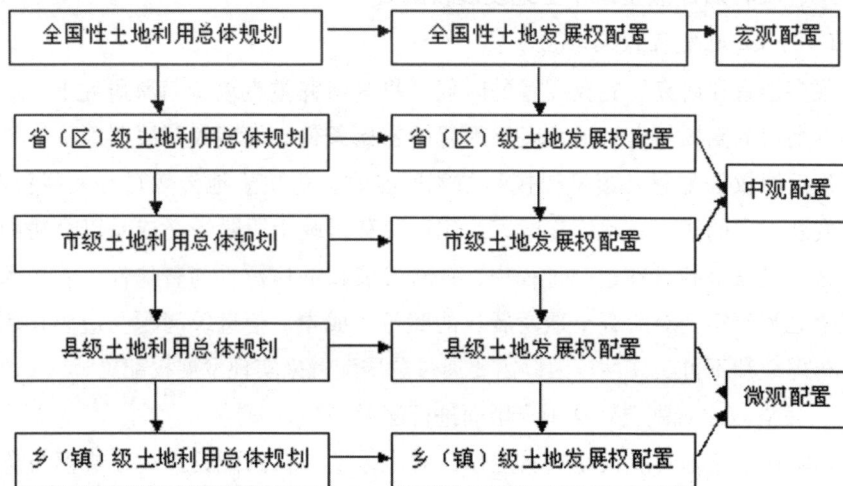

图 5 - 1 我国土地利用规划体系和土地发展权层级配置体系

(1) 全国性土地发展权配置。全国性的土地发展权配置属于战略性、政策性配置。从资源合理配置、经济均衡发展、生态环境保护的角度出发,制定全国土地发展权配置的战略目标,与土地利用规划协调使用,进而为国家宏观经济调控提供依据。按这一配置要求,全国性配置应当以文本为主,并制定一系列政策以支撑土地发展权的实施。

(2) 省(区)级土地发展权配置。省(区)级行政区在我国的区域范围仍然比较大,与全国性配置类似,偏重政策性配置,主要以文本形式存在。但是,要注意的是,省级政府对于区域内的经济结构、产业发展、土地利用等都较为熟悉,省级土地发展权的配置还应当包括主要用地控制指标、发送区和接收区的设定原则与配置登记等。

(3) 市级土地发展权配置。市级土地发展权的配置是省级配置向县级配置的过渡层次,其基本内容是在上级配置的控制下,在分析本市人口、土地资源拥有量的基础上,进一步分析土地发展权的供需状况,确定土地发展权配置的实施细则、转移比例等具体规范。

(4) 县级土地发展权配置。县级土地发展权配置侧重实施,重在定性、定量和定位的落实,将土地发展权的配置形式落实到具体地块,并确定每类用途土地配置发展权的限制条件。根据发送区和接收区的设定原则,设定区域内哪些区域可以作为发送区，哪些区域可以作为接收区；确定不同类型土地可实现的发展权配置形式，确定发展权转移的类型、时序、规模和范围，形成类似于土地规划图一样的发展权配置规划图。

（5）乡（镇）级土地发展权配置。作为最低层次的发展权配置，是土地发展权配置的实施单位，以县级配置规划为依据，将各类用地的发展权定量、定位到具体地块，并根据其发展权转移的要求和限制条件开展土地发展权转移与交易。

土地发展权的配置以自上而下进行分配，但是在实践过程中还应当对上一级配置进行及时的反馈，使得发展权的配置更有效率。

（二）土地发展权的配置量化分析——以北京市平谷区为例

由于全国的土地发展权配置是一个庞大的工程，基于研究的可行性，这里以北京市平谷区为例，对其农用地土地发展权进行配置，为更大范围更广地类的土地发展权配置量化提供借鉴。在确定土地发展权的配置量化时，主要是从以下几个要素来考虑：土地用途、土地挖潜面积、规划和土地质量几个方面来考虑。

土地用途——确定配置对象。这里以主要探讨农用地发展权的问题，由此确定配置对象为农用地。

规划与土地挖潜面积——确定配置土地发展权的范围、期限和总量。土地发展权建立在土地规划的基础上，其配置也应该遵循土地规划。土地发展权的配置范围取决于土地用途的规划，土地发展权配置的期限也应与规划一致。土地规划中的用地控制指标是确定土地发展权配置总量的重要依据，某区域土地发展权的总量不能大于分配到该区域的用地控制指标，具体包括新增建设用地指标和增减挂钩指标。

土地发展权配置总量不仅受到规划的影响，同时也受到当地土地挖潜能力和利用状况的客观条件限制。若土地发展权配置总量大于农用地整理潜力和农村居民点整理潜力之和，则多出的那部分土地发展权将没有土地实体作为载体，无法落地，这样的土地发展权也只能成为虚设。总的来说，土地发展权配置总量应该根据土地规划、农用地整理潜力和农村居民点整理潜力来综合确定。

土地质量——确定地块之间配置的比例。对于农用地来说，土地质量关系到农作物的产出水平，质量越好的土地越适宜作为农用地，且作为农用地时其价值最大。因此，从土地价值最大化和资源有效配置的角度出发，质量越好的农用地其土地发展权应该越多。在土地发展权转移过程中，在单位土地发展权价格差异不大的情况下，开发商也会优先选择利用发展权配置较多的土地来转移发展权。由于质量较好的农用地土地发展权转移出，也就保证了在土地规划期内，这块土地只能用作农业。从耕地保护的角度来说，质量好的农用地土地发展权较多，也能保证在土地发展权购买中，它能够从国家手中获得较多的收益来保护耕地。

我国耕地被划分为基本农田和一般耕地，基本农田一般为高产地，有良好的水利与水土保持设施，因此在土地发展权配置时，基本农田配置的土地发展权应多于一般耕地。仅用此因素作为土地发展权配置的依据，不够充分，可以用农用地分等定级的结果来进一步配置。等别和级别越高的农用地其土地发展权配置越多。

根据以上配置依据，北京市平谷区土地发展权配置方案如下。

1. 土地发展权的总量

（1）土地发展权转移的总量，土地发展权的总量主要是土地规划和土地挖潜能力综合决定的。根据《北京市平谷区土地利用总体规划（2004—2020）》专题研究四"平谷区耕地和基本农田保护及空间布局研究"，得到平谷区土地整理潜力如表5-1所示。

表5-1　平谷区土地开发整理可增加耕地面积汇总

	总计	未利用地开发	土地整理		土地复垦
			农用地整理	居民点整理	
面积（公顷）	1757.43	806.72	795.71	60.00	95.00

从土地挖潜的客观限制条件来看，通过土地开发整理可以增加1757.43公顷的耕地。而根据专题五"平谷区建设用地节约与集约利用研究"，采用人均建设用地标准法测算2020年农村居民点整理理论潜力为3936公顷。由此，土地发展权总量应该介于两者之间，即1757.43≤土地发展权配置总量≤3936。

再从规划来看，根据《平谷新城规划（2005—2020）》，平谷区辖区范围为950平方千米，新城规划范围为110平方千米，新城集中建设区范围为28.32平方千米。按照新城规划，到2020年新城集中建设区新增建设用地为11平方千米，该区域内几乎全部的农用地和部分未利用地都将转为新城建设用地。而28.3~110平方千米这一圈层，定位为新城的换成绿色空间，将该圈层现存的耕地和基本农田作为城市的绿色屏障加以保护，严禁建设占用。平谷区110~950平方千米这个圈层，各乡镇规划镇区将占用耕地共计815.29公顷。因此可以得到平谷区新增建设用地面积总计为1815.29公顷。

由此初步确定在土地发展权转移中的土地发展权总量为1915.29。

（2）土地发展权购买的总量，由于我国禁止变更基本农田的用途，相当于国家已经从这部分农民手中将基本农田的土地发展权购买了，根据专题六"平谷区城乡建设用地需求规模与布局研究"，新城规划内共有基本农田2776.53公顷，新城以外乡镇规划镇区内共有基本农田6公顷，基本农田总面积为2782.53公顷，由此得土地发展权购买的总量为2782.53。

2. 具体配置方案

在平谷区新城集中建设区内现有农用地1042.44公顷，新城规划范围以内集中建设区以外有农用地5764.23公顷，新城以外有1406.78公顷农用地，总计农用地面积为8213.45公顷。除去基本农田面积后剩余的农用地面积为5430.92公顷。根据土地发展权的内涵，现有农用地拥有相同的发展机会，因此，现有每公顷非基本农田的农用地获得土地发展权数量为1915.29/5430.92 = 0.35个，并且，每公顷农用地的土地发展权有10%属于政府。

以上只是土地发展权的初始分配，在实际转移中，通过土地开发整理会增加耕地数量，从而释放出新的土地发展权。为了激励通过土地开发整理（农用地整理、农村居民点整理）来获得土地发展权，未来通过土地开发整理新增加的耕地的土地发展权的配置为每公顷0.7个，其中10%的土地发展权同样属于区政府。

对于基本农田来说，土地发展权的配置为每公顷1个土地发展权，其中10%属于国家，也就是农民手中的基本农田的土地发展权是每公顷0.9个。

（三）农村居民点整理中土地发展权的配置

农村居民点整理中土地发展权不同于农用地发展权，农用地发展权是国家限制农用地转变为高级别土地用途的权利而产生的。农村居民点本身为建设用地，在土地利用形态中属于高级别的土地用途。农村居民点整理工作中，农村居民点用地的一部分退出建设用地使用形态，转变为耕地或其他低级别的土地利用形态，这一过程中包含着土地发展权退出，农村居民点用地成为土地发展权的发送区。根据我国现有的土地管理制度，耕地实行动态平衡管理，通过农村居民点整理退出的建设用地发展权转移到城市周围的耕地上，相应的地块成为土地发展权的接收区。占用耕地的数量不能大于由农村居民点复垦的耕地数量，相应的土地发展权转移的数量需要明晰和限制。

目前，我国实行城乡建设用地增减挂钩不能跨县的政策，农村居民点整理中的土地发展权转移只能在县域内进行。然而随着我国新型城镇化水平的推进，大量的农村人口转移到城市，一方面城市需要更多的空间来承载转移人口，另一方面人口的大量转出造成农村居民点大量的闲置。现行政策下，农村居民点用地不能直接流转到城市，以城乡建设用地增减挂钩为主要形式推动的农村居民点整理成为建设用地指标流转的间接形式。根据国家第二次土地普查数据，我国现有农村居民点用地16.4万平方千米，村镇建设用地总量约为城市用地的4.6倍。农村人均居民点用地185平方米，远远大于国家150平方米的标准，加之我国农村人口在人口结构中所占比例较大，农村居民点整理是优化城乡建设用地布局、实现土地集约节约利用的重要途径和平台。而目前因利益分配方面存在问题，我国农村居民点整理工作的范围、时序、格局等工作受到限制。引入土地发展权这一制度工具，理顺农村居民点整理中的利益分配体系，对于推进我国农村居民点整理、促进新型城镇化发展具有重大的意义。

农村居民点整理中引入土地发展权制度首先要明晰土地发展权的归属。根据我国的国情，单一地把土地发展权界定给国家或者土地所有者都是不合理的。土地发展权涉及的利益集团主要有三个：国家、土地所有者（私人）和非土地所有者的其他相关利益者。因此从理论上来说，土地发展权的归属有7种形式：①属于国家；②属于土地所有者（私人）；③属于非土地所有者的其他相关利益者；④属于国家和土地所有者（私人）；⑤属于土地所有者（私人）和非土地所有者的其他相关利益者；⑥属于国家和非土地所有者的其他相关利益者；⑦属于国家、土地所有者（私人）和非土地所有者的其他利益相关者。我国农村居民点整理实践中，土地发展权的分配属于第⑦种情况。虽然土地发展权的归属问题比较明确，然而土地发展权归属的比例问题却是不明确的，因此明晰土地发展权在各利益主体之间的分配比例是保证土地发展权制度设计公平合理的基础。土地发展权的分配比例确定需要依据一定的理论和现实基础。事实上，土地所有者是土地发展权的主体权利人，因为在农村居民点整理过程中涉及国家及其他利益主体的成本投入，国家及其他利益主体分配发展权的基础就是他们在土地用途转换增值中付出的成本。对于土地增值以及城市化成本、农村居民点整理成本等的测算超出了本课题的研究内容，这里只给出农村居民点整理中的土地发展权配置理念层面的宏观设计。

农村居民点整理中的土地发展权配置包括实物配置和虚拟配置。根据全国农村居民点用地总量确定其发展权的总量，这是土地发展权的初始配置。在初始配置的过程中，需要根据全国的农村居民点现状，确定不同区域的土地发展权价格，从而为区域间的发展权配置奠定基础。在发展权配置的过程中，总量的配置不应该按照农村居民点的利用现状、整理的难度等进行分配，应该均等地按照面积进行配比。而确定区域土地发展权价格时则需要依据用地现状、整理难度等进行测定。农村居民点用地土地发展权的退出、复垦成耕地等，我国实行"切实珍惜和合理利用每一寸土地，切实保护耕地"的基本国策，复垦后的耕地属于受限的土地利用形态，转为建设用地会受到很多限制，这种受限制的土地需要发展权的虚拟配置，来保证农村居民点整理后续的合理性。虚拟配置的发展权数量依据面积设定，价格则依照土地质量等进行核定。通过以上的方式实现农村居民点整理中土地发展权的初始配置。

（四）农村居民点整理中土地发展权的配置量化

土地发展权的分配包括两层含义，一是国家对一定时期内全国性的土地发展权的总量配置，即土地发展权的量化；二是总量发展权对各级政府的分配。土地发展权的量化是分配的前提，只有在明确的量化之后，使得发展权可被估量，增加其可操作性。分配则是对量化的实施，进而检验总量配置是否有效。

从土地发展权的内涵来看，土地发展的权利包括土地用途转变和土地利用强度提高，两者主要是通过旧城改造、新城扩张完成。土地发展权的总量应当是对规划期末新增建设用地预测量的修正。建设用地需求量预测是考虑了经济发展水平、人口规模、区位条件、生活水平、生态环境质量等因素的综合反映。建设用地增量预测只反映了土地地表用途的转变，忽略了提高土地利用强度所带来的土地发展权。因此，一定时期内土地发展权的总量等于新增建设用地所需的发展权与旧城改造提高土地利用强度所需的土地发展权的预测数目。其中，需要注意的是新增建设用地所需的发展权包含两种配置，一是用地指标，二是建筑密度和容积率，这两项分别进行配置。

当确定土地发展权总量之后，就应当将发展权自上而下地分配，最简单的一种分配方式就是平均分配，将总量按照区域个数进行均等分配。这种分配方式简单易行，而且在数量上实现了充分的平等。但是我国东西部差异巨大，即使是一个省级区域内，城市发展等都存在较大差异。那么，在土地发展权分配过程中应当遵循以下原则。一是公平原则。之所以配置土地发展权，并将其国有化，是希望通过土地发展权的配置对发展受限区域进行补偿，包括对丧失发展机会的补偿和限制发展的补偿。因此，土地发展权的配置必将是以公平为追求目标，通过再分配和转移等实现公平。二是土地集约利用原则。土地发展权的配置与分配能够控制城镇、村庄的用地规模，提高土地利用效率。三是综合效益原则。土地发展权的分配不能等同于土地利用规划中对于新增建设用地指标的配置，应当是在充分考虑区域社会、经济、环境效益的基础上进行分配。土地发展权的分配数量可以是各类土地面积和单位土地上发展权数量的加权平均，其中，权重可以通过专家打分法、头脑风暴法等确定。但是值得注意的是，最后分配下来的土地发展权应当满足这样的条件：发送区所需要的土地发展权大于分配的土地发展权，接收区所需要的发展权小于分配的发展权，权利诉求的差异引起土地发展权转移，带来收益补偿，这样土地发展权的配置才是有效率的。

土地发展权是一个动态权利，相对应地，土地发展权的配置量化之后，应当在一定时期内进行更新，以符合现实创设发展权的目的。因为发展权的预测建立在新增建设用地和容积率、建筑密度之上，因此，可以参照土地利用规划的更新，完成土地发展权的配置更新。农村居民点整理中的土地发展权量化和农用地土地发展权量化有相似之处，具体量化方法与上文以北京市平谷区为例进行的农用地发展权量化相通。

二、农村居民点整理中土地发展权转移

（一）土地发展权的转移支付

在我国，土地发展不均衡主要表现为，由于经济、政治等原因造成了如今中西部的发展机会被东部"拿走"的事实，城市土地掠夺了农村土地的发展机会。进而表现为：土地资金的严重不均衡，东部地区土地出让金多，后备资源少，中西部地区土地出让金少，后备资源多；农民无法公正分享土地发展所带来的利益收益。发展权的设立强调了发展机会均等的理念，这种机会被抑制时就要按照被抑制量的多少给予补偿。这种补偿，一方面通过土地发展权转移得以实现，另一方面则可通过政府的转移支付实现有效配置。

土地发展权配置之后，进一步开展土地发展权的转移和交易，其产生的交易费用通过税费形式一部分进入政府财政，那么政府可以将这部分资金用于土地发展权在现实中由于配置、转移等所造成的一些外部性影响补偿，以促进实现土地发展权配置的公平与平等。

如下图5-2所示，政府通过逐级返还土地发展权资金，到乡级政府时这部分转移支付的资金可以直接用于农田保护、提高土地利用程度、土地发展权补偿等措施，促使发展权配置更为公正。在这一过程中，上一级政府向下

一级政府支付资金，是按照发展权被抑制量的多少来进行的。而且，每一级政府在得到上级政府分配的发展权资金之后，再加上本级政府所拥有的资金向下分配，那么，随着行政级别的降低，所获得的发展权资金总量是呈现递增的趋势。

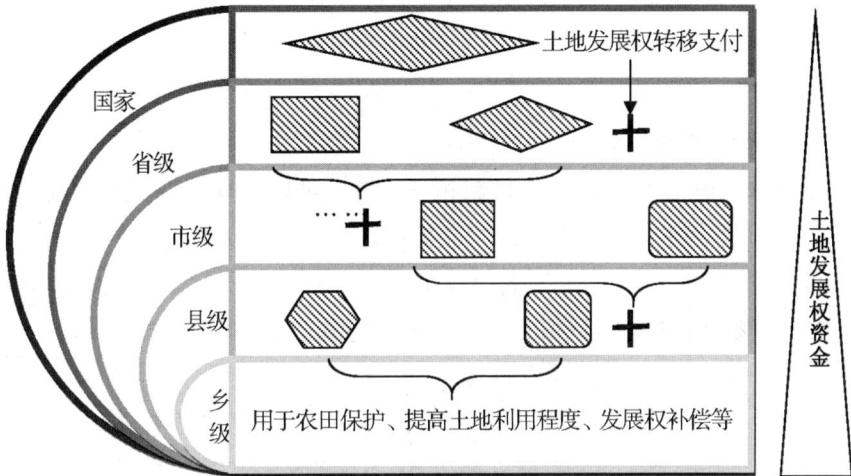

图 5 - 2　土地发展权配置的转移支付

土地发展权资金的来源，除上文所述的土地发展权转移和交易所产生的税费的专项资金以外，还可以包括更多土地资金类型，如土地出让金、土地有偿使用费、耕地开垦费等，按一定比例上缴至中央政府，从宏观层面加强统筹安排。

（二）农村居民点整理中土地发展权转移

农村居民点整理中的土地发展权转移属于发展权的再配置。设立土地发展权制度不一定能保证土地发展权的成功实施，还需要一种途径，使土地发展权流动起来，产生土地发展权的供给和需求，并有相应的机制促进其转移流动，才能保证土地发展权最终成功实施。农村居民点整理中土地发展权转移要突破县域的限制，考虑到政策实施的渐进性，突破县域限制后，在全国范围内转移需要逐步地放开，因为省域之间的流转如果不能制定良好的土地发展权初始配置和定价机制，可能造成另一种区域发展的不均衡。设立土地发展权制度，通过其数量的配置和定价机制，来实现区域之间、利益主体之间利益分配的均衡。根据前文的分析，我国城市建设用地紧缺，对我国村镇建设用地形成倒逼机制，因此通过农村居民点整理产生的土地发展权拥有极大的需求市场。同时，农村居民点用地的闲置与浪费为农村居民点整理产生充足的土地发展权供给，有了土地发展权的供给和需求，需要一个流通的机制和平台。美国的做法是设立土地交易银行，负责土地发展权的转移供给方和需求方的信息沟通，成为美国土地发展权转移的有效中间机构。农村居民点整理的土地发展权要实现有效流转，也需要这样一种职能的中间机构，负责土地发展权"发送区"和"接收区"的相关对接工作。

三、配套制度设计

制度的实施需要一系列的机制相互协调，进而实现制度实施的收益最优。农村居民点整理中的土地发展权配置和转移需要农用地发展权等配套制度，才能更好地发挥其调整和优化利益分配格局的作用，这是由农村居民点整理涉及的工作流程本身以及后续利益分配的可持续性决定的。（见图5-3）

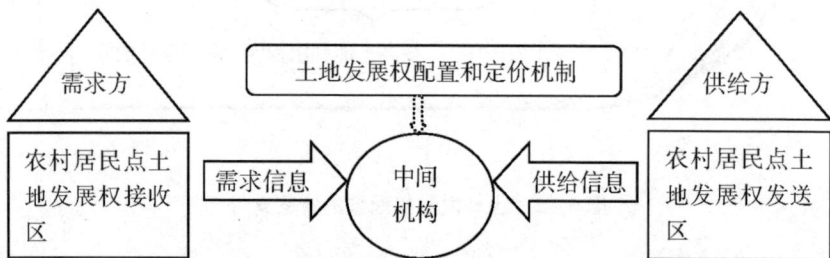

图5-3 农村居民点整理中土地发展权转移机制设计图

（一）以耕地保护基金形式设立的农用地发展权

农村居民点整理中建设用地退出土地发展权，转变为耕地等低级土地利用形态。在土地发展权退出过程中，村集体和农民的补偿是一次性的，这种一次性具有不科学性。而且，耕地对农民来讲，不仅具有生产功能，还具有社会保障功能。设立耕地保护基金可以提高农民保护耕地的热情，增加农民的社会福利水平。在城乡建设用地增减挂钩工作中，耕地保护费是对农民失去节余建设用地指标部分的土地发展权的长期补偿，可以弥补对土地发展权一次性补偿的不合理性。从长期来看，设立耕地保护费对城乡建设用地增减挂钩工作具有促进作用，有利于提升农村居民点整理中利益分配的科学合理性。

（二）规划

农村居民点整理中土地发展权的配置和转移都需要依据专门的规划来实施。

前文已经充分地论述规划和土地发展权的关系，土地发展权正是因为规划的限制而存在，同时土地发展权的制度的建立和顺利实施也需要专门的规划来做指导。我国目前的规划体系有三种，分别是经济发展规划、城市规划、土地利用总体规划，对农村居民点整理中的土地发展权进行配置和转移的规划应是土地利用总体规划的一部分。土地利用总体规划包含与土地发展权相关的农村居民点面积、农用地质量以及省份、市域、县域等土地利用结构差异等信息。通过对农村居民点整理总量、结构、范围、时序等的规划，将土地发展权相应内容设计纳入进去，从而使区域之间、省份之间、市域、县域等的土地发展权配置和转移有据可循。

（三）法律保障

法律规范是一项政策能够顺利实施并实现目标的必备条件。英美国家成功实施土地发展权转移的原因之一，就是具有完善的法律体系来明确土地发展权的权利和法律地位，并设立严格的规范条件。如美国制定的《土地发展权转移条例》规范了项目实施行为，英国的《城乡规划法》明确了发展权的法律地位。另外，我国浙江省在推行通过土地复垦获取"折抵指标"置换建设用地指标这一实践时，正是因为将此内容上升为地方性法规《浙江省实施〈中华人民共和国土地管理法〉办法》，① 并在地方性法规中明确"待置换建设用地区"的划定、跨区域置换的要求等内容，以此来规范并支撑指标置换的政策，才取得既保经济又保耕地的成功。而"浙江模式"中的"异地代保"之所以被叫停，也是因为缺乏整体上的法律约束和规范。② 因此，在农村居民点整理的土地发展权制度设计上，首先要取得法律上的支撑，具体表现为三个方面。（1）在土地权利体系中地位的明确。要明确其权利性质和权属，避免权利"虚置"而产生的执行主体和收益分配的混乱。（2）制定发展权配置与转移的规则和行为准则。在土地发展权发送区、接收区以及各区域土地开发利用的限定条件方面，要有明确且严格的规定，对于是否符合发展权转移的实施条件应严格规范。（3）对转移土地发展权收益分配的规定。农村居民点整理中土地发展权归国家、土地所有者和其他利益相关者所有，土地所有者是主体利益主体。

---

① 汪晖，陶然. 论土地发展权转移与交易的"浙江模式"：制度起源、操作模式及其重要含义 ［J］. 管理世界，2009（8）：39－52.

② 2004 年国务院办公厅针对浙江等经济发达地区开展基本农田"异地代保"下发了《关于深入开展土地市场治理整顿严格土地管理的紧急通知》，严格禁止跨省域基本农田占补平衡，同时要求清理地方性保护法规。

地方政府作为国家这一权力主体的执行代表要把握宏观的调控方向，并保证利益的公平分配。

（四）运行监管保障

土地发展权转移制度引入市场机制。与以往单一的行政配置相比，市场供需来调节土地资源的配置，具有弹性和一定激励作用，但借助市场的调节作用就必然需要严格的监管措施，来避免利益驱使下的市场失灵。根据土地发展权转移项目实施程序来看，监管主要表现在三个方面。① （1）对开发限制区土地整理的监管。在土地利用规划指导下，限制开发区即土地发展权发送区通过土地整理控制区域的建设密度，提供多余的土地发展权（在我国规划体系中抽象的土地发展权可以具体化为建设用地指标）。此环节需要土地管理部门对整理区域的规划条件及整理效果进行审核，确保耕地质量的平衡；同时还需要对该区是否适宜集中整理做审查，如要考虑群众的意愿及其支持率。（2）交易环节的监管。对接收区的选址及建设计划进行审核，确保开发行为符合规划并对周边未产生负外部性。（3）交易的登记的监管。当发生交易后，发送区上的土地发展权灭失，不再具有改变土地利用类型的权利。

另外，土地发展权转移涉及众多利益主体，尤其是发送区和接收区的公众。发送区一般需通过土地整理复垦才能提供额外的发展权，而这一行为则会影响到发送区公众现有的生活状况，可能会使公众产生抵触行为；接收区购买土地发展权一方面增加土地利用强度可以增加土地价值，完善基础生活设施，但同时也可能带来居住密度过大、环境污染等负外部性，这些也会使接受区的公众持反对意见。因此，加强公众宣传和公众参与程度也是必备的程序。如天津市华明镇"宅基地换房"改革成功的重要原因之一就是90%以上公众通过才进行整理，否则保持原状。②

---

① 成都土地督察局在对农村土地管理进行调研中发现，我国农村土地管理中普遍存在土地市场监管缺失的问题，主要有村镇规划残缺、挂钩指标难以落实、对交易对象审查不严、确权登记工作薄弱等问题，而这些问题也正是构建农村土地发展权制度中应着重考虑的监管问题。参考自：韩立达. 农村土地市场建设问题调研报告［M］//国家土地督察局. 农村土地管理制度改革探索. 北京：中国大地出版社，2009：186－189.

② 何邕健，马健，等. 天津小城镇建设的"华明模式"评析［J］. 城市问题，2011（1）：52－56.

第二节 农村居民点整理的利益分配政策设计

通过对调研地区农村居民点整理中各主体之间利益分配存在的问题的分析，可以看出在制度层面，农村居民点整理存在很大的政策提升和优化空间。以城乡建设用地增减挂钩的形式推动农村居民点整理是破解城乡建设用地利用困境的重要途径，其推行对于实现城乡统筹、促进新农村建设和推动新型城镇化具有重要的战略意义。然而因增减挂钩试点需要大量的启动资金和后续运行资金，加之县域之间经济发展水平存在很大的差异，把增减挂钩项目限制在县域范围内在很大程度上阻碍了农村居民点整理的广泛推行，而且这一制度障碍成为居民点整理中各利益主体之间分配问题的根源。随着经济社会的发展，城乡建设用地之间的矛盾必然会进一步加剧，缓解甚至是解决这一矛盾，城乡建设用地增减挂钩政策需要做出相应的改变，从而解决利益主体之间现行分配方式中存在的问题，促进农村居民点整理工作的顺利推进。在明确了政策设计的目的之后，基于我国农村居民点整理的现状，对其城乡建设用地增减挂钩利益分配政策设计流程如下。

一、打破城乡建设用地增减挂钩指标的县域限制

突破城乡建设用地增减挂钩指标不能出县的政策限制，设立增减挂钩统筹科，将全国的增减挂钩指标纳入一个大盘子里。

国家现行的政策是城乡建设用地增减挂钩指标不能出县，根据前文的分析，这一政策限制使得挂钩项目区节余建设用地指标出让收益过低，有的甚至不足以平衡项目的运作成本，使土地发展权的价值难以体现，从而阻碍了农村居民点整理的进程。因此在制度和政策设计时，需要改革这一制度限制，使增减挂钩突破县域藩篱，在省级层面上统一管理。为此应当在国家各级国土资源部门下设立增减挂钩统筹科，专门负责相关区域内城乡建设用地增减挂钩工作指标的分配、实施、管理和城乡建设用地增减挂钩的规划等工作。然而，放开增减挂钩指标的县域限制，有可能诱发一系列的其他问题。例如，各项目区的农村建设用地节余指标都欲和中心城市商服用途土地相挂钩，而中心城市等因本市内农村居民点整理潜力小，都欲和投入成本低、整理潜力大的项目相挂钩，这样的结果是中心城市因为土地出让价格高，竞争优势大而形成指标垄断，从而

造成城市的过度扩张，也不利于社会资源的优化配置。另外，处于中间层次的城市和农村居民点整理区，相对处于竞争劣势而无法满足各自的发展需求。为了解决增减挂钩指标"解禁"后的这一问题，需要设立城乡建设用地增减挂钩的梯度，从制度层面指导"增"与"减"的有效挂钩，实现社会资源的最优配置，各利益主体之间的收益分配实现帕累托最优改进。

二、划分全国农村居民点增减挂钩分区

建立城乡建设用地"增"与"减"挂钩的梯度，首先要确定"减"方的梯次。我国地貌类型复杂，境内有沙漠、高原、平原、盆地、丘陵、山地，分布在其上的农村居民点类型多样。因此，确定农村居民点整理的梯次时，应当打破行政限制，将全国的农村居民点统一进行增减挂钩分区。分区时应当按照整理的潜力、需投入的成本预算、整理的模式、当地农民的意愿等指标进行聚类分析，将具有相同整理特性的农村居民点归并到一起，并按照整理难度从小到大的顺序将全国划分为4~6个增减挂钩分区，制定各区的分布图。在分区的过程中，有两项工作需要特别注意。一是需要详细的实地调查，并委托具有相应资质的评估机构逐户评估房屋的价值，征求农民的赔偿意愿，合理确定农村居民点拆迁成本和整体投入成本预算。二是需要咨询整理地区农民安置意愿，统计有意选择城市安置的农民数量。

三、划分全国城镇建设用地需求等级

划分出农村居民点挂钩分区之后，得到了节余建设用地指标的供应方梯度。而节余建设用地指标的需求方是挂钩项目经济利益的主要提供者。节余建设用地指标的出让收益取决于建设用地指标需求区的土地价格水平和相应的土地用途。因此需要根据各个城镇的城市规划和土地利用规划，统计其在城乡建设用地增减挂钩规划期间内的挂钩土地用途需求和相应的面积需求，委托具有相应资质的评估机构确定增减挂钩期间内相应土地用途的出让价格，从而得到各城镇的土地需求面积和土地支付价格总额。依据各城镇对节余建设用地指标的土地需求面积和土地支付价格总额，将全国的城镇按照需求面积和支付总额从小到大的顺序分成4~6个建设用地需求等级，从而确定需求方的梯次。

四、构建城乡建设用地指标"增"与"减"挂钩的梯度体系

在得到指标供应方和需求方的梯次之后，需要建立相应梯次间的对接体系。

原则上农村居民点增减挂钩分区等级和建设用地需求等级相对等，即农村居民点增减挂钩分区的 A 级对应城镇建设用地需求等级的 A′级。这样对于建设用地指标需求较大和土地支付价格总额高的城镇来说，可以推动整理难度大的农村居民点进行整理工作。整理难度大的农村居民点往往是因为经济困难或者是节余建设用地指标出让收益太低，难以推动增减挂钩项目的运行。在这种对接体系下，全国农村居民点整理工作的推行可解决启动难的问题。（见图 5-4）

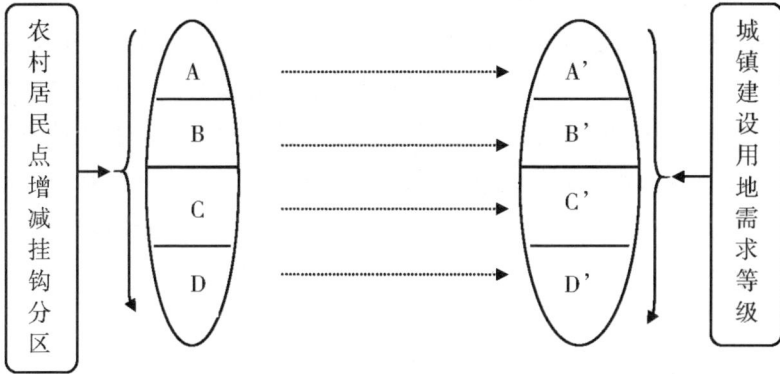

图 5-4　城乡建设用地指标"增"与"减"挂钩的梯度图

对于对接区内增减挂钩项目的利益管理主要是制定政府收益的合理边界以及如何平衡不同用途土地出让收益的差距。在划分建设用地指标供给方和需求方的梯次等级时，已经统计了农村居民点整理中需要投入的成本和城镇土地的支付价格总额，这样可以确定对接区内去除中介方收益、农民和村集体初级收益后的整体剩余资金约数。根据各城镇土地一级开发的成本和相应面积城市土地的城市化成本及需要安置到城市的农民后续成本，决定政府的收益边界，剩余的资金收益属于土地增值收益的部分，应全部归农民或村集体所有，从而确定土地增值收益的范围。在平衡土地用途出让收益方面，应根据土地整理潜力和土地价格支付总额，初步确定对接区每单位节余建设用地指标的价格，制定相应的价格标准。建立区内增减挂钩项目专门账户，统一管理区内增减挂钩的资金，采用"多退少补"的政策促进区内增减挂钩项目间的利益公平分配。

五、统筹安排相关指标，设立增减挂钩平衡基金

统筹分配和安排城市新增建设用地指标和城乡建设用地增减挂钩指标，设立增减挂钩平衡基金。

在调研的过程中，我们发现从国家推行城乡建设用地增减挂钩政策以来，建设用地指标更多地被留在大城市，而很多中小城镇被鼓励推行增减挂钩来满足建设用地指标的需求。2007 年以来，从各级城市到各县镇的建设用地指标都处于紧张的状态。中小城镇因经济发展相对滞后，加上农村居民点整理需要大额的启动资金，项目启动之后又需要各种投资，而挂钩指标的收益较低，很多地方无法推动项目的运行。因此，在制度改革中，要把全国年度城市建设用地指标和城乡建设用地增减挂钩指标统筹起来，在优先保证重大民生工程的用地后，对获得超额城市建设用地指标的城市，应由其向增减挂钩统筹科交纳增减挂钩平衡基金。增减挂钩统筹科应制定统一的各城镇增减挂钩平衡基金政策，确定基金交纳的原则和标准等。这部分平衡基金可用于补偿出让挂钩指标用于生态、民生工程的项目区，也可作为全国增减挂钩区域间的平衡资金。（见图 5 - 5）

六、配置农户标准发展面积，平衡农户利益分配

设计这一政策工具主要是为解决农户之间所获补偿不公平的问题。目前，我国对农民宅基地的数量按"户"限制，《土地管理法》第六十二条规定："农村村民一户只能拥有一处宅基地。"虽然我国对宅基地面积的限制没有全国统一的标准，但全国大部分地区对宅基地的面积按户均面积限定。如《河北省土地管理条例》规定，农村宅基地占用农用地每处不得超过 200 平方米，占用建设用地和未利用地每处不得超过 233 平方米；《湖北省土地管理实施办法》规定，农村村民兴建、改建房屋宅基地（含附属设施）总面积，使用农用地的每户不得超过 140 平方米，使用未利用土地（建设用地）的每户不得超过 200 平方米。但我国对宅基地面积的限制并未严格落实，宅基地面积超标的现象严重，以湖北省为例，2010 年湖北省人均农村居民点用地规模为 205.98 平方米/人①，远高于《湖北省土地管理实施办法》规定的"户均宅基地面积不大于 200 平方米"的标准，很多地区农户建房选址随意，用地规模突破规划标准②，这可以被视作一种对发展权的滥用。

---

① 朱红波. 湖北省农村居民点用地问题与对策 [J]. 安徽农业科学，2005，33（7）：1331 - 1332.

② 徐唐奇，张安录. 新农村建设背景下的湖北省农村居民点土地整理 [J]. 国土资源科技管理，2008，25（3）：35 - 41.

现实问题

- 节余建设用地指标出让收益低
- 利益主体之间收益分配不公平

问题原因

- 节余建设用地指标县域内流转的政策限制
- 项目操作缺乏统一的技术、政策规范
- 节余建设用地指标挂钩用途不同

政策目标

- 实现农村居民点整理中利益分配公平合理

制度设计

- 建立城乡建设用地增减挂钩梯度体系

实施措施

- 政策上打破指标不能出县的限制，制定规范的标准
- 管理上设立增减挂钩统筹科，专门负责相关工作
- 方法上划分农村居民点增减挂钩分区和城镇建设用地需求等级，构建梯度对接体系

制度优化

- 指标上统筹新增建设用地和增减挂钩指标，设立增减挂钩平衡基金

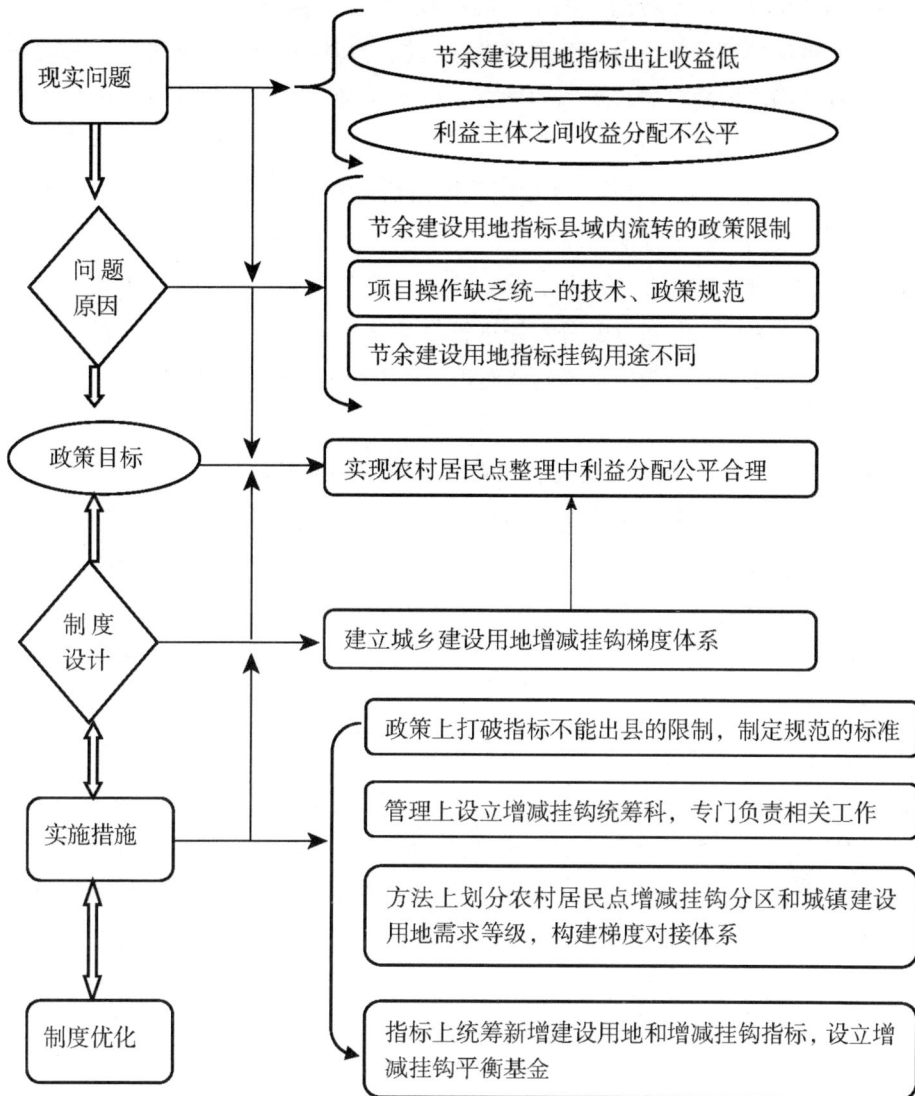

图 5-5 全国农村居民点整理利益分配制度优化设计流程图

当前农村居民点整治中对农民房屋的补偿主要基于宅基地现状面积，这样就造成了"超过规划标准建房获利多，依照规划标准建房反而获利少"的局面，这在一定程度上是对违规建房行为的默许，这种利益分配方式显然不公平。1986 年联合国大会第 41/128 号决议通过的《发展权利宣言》（The Declaration on the Right to Development）明确指出发展权是一项人权，平等的发展机会既是

各个国家的特权，也是各国国内个人的特权。① 土地发展权作为广义发展权的一部分，也应平等分配，每一个农户发展的机会和权利应该是平等的。对农户房屋的补偿中应体现发展权平等的理念。由于国家对宅基地的数量与面积主要按"户"这一单位进行限制，为保证公平，应该给每一个农户配置统一的"发展面积"，对农民房屋的补偿应主要以发展面积为依据。如湖北省的农户标准发展面积可配置为 200 平方米，即使农户现状宅基地不足 200 平方米，其宅基地复垦时损失的发展面积也是 200 平方米，应给予足额赔偿；对于农户现状宅基地超过 200 平方米的，其超过部分不能进行全额赔偿，只能折价赔偿，如按 50%的标准赔偿。下表5－2为以标准发展面积为依据的拆旧补偿方案设计。

七、引入土地发展权分配费，保障建新区农户利益

设计这一政策工具主要是为解决建新区被征地农民被排除在利益分配机制之外这一问题。《中共中央关于深化改革若干重大问题的决定》明确提出要"赋予农民更多财产权利"。习近平总书记在《关于〈中共中央关于深化改革若干重大问题的决定〉的说明》中指出，要"保障农民公平分享土地增值收益"。国土资源部部长姜大明在解读十八届三中全会精神时指出："《决定》体现了党的十八大报告关于提高被征地农民在土地增值收益中所占比例的要求，意味着被征地农民集体和个人除了得到合理补偿外，还能通过一定方式分享一定比例的土地增值收益。这不仅是重大的理论创新，也是维护被征地农民利益强有力的举措，必将进一步深化征地制度改革，为切实解决征地突出矛盾、促进社会和谐稳定奠定制度基础。"② 2014 年中央一号文件《关于全面深化农村改革加快推进农业现代化的若干意见》中也提出，要"抓紧修订有关法律法规，保障农民公平分享土地增值收益，改变对被征地农民的补偿办法"。

---

① 尚清，郝震. WTO 多哈谈判农产品特殊保障机制问题的思考：基于生存权与发展权平等视角［J］. 唐山学院学报，2013（5）：25－28，32.
② 姜大明. 建立城乡统一建设用地市场［N］. 人民日报. 2013－12－19.

表5-2　基于农户标准发展面积的拆旧补偿方案

选择	现状房屋面积	现状房屋为砖混结构	现状房屋为土木结构	备注
货币补偿	小于等于200平方米	补偿标准为500元/平方米×200平方米	补偿标准为300元/平方米×200平方米	补偿以"户"为单位，房屋的现状装修部分按不同类别实行分类货币补偿
	大于200平方米	补偿标准为500元/平方米×200平方米+250元/平方米×（实际面积-200平方米）	补偿标准为300元/平方米×200平方米+150元/平方米×（实际面积-200平方米）	
房屋补偿	小于等于200平方米	补偿140平方米的标准住房一套，附加货币补偿200元/平方米×200平方米	补偿140平方米的标准住房一套	
	大于200平方米	补偿140平方米的标准住房一套，附加货币补偿200元/平方米×200平方米+250元/平方米×（实际面积-200平方米）	补偿140平方米的标准住房一套，附加货币补偿150元/平方米×（实际面积-200平方米）	

　　基于此，本文以发展权配置为依托，引入"土地发展权分派费"，为经营性用地征收补偿制度探索新的路径，将建新区被征地农民纳入增减挂钩利益分享机制之内，使其"名正言顺"地分配到建新区超额发展权价值。

　　为保证建新区被征地农民集体作为土地所有者分享到土地发展权价值，应直接给建新区被征地农民配置一定数量的土地发展权，被征地农民不能突破管制使用这部分发展权，但可以凭借其发展权通过获得"土地发展权分派费"来参与超额土地发展权价值的分配。如可为建新区被征地农民配置10%的土地发展权，假设建新区土地增值收益为 X，被征地农民除获得农用地补偿外，获得的土地发展权分派费为 Z，则在利益分配过程中应满足条件：$Z \geq 10\% \cdot X$。

第六章

对农村居民点整理利益分配的建议

通过以上的分析，本章拟从农村居民点整理利益协调及其格局优化、农村居民点整理模式改革完善取向两大方面进行理论提升。其中整理利益格局优化依附于农村居民点各主体的利益协调过程，各整理主体利益分配更趋合理、和谐，则利益分配格局得以优化。

第一节　进一步明晰农村集体土地产权

土地产权尤其是土地所有权的归属是解决土地问题的根本之所在。因此据此可以认为，农村集体土地产权，尤其是农村土地所有权的归属问题，是解决农村居民点整理中的利益分配问题的基础，也是优化各方主体利益格局优化之关键。

明晰我国农村集体土地产权有必要回顾我国农村土地农民所有制的建立和发展过程，首先开展土地改革运动，没收、征收地主和富农的土地，无偿分配给无地少地的农民，把封建半封建的土地所有制改变为农民个人土地所有制。其次，开展农业合作化运动，对个体农民经济进行社会主义改造，逐步把农民个人土地所有制改变为农业生产合作社集体所有制。再次，开展人民公社化运动，把土地的农业生产合作社集体所有制变更为人民公社所有制，后又变更为"三级所有、队为基础"的制度。最后，通过《宪法》《土地管理法》，进一步明确农村的农民集体所有制。1982年《中华人民共和国宪法》第十条明确规定农村土地属集体所有："农村和城市郊区的土地，除由法律规定属于国家所有的以外，属于集体所有；宅基地和自留地、自留山，也属于集体所有。"

目前需要解决的问题是：农村集体土地的所有权主体到底是谁？农村土地

所有权人到底有哪些权利?

《中华人民共和国土地管理法》第十条规定:"农民集体所有的土地依法属于村农民集体所有的,由村集体经济组织或者村民委员会经营、管理;已经分别属于村内两个以上农民集体经济组织的农民集体所有的,由村内各该农村集体经济组织或者村民小组经营、管理;已经属于乡(镇)农民集体所有的,由乡(镇)农村集体经济组织经营、管理。"据此可以认为农村土地集体所有制,是农民集体所有制,农民集体是具有一定范围的农民集体,具有农民集体、村内两个以上农村集体经济组织的农民集体、乡(镇)农民集体等形式。在实际生活中,各地表现出不同的主体形式。如北京市集体土地90%是乡镇和村农民集体所有,在四川省村民小组占90%左右,甘肃省边缘地区的集体土地基本上都是村民小组所有,佛山市、深圳市等在20世纪80年代、90年代就将乡镇土地国有化。但是农村集体土地所有权主体模糊化的问题并未因此得到实质性解决,虽然农村土地在名义上属于农民所有,但是"农民集体"所有而不是"农民个人"所有。农村土地产权的"集体化",实际上通过虚化所有的手段架空了农民对于土地的应有权利,因为至今未能明确谁才是"农民集体",谁能代表"农民集体"的问题。村民代表?村委会?甚至村主任?从现实情况来看,越来越多的农村出现"村霸治村"的现象,不管是流氓型村霸还是黑社会头目型村霸,对于农民群体而言,其应得利益遭到严重剥夺。村霸的出现,从大环境来看,有政治、经济原因;从微观看,具体到土地财产上,很大原因是土地产权主体的模糊化造成的,农民没有实际发言权,甚至被村主任告知村主任即代表农民拥有集体土地,农民只有宅基地使用权和农用地承包经营权,这样模糊的权利主体现状很大程度上摧毁了农民维权争利的信心。如曾被多家媒体曝光的"温州村干部被指私分300安置房后高价出售,村支书独占55套"事件等,从侧面反映出农村土地产权主体不明确、不细化所带来的农村社会问题非常严重。

另外,2007年《中华人民共和国物权法》第三十九条规定"所有权人对自己的不动产或者动产,依法享有占有、使用、收益和处分的权利",但是现实中我国农村集体土地所有权却不是完全意义上的土地所有权,没有充分地、完整地拥有上述四项权利,比如由于我国土地所有权的单向流动体制造成了农村集体土地"占有权"不稳定,随时可能被征收、征用,另外由于土地用途管制等原因,其"使用权"也不完整,多数农村土地被定位于农业尤其是农用地用途。当然国家作此规定有其原因,但是农村集体因此付出的代价需要得到相应回报,近年来学者们研究和倡导的土地发展权能较好地解决此问题。

有一个延伸性的问题是：《土地管理法》与《物权法》都规定了国家为了公共利益的需要，可以依照法律规定的权限和程序征收农村集体所有的土地和单位、个人的房屋及其他不动产，但究竟何为"公共利益"？从近几年我国城市摊大饼似的扩张过程中所发生的征收用地行为可以看出，其初衷和后续用途绝大多数是为了住宅楼建设。可以看出，政府将商品房建设认可为一种"公共利益"。这种快速的城市扩张，在推动我国城市化进程、保障政府财政收入、提高全国人民居住条件"平均"水平等起到巨大作用，同时也受益于农村集体土地产权主体的虚化设置。

因此，一方面是农村土地产权主体实质性的不明确导致农民利益受损，另一方面部分地方政府为保证高效推进城市化建设又乐见农村此土地权利现状。这类似于常说的"公平"与"效率"的权衡问题，将农村集体土地所有权实质性地下放给农民个人，即实现真正的农民私有，则可以预见城市化过程将会变得异常低效，而从另一个方面讲，这时候才会最大限度体现了"公平"，因为虽然农村土地所有权长期以来并未能真正落地到农民头上，但是更不能因此说明这些集体土地就是国有的，更不能说是城市所有的。但是由于担心而且事实上很可能发生的在农村土地实现私有化之后部分农民漫天要价从而导致无法城市化发展的局面，政府不会轻易放弃历史上架空努力所带来的农村土地权利现状以及成果。

但是农村集体这种模糊的土地所有权状态如果长期维持，势必会诱使越来越多的强势群体对农民利益展开剥夺，民以食为天，食以地为母，违背农民意愿强迫其"上楼"，放弃宅基地和耕地，长此以往有可能出现社会问题，动摇社会根基。当然这里面很多不愿意上楼的农民是因为觉得补偿不到位，因此进一步明确农村土地产权尤其是土地所有权的主体及其权利所应该有的利益内涵，是维持各方长久利益之根源。

第二节　明确土地发展权在法律中的地位

与发达国家土地发展权转移的实践相比，城乡建设用地增减挂钩尚处于政策探索的初期。土地发展权在法律中的地位有待明确，更大空间范围内、市场化的土地发展权交易只有在更加完善的制度框架下才能够得到实现。土地发展权交易提供了在中国进行耕地保护及土地用途管制的新视角，在不突破原有法律、法规、政策约束下城乡建设用地增减挂钩以最小的制度变迁成本通过对资源的有效利用，完善了农民的土地财产权利，统筹城乡间土地收益的合理分配，实现在高速城市化过程中公平与效率的双赢。发展的权利是人权的重要组成部分，土地发展权作为挂钩政策背后的原理和依据，明确土地发展权在法律中的地位才能够为政策的执行和进一步完善提供法律保障。

一直以来，土地权利缺失是导致农民贫困、城乡收入拉大的重要原因之一。农民的土地权利应当包括农民使用、处置、改变土地用途和获取土地收益的权利。中国的财产权利体系中土地发展权缺位，强制性征地导致农民土地财产权利的流失，城市化发展过程中土地增值收益分配严重不均，耕地保护成效差。土地发展权是改变土地用途和提高土地利用强度的权利。如果明确赋予农民土地发展权，土地征用补偿就不会仅以现在的年产值为标准，从而农民可以分享城市化进程带来的经济收益。

国家以行政手段严格地控制农用地转用，虽然对保住耕地红线、防止盲目追求经济效益致使耕地大量流失有一定的成效，但是缺乏市场理念，使管理效率在巨大的经济利益面前逐渐低下。地方政府赚取土地出让金搞土地财政，扩张城市建设用地搞房地产开发以提高地区 GDP 获得政绩。农民不享有城市基本的社会保障，虽然考虑到农用地的社会保障功能，但是随着城市化趋势的侵入、外出务工机会的增多、农用地质量的下降、农用地转用后短期内高额的经济收益，农民对保护耕地的意识减弱，农用地违法转用现象还是屡见不鲜。耕地保护对于保障整个社会可持续发展、维护生态平衡、保护国家粮食安全的正外部性作用明显。然而承担起这项造福全社会任务的只有农民群体，农民牺牲了农用地发展的权利却不能得到合理的补偿。在土地利用规划确定的耕地区范围外，土地可以作为建设用地被不断开发，在土地一级市场上流转，这样的耕地保护政策是缺乏公平的。因此需要明晰土地发展权，将土地发展权纳入土地权利体系当中，这有助于弥补中国城乡二元土地权利制度的缺陷。通过市场机制调节土地权利主体之间的关系，将耕地保护带来的正外部效应内部化，显化农民在承担耕地保护责任时损失的经济利益，提高农民的财产权利意识，用市场和法律的手段而非行政手段来解决当下不合理的赔偿机制。

中国实行的土地用途管制制度已经为土地发展权法律地位的确立提供了制度基础。土地用途管制制度确定了每块土地的用途，限制了土地所有权及土地使用权，而土地发展权恰好是对于土地所有权权限的补充，土地所有权保护了现有土地利用状态下土地所有权人的权利，土地发展权则是对土地转变用途权利的保护。

第三节 实行迭代整理——突破农村居民点整理在空间上的限制

现行的增减挂钩周转指标由国家和省（区、市）下达，按照"总量控制、封闭运行、定期考核、到期归还"的原则进行管理。城乡建设用地增减挂钩管理办法规定挂钩项目必须严格控制在试点范围内，项目区内建新地块和拆旧地块要相对接近，不能跨市、县设置挂钩项目区。建设占用耕地不得跨行政区异地补充的限制为增减挂钩政策的未来发展留下了余地。

挂钩政策实施的初衷本就是为了引导城乡用地合理布局，发掘农村建设用地的整治潜力，因地制宜地推进节约集约利用土地，达到保护耕地的目标。在土地资源丰富、经济欠发达、土地利用受限的地区，建设用地需求量少，没有动力和资金实施土地整理工作，如中国的中、西部城市。在经济发达地区，耕地保护约束所带来的高额成本，限制了建设用地扩张。经济高度发达的城市，其农村的基础设施建设完备程度较高，宅基地整理复垦空间不大，产生挂钩指标的可能性很小，如本研究中提及的朝阳区。空间上"封闭运行"的挂钩指标交易，由于被限制在较小的行政空间内，该行政区所面临的土地利用问题往往是相同的，若不受指标接收区和发送区空间距离上的约束，在全国范围内建立城乡建设用地增减挂钩指标交易市场，突破行政区划的限制，能够最大限度地发挥市场统筹资源的作用，不仅可以解决经济发达地区建设用地指标不足的问题，同时还能通过土地发展权的转移和购买向欠发达地区注入资金，改善农用地质量和当地的农业生产环境。

更大范围的土地发展权交易市场有助于发挥市场的力量，增加市场参与者；其竞争性更强，增加了指标交易量，利于显化土地发展权的市场价格。为了指标交易的顺利进行，国土资源管理部门可以允许某一个地区，如北京、上海、广东等经济发达地区存在净耕地减少，而将指标转移到净耕地增加的区域，如陕西、青海、新疆等，有效地针对不同区域的土地利用情况，通过指标交易市场进行调节，以最经济、成本最低的方式实现耕地保护。考虑到如果实行完全放开的指标交易市场，不同省、市之间自由实行土地发展权转移，对土地市场的成熟度要求较高，而且容易出现全部省份争相到指标成本较低的西部地区挂钩，影响土地市场的健康发展，不利于管理部门的监督和确保耕地质量。不同地区土地整治及耕地保护的成本不同，大体上呈现出由东部沿海城市向西部递减的趋势，因此可以实行迭代整理，设计土地整理的梯度体系。这样的梯度设计无论作为指标的接收区还是发送区都以相对满意的价格实现了土地发展权的转移，全国各个省市均能受益，不会出现挂钩政策需求的空白区域。若不突破行政区划的限制，在同一省、市范围内也可以根据实际情况实行迭代整理。

第四节 建立适宜的土地发展权配置和转移模式

土地用途管制促成了土地发展权的产生，建筑容积移转是土地发展权移转的形式之一。在我国土地利用也实行严格土地用途管制的背景下，土地发展权作为一种体现公平性的权利形式，其应用也需要体现在我国农村居民点整理中。土地发展权可以用来解决宏观层面的利益调整，也可以用来协调微观层面的问题。但是从国外理论研究及实践经验看，土地发展权多数是用来解决较宏观层面的问题，比如不同区域间的土地利用协调问题。

我国城乡二元结构明显，不只体现在表象化的经济发展水平上，导致城乡经济发展水平差别如此大的重大因素之一为政策许可的土地利用方式的不同。城镇用地多作为建设用地，发展非农经济，而绝大多数农村地区用地被各种规划管制了唯一性用途，即发展农业。同时，为了保证工业化的顺利进行，一方面国家通过工农产品价格"剪刀差"的形式，让农业为工业的发展提供原始积累，另一方面实行严格的户籍管理制度，限制农村人口自由流入城市，从而使得我国在经济上和社会上形成双重二元结构。正是在二元体制的制约和束缚下，我国城乡之间的差距越来越大。

在意识到"刘易斯陷阱"之后①，我国开始倡导城乡统筹，如 2007 年 6 月

---

① 刘易斯陷阱：美国经济学家威廉·阿瑟·刘易斯于 20 世纪 50 年代提出了著名的二元经济理论。他认为，发展中国家的经济特点是二元的，即工业部门与农业部门。他为发展中国家设计了一个消除二元结构的模式，即使工业部门不断地从农业部门吸收廉价、无限供给的劳动力，用创造出来的超额利润进一步扩大投资，进而吸引更多农业人口进入工业部门。然而，这种过程是不够合理而且不可持续的，一方面是由于农业在工业增长中的重要地位，二是该模式所要求的隐含假设"无限供给的劳动力"不符合发展中国家的实际情况。因此很多发展中国家按此模式发展到一定阶段，就会出现以下问题：大量农村劳动力涌入城市，粮食问题不断恶化，城市失业问题日益严重等，即长时间按此模式发展会陷入"陷阱"。参考：孔祥智．中国三农前景报告［M］．北京：中国时代经济出版社，2005：67－68.

9 日批准成都、重庆为国家城乡统筹发展综合改革试验区（成渝特区），2010 年 3 月 5 日，十一届全国人大三次会议明确提出加大统筹城乡发展力度，积极稳妥推进城镇化，城镇化率从 47.5% 提高到 51.5% 等。于是成都等进行了"村民变市民"的大胆改革，大力推进农村产权制度改革、推进城乡基本公共服务均等化，各地掀起了以"农民上楼"为主要特点的农村居民点整理运动，但是据诸多媒体报道，多地出现了农民"被上楼"现象，甚至出现了自焚、群体性事件等。因此笔者认为近乎全国性的农村居民点整理，尤其是农民上楼这种形式的农村居民点整理节奏要放缓，等充分试点完善好各方面利益保障与协调后再行推进。

在此期间，政府、村集体与农民的土地利益冲突是以土地发展权价值的争夺为核心，根源在于产权设计与治理结构存在内在缺陷。可以试采用土地发展权的理念进行农村居民点整理。一是根据相关规划，把不同地区的土地发展权予以量化。比如承认符合规划的农村集体建设用地的土地发展权（如果该村庄的人均宅基地面积小于规定标准，则通过土地发展权予以补足）的前提下，假设全部发展权为 4，政府与村集体经济组织分配比例 6∶4，则村集体经济组织可以获得 1.6 个发展权，村集体所获发展权可以上市交易，包括转让、入股、自行开发等。二是在农村居民点整理中，尤其是农民上楼模式中，政策上认可居民点整理过程也是农村土地发展权退出的过程。农民在农村居民点整理过程中，不仅失去宅基地永久使用权、耕地（部分地区）承包经营权，同时还非常隐性地失去了土地发展权，因此在补偿农民过程中，不宜简单对比整理前后农民的利益或增或减多少。三是通过财政转移支付的形式，体现土地发展权思想。虽然我国未形成系统的土地发展权安排，但是事实上有一种现象，其实质就是体现了土地发展权的精神。比如国家通过土地开发整理项目等形式，划拨大量资金给黑龙江、新疆等产粮大省，实际上是对其受制于相关规划从事产值较低的农业生产所失去的机会成本的一种补贴，国家通过财政转移支付的形式，完成了一部分土地发展权的兑现过程。在我国土地问题乱象丛生的今天，笔者更倾向于采取这种相对保守的形式来对那些偏远的、落后的农村进行补偿，只不过国家或相应级别的政府部门要找准对象，加大财政回补力度。

第五节　清晰界定农民收益范围

农民所得利益的多少既受制于整个利益蛋糕做得多大，也受制于利益蛋糕如何分配。农村居民点整理中新产生的利益如何分配，决定于各方对于土地产权尤其是所有权的占有情况。考虑两个极端情况，如果农民实质性占有农村土地，即农村土地个人私有，则补偿利益的多少很大程度上要农民一方说了算，因为这种情形下农村土地属于农民私有财产，按照《物权法》第六十六条规定"私人合法的财产受法律保护，禁止任何单位和个人侵占、哄抢、破坏"，此时如果进行国家征收、征用，则补偿数额会非常高，当然可能因此导致相关建设进程缓慢，国外不乏此类案例。另一种极端情况是，农民个人完全不具有所有权，只有土地使用权，则此时从法理上来讲，农民没有理由讨价还价，只能被动接受补偿价格或补偿利益，问题是，农村土地所有权主体跑哪里去了？从当前法律规定看，农村土地属于农民集体所有，农民个人是村集体这一系统的组分，因此，可以认为在农村土地权利状态未发生变化时，农民对于土地所有权的占有是隐性的，但是一旦要发生变化时，农民作为农村土地所有权主体的具体组分，其得到的补偿数量应该是非常可观的。当然，如前文所述，现在政府规定了如果因为"公共利益"的需要，则可以对农村土地进行征收征用，因此，对于农民的具体补偿数额的推算则变得非常困难。尤其是城市住宅建设也划归为公共利益后，这一补偿难题变得广泛而且司空见惯。这个尺度需要中央政府来衡量，笔者认为，作为土地所有权主体的成员，农民以获得50%左右（或以上）的增值利益为宜。

农用土地转为城市土地，即会产生投资性增值、效益性增值、稀缺性增值等，周其仁曾说："农民自用的建设用地权一旦经由市场竞价，可能表现为惊人数目的货币财富。"姚洋曾指出，农民在征地过程中完全处于劣势地位，他们得到的补偿仅仅是土地级差地租中的一小部分，大部分被各级政府和开发商拿走了。因此，那些"居民点整理后农民利益增加10倍"，甚至"保证居民点整理后农民生活水平不降低"之类的宣传并不足以成为宣传。而且农民上楼以后所分得的房产一般都是用来自住而无法兑现，只是一个理论价值，如果上楼以后能获得多套住房的话情况倒是乐观很多，比如深圳渔农村，原村委会变身为裕亨实业股份有限公司，在原村庄地基上通过村庄整理后新建了9栋规模相当的楼房,其中5套用来返还给农民,该村农民每户拥有新房10~30套,多数用来出租,收入颇丰。① 但是这种是极其特殊的个案,我国多数地方农民上楼以后只能得到一套住房,所以这个整理后的"利益"一般没法兑现。

根据相关调查,农民如果产生不愿意搬迁的想法,大多数是因为担心利益得不到保障。这里所谓的利益有两块:一块是"保障生活水平(与上楼之前)不降低",即通过对比置换后商品房价值与农民之前的住房价值、上楼后的生活环境与之前的生活环境、城镇居民社保等待遇与农民之前的务农收入(部分地区)等方面衡量农民上楼后生活水平的提高程度,这块利益记为 X;另一块是"保障生活水平(与上楼之前)有提高",这里所谓的提高即指农民作为村集体的一员,参与分配并最终享有的"蛋糕"数量,这块利益记为Y(这里所谓的"蛋糕"是指由于"挂钩"政策带来的该地区土地增值收益部分,总增值利益记为 Z)。很明显,作为集体土地所有权、宅基地无限年期使用权、农用地承包经营权(部分地区)的放弃者,应该得到的利益为 X + Y,且保证 Y 占 Z 的较大比例。但在实际操作中,部分地区农民权益并未得到有效保障(图6-1中 y 所示区域代表实际所得)。有的地方仅仅能维持甚至不能维持农民的 X 利益部分,有的地方则不但完全保证农民获取 X 利益,还获得占 Z 较大比例的 Y 收益。

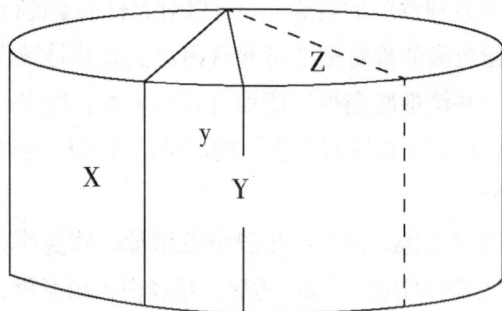

图6-1 "农民上楼"过程中利益蛋糕分割

① 该情况系据该村村委会(现为公司)人员介绍,真实性有待考证。笔者所在课题组曾意图走访当地村民询问此情况,但随机找到的都是在此租房的人员,没有遇到原有村民。不过从这一点也可以感觉到本村村民所获房屋数量确实不少。

234

第六节　缓解农民后期恐惧感以及城镇化的冲击

很多农民接受不了当前农村居民点整理主流形式——"农民上楼"方式，一方面是由于感觉当前补偿不够，另一方面是源自内心深处"失去土地无依无靠"的担心和恐惧。永久使用权的宅基地、长期可承包的农用地、虽然虚幻但是可抱有幻想的土地所有权私有化，对于长期务农的农民来说其重要性不言而喻。粮食虽然价格便宜，但是可保证衣食无忧①；平房虽简陋，但不用交各种税费，也可随便翻修，更重要的是无限期拥有。因此上楼以后没有耕地可种的农民，如果补偿数额不够多，则其后期生活质量堪忧。虽然这部分人享受了城市居民待遇，但是这些城市新居民远不及传统意义上的城市居民的城市生活能力强。因为这些农民多数没有一技之长，即便找到工作一般也是薪水较低的工作，同时，城市的生活对于原有思想意识和生活方式的冲击，也是政府需要考虑的问题。

根据实地调研，深圳市 1994 年宣布全市所有人口转为城市人口，全市土地转为国有，但在"城中村"的改造中，发现原有村民的生活方式和思维方式很难融入城市生活，多数人没有一技之长，在高额的补偿款到手后，很多农民过上了搓麻度日的生活，很明显长期来看这种生活方式是不可持续的。他们的子女受冲击更大，由此可以看出城市化如果过快，对原有"土著"的冲击会非常大。值得一提的是，深圳市政府充分考虑到这一现状特点并给予充分尊重，其"城中村"改造速度节奏放慢，甚至有官员表示，"城中村"没有必要全部改造，作为一种特定的城市业态，有必要保存一部分。这一点体现出深圳市政府开明程度相对较高。②

因此，农民后期生活来源之持续性保障，虽然地方政府有能力做到，但是对于某些农民来说，失去了土地，还是感觉内心没有了底气。消除农民的心理恐惧并切实给予足够补偿、后期分红等保障以及培训农民技能进而帮助其落实

---

① 在农民上楼后是否继续耕作农用地，各地"农民上楼"情况不一样，有的是可以继续耕种，有的是农民全部市民化，享受市民待遇，但是耕地不再有，还有的是政策宣传说是农民自愿，但是实际上都进行了上收。

② 本段内容节选自：张远索. 防止历史文化名城"建设性破坏"现象［J］. 北京规划建设，2011（4）：18－20.

工作等都是政府所需要切实保证的农民的长远性利益。

第七节　进一步稳固农村居民点整理政策平台

农村居民点整理的政策平台——城乡建设用地增减挂钩政策，有利于中央政府科学合理地制定后续相关政策，因此客观评价和优化挂钩政策对于中央政府而言，政策收益是非常巨大的。

城乡建设用地增减挂钩政策本身是好政策。挂钩政策的初衷是加速城镇化发展，提高土地利用率，改善农民生活条件，通过挂钩政策，土地价值得以迅速提升。对比整理前后，无疑是整理以后增加了大量社会财富。让土地增值，创造新的社会财富，这无疑是件好事，因此可以说这个政策本身是没有问题的。

城乡建设用地增减挂钩政策实施环节问题较多。无论是现实中发生的农民"被上楼"事件，还是各城市对农民补偿力度非常大的差异，都说明挂钩政策在实施过程中确实存在很多问题。国土资源部原部长、国家土地总督察徐绍史也曾表示挂钩试点过程中个别地方出现了认识有偏差、做法不规范、管理有缺陷等问题。从"被上楼"事件看，违背了挂钩政策的首要原则——农民自愿，有些地方政府虽然没有直接以暴力方式强迫农民上楼，遵循"自愿"原则，少数不愿搬迁的农民放任在原地，但是断电、断水、断路，这实质上也是一种强迫行为，是国家应该重点监管的一种形式。从各地补偿力度的巨大差异看，地方政府通过挂钩政策所获收益空间巨大，体现出非常大的弹性空间。

当前我国城乡建设用地增减挂钩政策试点批准节奏过快。"挂钩"政策是一个新生事物，从政策记录看，其出台至今只有短短几年时间。但是从实际操作看，在各地政府和开发商的"热情"配合下，截至2010年下半年，大有全国遍地开花之势，但与此同时，也暴露出很多问题。据报道，2011年2月份，国土资源部等中央和国务院有关部门对各地城乡建设用地增减挂钩试点和农村土地整治工作进行全面清理检查，重点对大拆大建、强迫农民上楼等行为进行严肃整改。同年4月份，国务院下发《关于严格规范城乡建设用地增减挂钩试点切实做好农村土地整治工作的通知》，强调地方政府不得违背农民意愿实施"上楼工程"；国土资源部正在联合监察部等部委组成检查组，对全国城乡建设用地增减挂钩试点进行彻查。这说明国家已经关注到此前"挂钩"政策过程中存在的问题以及留下的巨大社会隐患。减少"挂钩"试点数量，方显其"试点"的意义，另外在批准节奏上要进一步放缓，以此来争取制定和完善相关配套政策的时间。

从实地调研农民意愿看，农民对城乡建设用地增减挂钩政策本身是认可的，多数农民也希望能住上楼房，享受更现代化的生活，但是有个前提，也是国土资源部在制定挂钩时首先想到的，即尊重农民意愿，在整理方案得到全体农民自愿性认可的前提下，后续工作才能开展。而"农民不自愿"的根源，绝大多数是因为担心利益得不到保障，或者感觉利益分配不均。

城乡建设用地增减挂钩政策初衷是好的，但是操作环节的设计和监管却严重滞后。因此，节奏一定要放缓，在相关配套政策尤其是公平明晰的利益分配方案出台之后，再在全国范围内谨慎推行。

第八节 优化农村居民点整理多元利益分配格局

以城乡建设用地增减挂钩推进农村居民点整理，涉及的利益主体及其利益类型、利益多少各有差别，但是将社会作为一个整体而言，其总效益毫无疑问是正值。采用专家小组打分法，得出各项措施对农村居民点整理主体利益影响程度量化程度，见表6-1。

从表中可以看出，各项措施的出台将为中央政府和农民个人带来更多的利益，主要表现为，农民个人会因此而获得更多的经济利益，而中央政府则会获得更多的社会效益。农民获得更多的经济利益，是其内心渴望也是现实需求；中央政府获得更多的社会效益，则是国家长治久安之根本。因为地方政府与中央政府在土地财政上存在着利益输送机制，所以地方政府的经济利益与中央政府基本上一致，而其获得的社会效益与中央政府虽呈正相关，但其绝对数量要少。这是因为在经济利益面前，地方政府并不会像中央政府一样将社会效益看得那么重要。从表中也可看出，开发企业是在这些政策调整中获得利益最少的主体。综上，这些政策建议的出台将会打破现有利益格局，开发企业适度回吐的利润，会转化为农民个人的经济利益与中央政府的社会利益。这将是我国农村居民点整理多元利益格局优化之出路。

表6-1　各政策建议对农村居民点整理主体的利益影响①

措施内容	中央政府 经济利益	中央政府 社会利益	中央政府 生态利益	地方政府 经济利益	地方政府 社会利益	地方政府 生态利益	开发企业 经济利益	开发企业 社会利益	开发企业 生态利益	农民个人 经济利益	农民个人 社会利益	农民个人 生态利益
明晰农村集体土地产权		★★★			★★					★★★★	★	
配置土地发展权	★	★		★	★		★★	★		★★		
农民应得利益的明晰界定		★★★			★					★★		
解决农民后顾之忧		★★			★		★			★	★	
优化政策平台	★	★★		★	★		★				★	
实行迭代整理	★	★★★	★	★★	★★★	★	★	★★	★	★★	★★★★	★

① 表格中未出现"村集体",出于以下考虑:如村集体代表如村干部,与农民个人相同;如不与农民个人相同,则各新增利益与农民个人同一利益集团,则情况过于复杂,亦不予逐项分析。

参考文献

一、中文文献

[1] 陈百明. 土地资源学概论 [M]. 北京：中国环境科学出版社，1999：66 – 121.

[2] 刘洋. 中国农村居民点整理激励机制研究 [D]. 南京：南京农业大学，2008.

[3] 陈振玺，姚东明，景明. 山东沂水强制农民上楼，农户未得补偿款住牛棚 [EB/OL]. 中国广播网，2011 – 11 – 21.

[4] 吴博. 江苏靖江强迫农民买房，当地称没钱可以向亲戚借 [EB/OL]. 中国广播网，2013 – 02 – 27.

[5] 张占录，张远索. 基于现状调查的城市郊区农村居民点整理模式 [J]. 地理研究，2010 (5)：891 – 898.

[6] 汤志林. 我国土地发展权构建：优化城市土地管理的新途径 [J]. 中国地质大学学报（社会科学版），2006 (5)：62 – 66.

[7] 李晓妹，袭燕燕. 美国的土地发展权 [J]. 国土资源，2003 (7)：48 – 49.

[8] 李庭芝. 土地发展权交易价格的形成机制及影响因素研究 [D]. 杭州：浙江大学，2012.

[9] 王万茂，张颖. 土地整理与可持续发展 [J]. 中国人口·资源与环境，2004，14 (1)：13 – 18.

[10] 陈美球，吴次芳. 论乡村城镇化与农村居民点用地整理 [J]. 经济地理，1999，19 (6)：97 – 100.

[11] 林瑞瑞，朱道林，刘晶，等. 土地增值产生环节及收益分配关系研究 [J]. 中国土地科学，2013，27 (2)：3 – 8.

[12] 陕西省城乡建设用地增减挂钩专项规划及说明（2011—2020）（内部资料）.

[13] 陕西省国土资源厅. 陕西省土地利用总体规划（2006—2020）［EB/OL］. 陕西省自然资源厅网站，2017-08-08.

[14] 高陵区城乡建设用地增减挂钩及产权制度改革资料汇编（内部资料）.

[15] 刘建生，王志凤，孟展. "增减挂钩" 操作问题及改进建议［J］. 中国土地，2011（6）：23-24.

[16] 易小燕，陈印军，肖碧林，等. 城乡建设用地增减挂钩运行中出现的主要问题与建议［J］. 中国农业资源与区划，2011，32（1）：10-13，23.

[17] 陈会广，欧名豪，张潇琳. 被征地农民及其社会保障：文献评论与今后公共政策选择［J］. 中国土地科学，2009，23（2）：75-80.

[18] 郜永昌. 土地发展权损失补偿的制度分析及对策［J］. 社会科学家，2009（11）：78-81.

[19] 康秀梅. 陕西省农村居民点建设问题研究［D］. 西安：西北农林科技大学，2007.

[20] 张占录. 小产权房的帕累托改进及土地发展权配置政策［J］. 国家行政学院学报，2011（3）：100-104.

[21] 程龙，董捷. 城乡建设用地增减挂钩研究综述［J］. 国土资源情报，2013（3）：49-52.

[22] 程龙，董捷. 武汉城市圈城乡建设用地增减挂钩可行性分析［J］. 中国人口·资源与环境，2011（21）：318-323.

[23] 段晓璐，董捷. 武汉城市圈城乡用地增减挂钩中的政府博弈行为分析［J］. 农业与技术，2013，33（2）：204-208.

[24] 胡建生. "城乡建设用地增减挂钩" 模式的法律问题［J］. 中国发展观察，2007（6）：52-54.

[25] 李楠，李江风. 湖北省农村居民点整理潜力研究［J］. 延边大学农学学报，2013，35（1）：87-92.

[26] 林云华. 产业支撑，还利于民：湖北省武汉市谦森岛城乡建设用地增减挂钩的实践［J］. 中国土地，2011（11）：49-50.

[27] 吕寒. "挂钩"，不仅是为了指标：对江苏省太仓市城乡建设用地增减挂钩试点的思考［J］. 中国土地，2009（5）：48-50.

[28] 彭开丽，张安录. 新农村建设中农村居民点用地整理的战略思考

[J]. 农业现代化研究, 2007, 28 (1): 24-27.

[29] 宋成舜, 周惠萍. 鄂东南丘陵地区农村居民点整理研究: 以湖北省崇阳县为例 [J]. 安徽农业科学, 2009, 37 (34): 17146-17147.

[30] 王君, 朱玉碧, 郑财贵. 对城乡建设用地增减挂钩运作模式的探讨 [J]. 农村经济, 2007 (8): 29-31.

[31] 吴强华, 胡志喜. 武汉黄陂: 民资试水土地整治 [N]. 中国国土资源报, 2012-09-04.

[32] 徐唐奇, 张安录. 新农村建设背景下的湖北省农村居民点土地整理 [J]. 国土资源科技管理, 2008, 25 (3): 35-41.

[33] 张宇, 欧名豪, 张全景. 钩, 该怎么挂: 对城镇建设用地增加与农村建设用地减少相挂钩政策的思考 [J]. 中国土地, 2013 (3): 23-24.

[34] 朱红波. 湖北省农村居民点用地问题与对策 [J]. 安徽农业科学, 2005, 33 (7): 1331-1332.

[35] 祝平衡. 土地发展权价格测算初探 [J]. 华中农业大学学报, 2009 (1): 33-37.

[36] 马瑞霞. 地票交易法律问题初探 [J]. 山西高等学校社会科学学报, 2011 (7).

[37] 陈科, 郑循刚, 龚碧凯. 成都市农村居民点用地面积变化及驱动力分析 [J]. 安徽农业科学, 37 (18).

[38] 重庆农村土地交易所. 2008—2011 年重庆市地票与统筹城乡改革实践概况 (内部资料).

[39] 重庆市农村土地交易所. 重庆市农村土地交易所的改革与实践 (内部资料).

[40] 吴九兴, 杨钢桥, 汪文雄. 农村土地整治项目收益分配与投资博弈分析: 以农村居民点用地整治为例 [J]. 西北农林科技大学学报, 2012 (9).

[41] 杨庆媛, 田永中, 王朝科, 等. 西南丘陵山地区农村居民点土地整理模式: 以重庆渝北区为例 [J]. 地理研究, 23 (4).

[42] 重庆市政府. 重庆市农村土地交易所管理暂行办法 [EB/OL]. 中国政府网, 2008-12-10.

[43] 郝利花, 杜德权. 地票价格形成机制探讨 [J]. 价格理论与实践, 2011 (7).

[44] 杨庆媛, 鲁春阳. 重庆地票制度的功能及问题探析 [J]. 中国行政管理, 2011 (12).

［45］臧俊梅. 中国农用地发展权的创设及其在农用地保护中的运用研究［M］. 北京：科学出版社，2011：88－98.

［46］杨子蛟. 我国农村土地制度的历史变迁与现实反思：基于"制度环境约束下的利益集团博弈理论"的分析［J］. 宁夏大学学报（人文社会科学版），2007（3）.

［47］谢文阳，张远索，张占录. 成都地票模式及其政策变迁研究［J］. 国土资源科技管理，2013（3）.

［48］耿宏兵. 90年代我国大城市旧城更新若干特征浅析［J］. 城市规划，1999（7）：13－17.

［49］程大林，张京祥. 城市更新：超越物质规划的行动与思考［J］. 城市规划，2004（2）.

［50］闫小培，魏立华，周锐波. 快速城市化地区城乡关系协调研究：以广州市"城中村"改造为例［J］. 城市规划，2004（3）.

［51］袁春苓. 城中村问题研究综述［J］. 科技广场，2011（6）.

［52］深圳市社会科学院课题组. 深圳城中村的现状、问题与对策研究［J］. 南方论业，2004（9）.

［53］敬东. "城市里的乡村"研究报告：经济发达地区城市中心区农村城市化进程的对策［J］. 城市规划，1999（9）.

［54］深圳市规划局. 建设可持续发展的先锋城市：深圳2030城市发展策略［M］. 北京：中国建筑工业出版社，2007：83.

［55］刘明明. 论我国土地发展权制度的构建［J］. 安徽农业科学，2008，36（15）.

［56］高洁，廖长林. 英、美、法土地发展权制度对我国土地管理制度改革的启示［J］. 经济社会体制比较，2011（4）.

［57］范辉，董捷. 试论农用地发展权［J］. 农村经济，2005（6）.

［58］王万茂，臧俊梅. 试析农用地发展权的归属问题［J］. 国土资源科技管理，2006（3）.

［59］王小映. 全面保护农民的土地财产权益［J］. 中国农村经济，2003（10）.

［60］沈守愚. 论设立农用地发展权的理论基础和重要意义［J］. 中国土地科学，1998（1）.

［61］张安录. 城乡生态交错区农用地城市流转的机制与制度创新［J］. 中国农村经济，1999（7）：43－49.

[62] 张安录. 可转移发展权与农用地城市流转控制 [J]. 中国农村观察, 2000 (2)：20 - 25.

[63] 黄祖辉，汪晖. 非公共利益性质的征地行为与土地发展权补偿 [J]. 经济研究，2002 (5)：66 - 72.

[64] 杨明洪，刘永湘. 压抑与抗争：一个关于农村土地发展权的理论分析框架 [J]. 财经科学，2004 (6)：24 - 28.

[65] 李长健，伍文辉. 土地资源可持续利用中的利益均衡：土地发展权配置 [J]. 上海交通大学学报，2006 (2)：60 - 64.

[66] 周建春. 中国耕地产权与价值研究：兼论征地补偿 [J]. 中国土地科学，2007, 21 (1)：4 - 9.

[67] 朱勇. 我国农用地转非自然增值分配的理论纷争 [J]. 中国发展观察，2007 (2).

[68] 王如渊. 深圳特区城中村研究 [M]. 成都：西南交通大学出版社，2004.

[69] 李俊夫. 城中村的改造 [M]. 北京：科学出版社，2004：7 - 12.

[70] 马贤磊，曲福田. 经济转型期土地征收增值收益形成机理及其分配 [J]. 中国土地科学，2006 (10).

[71] 蔡继明. 农村集体建设用地流转的主体和利益分配：重庆市和成都市农村集体建设用地流转的政治经济学分析 [J]. 学习论坛，2010 (7).

[72] 汪晖，陶然，史晨. 土地发展权转移的地方试验 [J]. 国土资源导刊，2011 (1).

[73] 谭启宇，岳隽，胡宝清，等. 深圳的城中村及改造实践启示 [J]. 热带地理，2005 (12).

[74] 宋波. 城中村改造 PPP 模式的收益分配问题研究 [J]. 新西部，2009 (6).

[75] 张劲松，万金玲. 城中村改造中的多元主体互动 [J]. 安徽农业科学，2007, 35 (4)：1174 - 1176, 1188.

[76] 谢青，苏振峰，岳亮. 基于土地增值的城中村改造利益分配研究 [J]. 宁夏社会科学，2006 (9).

[77] 董明明. 城中村改造中利益分配研究 [D]. 西安：西安建筑科技大学，2009.

[78] 郭臻. 转型期我国社会多元利益冲突与政府的角色定位：以广州、珠海市城中村改造的实践为例 [J]. 学术研究，2008 (6).

[79] 韩明. 从土地增值利益分配视角浅析城中村改造的问题与对策 [D]. 北京: 清华大学, 2007.

[80] 邓小兵, 吴志强. "城中村" 土地经济问题思考 [J]. 城乡建设, 2004 (12).

[81] 陈文定. 未来没有城中村: 一座先锋城市的拆迁造富神话 [M]. 北京: 中国民主法制出版社, 2011.

[82] 廖兴勇, 王周辉, 周佳松. 农村居民点整理模式及措施研究 [C] // 21 世纪中国土地科学与经济社会发展: 中国土地学会 2003 年学术年会论文集. 北京: 中国土地学会, 2003: 265 – 269.

[83] 刘吉伟, 陈常优. 新密市农村居民点用地集约利用研究 [J]. 农村经济与科技, 2008, 19 (5): 46 – 47, 56.

[84] 彭建, 蒋一军, 张清春, 等. 城市近郊农村居民点土地整理研究 [J]. 资源·产业, 2004, 6 (5): 17 – 20.

[85] 宫攀, 赵世强. 农村居民点土地整理初步研究 [D]. 保定: 河北农业大学, 2003.

[86] 林建平, 邓爱珍, 赵小敏, 等. 城镇建设用地增加与农村建设用地减少挂钩的探讨: 以江西省定南县为例 [J]. 江西农业大学学报 (社会科学版), 2008, 7 (1): 104 – 106.

[87] 朱华燕. 农村居民点整理挂钩中的权属调整问题探讨 [J]. 江苏商论, 2006 (7): 157 – 159.

[88] 李占军, 范之安, 高明秀. 挂钩政策下农村居民点整理模式与对策研究: 以山东省泰安市为例 [J]. 山东农业大学学报 (社会科学版), 2007 (1): 32 – 36.

[89] 甘立彩, 周宝同. 基于 "挂钩" 下的农村建设用地整理效益分析 [J]. 土地经济, 2008 (10): 42 – 45.

[90] 买晓森, 杨庆媛, 等. 城乡建设用地增减挂钩分析: 以重庆市沙坪坝区为例 [J]. 安徽农业科学, 2007, 35 (5): 2377 – 2379.

[91] 段瑞兰, 孙凯. 关于城镇建设用地增加与农村建设用地减少挂钩政策的思考 [J]. 山东国土资源, 2006, 22 (11): 32 – 34.

[92] 吕月珍, 张蔚文, 吴宇哲. 农户参与城乡建设用地增减挂钩意愿的实证分析: 基于浙江省嘉善、缙云两地农户调查 [D]. 杭州: 浙江大学, 2009.

[93] 丁军, 王民芝, 董锦. 肥城市城镇建设用地增加与农村建设用地减少挂钩试点工作情况调研 [J]. 山东国土资源, 2006 (9): 28 – 30.

［94］张静，廖铁军．城乡建设用地增减挂钩研究：以四川省乐山市为例
［D］．重庆：西南大学，2010．

［95］陈百明．土地资源学概论［M］．北京：中国环境科学出版社，1999：
294－297．

［96］叶艳妹，吴次芳．我国农村居民点用地整理的潜力、运作模式与政策
选择［J］．农业经济，1998（10）：51－57．

［97］季楠，张军民．城乡建设用地增减挂钩政策背景下村庄整合研究
［D］．济南：山东建筑大学，2010．

［98］谭峻．我国集体土地产权制度存在的问题及应对之策［J］．农村经
济，2010（4）：34－36．

［99］刁琳琳．城乡统筹视野下京郊农村居民点整理的利益协调与模式优化
研究［J］．经济研究导刊，2013（6）：49－43．

［100］施珊珊．村庄里的"都市"：在张家港永联村看农村土地整治［EB/
OL］．镇海国土资源分局网站，2011－06－23．

［101］严金海．农村宅基地整治中的土地利益冲突与产权制度创新研究：
基于福建省厦门市的调查［J］．农业经济问题，2011（7）：46－53．

［102］操小娟．土地利用中利益衡平的法律问题研究［M］．北京：人民出
版社，2006：171．

［103］张晓娜．宅基地换房与集体建设用地流转制度的创新［C］．以宅基
地换房法律基础研究，天津四方君汇律师事务所，2008：28－29．

［104］杨正莲．天津：宅基地换房换来了什么？［J］．决策探索（上半
月），2009（7）：68－71．

［105］中国农业大学．北京市平谷区土地利用总体规划修编（2004—2020）
专题研究之五：平谷区建设用地节约与集约利用研究［R］．北京，2004．

［106］臧俊梅，张文方，李明月，等．土地发展权制度国际比较及对我国
的借鉴［J］．农村经济，2010（1）：125－129．

［107］刘国臻．论英国土地发展权制度及其对我国的启示［J］．法学评论，
2008（4）：141－146．

［108］成桂钦．我国土地发展权配置与流转制度研究［D］．北京：中国地
质大学，2010．

［109］季禾禾，周生路，冯昌中．试论我国农用地发展权定位及农民分享
实现［J］．经济地理，2005（2）：149－155．

［110］毕宝德，柴强，李铃，等．土地经济学［M］．5版．北京：中国人

民大学出版社，2006：182，184-187.

[111] 张露平．中国土地政策与法律 [M]．北京：法律出版社，2010：1.

[112] 孙铭鸿．浅析中国农村中的村霸现象 [J]．法制与社会，2011 (3)：225，230.

[113] 孙鹤汀，刘明明．论土地发展权的地位 [J]．广西大学学报（哲学社会科学版），2009，31 (4)：79-83.

[114] 国家信息中心课题组，厉以宁，蒙代尔，等．成都模式的探索与实践 [J]．经济研究参考，2010 (15)：11-18.

[115] 孔祥智．中国三农前景报告 [M]．北京：中国时代经济出版社，2005：68.

[116] 李光跃，王敏，吴建中．统筹城乡发展的"成都模式"初探 [J]．系统科学学报，2010，18 (1)：67-71.

[117] 董祚继．我们先做大蛋糕，行吗？ [J]．资源与人居环境，2007 (2)：34-35.

[118] 王德起．城市化进程中土地增值机制的理论探析 [J]．城市发展研究，2010，17 (4)：102-110.

[119] 周其仁．试办"土地交易所"的构想 [N]．南方周末，2007-10-11.

[120] 姚洋．土地、制度和农业发展 [M]．北京：北京大学出版社，2004：4-6.

[121] 张远索．防止历史文化名城"建设性破坏"现象 [J]．北京规划建设，2011 (4)：18-20.

[122] 张远索．基于多元利益格局优化的农村居民点整理模式研究 [D]．北京：中国人民大学，2012.

[123] 任叶倩．我国土地发展权配置理论及其政策工具研究 [D]．北京：中国人民大学，2011.

[124] 谢文阳．基于土地发展权的成渝地票制度优化研究 [D]．北京：中国人民大学，2013.

[125] 祁媛媛．基于土地发展权的城乡建设用地增减挂钩制度研究：以北京市为例 [D]．北京：中国人民大学，2013.

[126] 汪军民．土地权利配置论 [M]．北京：中国社会科学出版社，2008：96-97.

[127] 张占录，张正峰．土地利用规划学 [M]．北京：中国人民大学出版社，2006：236-237.

[128] 张全景, 欧名豪. 中国土地用途管制制度的耕地保护绩效研究 [M]. 北京: 商务印书馆, 2008: 125.

[129] 张远索, 张占录. 农村居民点整理中二维多元利益格局优化 [J]. 中国土地科学, 2013, 27 (6): 58 - 65.

[130] 肖方扬. 集体土地所有权的缺陷及完善对策 [J]. 中外法学, 1999, (4): 86 - 90.

[131] 深圳市人民政府办公厅. 深圳市人民政府办公厅转发市公安局关于解决城中村消防安全隐患问题的意见的通知 [EB/OL]. 深圳市人民政府办公厅网站, 2006 - 06 - 30.

[132] 水贝村京基旧改办公室. 深圳市城中村现状与旧改案例分析 [R]. 京基水贝拆迁组——拆迁改造研讨会, 2011 - 07 - 28.

[133] 深圳市人民政府. 深圳市城中村 (旧村) 改造总体规划纲要 (2005—2010) [EB/OL]. 深圳市规划局网站, 2005 - 10 - 26.

[134] 王万茂, 臧俊梅. 试析农用地发展权的归属问题 [J]. 国土资源科技管理, 2006 (3): 8 - 11.

[135] 汪晖, 陶然. 论土地发展权转移与交易的"浙江模式": 制度起源、操作模式及其重要含义 [J]. 管理世界, 2009 (8): 39 - 52.

[136] 国家土地督察局. 农村土地管理制度改革探索 [M]. 北京: 中国大地出版社, 2009: 186 - 189.

[137] 何邕健, 马健, 等. 天津小城镇建设的"华明模式"评析 [J]. 城市问题, 2011 (1): 52 - 56.

[138] 尚清, 郝震. WTO 多哈谈判农产品特殊保障机制问题的思考: 基于生存权与发展权平等视角 [J]. 唐山学院学报, 2013 (5): 25 - 28, 32.

[139] 姜大明. 建立城乡统一建设用地市场 [N]. 人民日报, 2013 - 12 - 19.

二、外文文献

[1] PRUETZ R, FAICP, PRUETZ F. Transfer of Development Rights Turns 40 [J]. American Planning Association Planning & Environmental Law, 2007, 59 (6): 3 - 11.

[2] NELSON A C, PRUETZ R, WOODRUFF D. The TDR Handbook: Designing and Implementing Transfer of Development Rights Programs [M]. Island Press, 2011.

[3] KLINE J, WICHELNS D. Public Preference Regarding the Goals of Farm-

land Preservation Program [J]. Land Economics, 1996, 72 (4): 538 – 557.

[4] THORSNES P, SIMONS G P W. Letting the Market Preserve Land: The Case for a Market – Driven Transfer of Development Rights Program [J]. Contemporary Economic Policy, 1999, 17 (2): 256 – 266.

[5] SWANK W K. Inverse Condemnation: The Case for Diminution in Property Value as Compensable Damage [J]. Stanford Law Review, 1976, 28 (4): 779 – 804.

[6] BARRESE J T. Efficiency and Equity Considerations in the Operation of Transfer of Development Rights Plans [J]. Land Economics, 1983, 59 (2): 235 – 241.

[7] MC – CONNELL V , KOPITS E, WALLS M. Farmland Preservation and Residential Density: Can Development Rights Markets Affect Land Use? [J]. Agricultural and Resource Economics Review, 2005, 34 (2): 131 – 144.

[8] FULTON W, MAZURKA J, PRATES R, et al. TDRS and Other Market-based Land Mechanisms: How They Work and Their Role in Shaping Metropolitan Growth [R]. The Brookings Institution Center on Urban and Metropolitan Policy, 2004.

[9] THORSNES P, GERALD P, SIMONS W. Letting the Market Preserve Land: The Case For A Market – driven Transfer of Development Rights Program [J]. Contemporary Economics Policy, 1999, 17 (2): 255 – 266.

[10] TAVARES A. Can the Market Be Used to Preserve Land? The Case for Transfer of Development Rights [C]. European Regional Science Association Congress, 2003.

[11] PRUETZ R. Beyond Takings and Givings: Saving Natural Areas, Farmland and Historic Landmarks With Transfer of Development Rights and Density Transfer Charges [M]. Arje Press, 2003: 61 – 63.

[12] MC – CONNELL V, WALLS M, KOPITS E. Zoning, TDRs and the Density of Development [J]. Journal of Urban Economics, 2006, 59: 440 – 457.

[13] LEVINSON A. Why oppose TDRs? : Transferable Development Rights Can Increase Overall Development [J]. Regional Science and Urban Economics, 1997, 27: 283 – 296.

[14] OATES W E, PORTNEY P R, MC – GARTLAND A M. The Net Benefits of Incentive – based Regulation: A Case Study of Environmental Standard Setting [J]. American Economic Review, 1989, 79: 1233 – 1242.